TRAVEL LOG

仲間達との海外ツアー記

大場 民男

三恵社

は　し　が　き

1　「人生は素晴しい。なぜなら旅ができるから。」という言葉がある。人生の最も素晴しいものが旅ができることとは思わないが、私は旅が好きである。

　私の最初の旅は、1957（昭和32）年10月、22才大学4年生の時に東京で司法試験の合格を聞き、一人で猪苗代湖、松島、平泉中尊寺、十和田湖、青函連絡船、函館、札幌、層雲峡、網走、美幌峠、屈斜路湖、摩周湖、釧路、札幌、函館山、佐渡と寝袋を持参しての「日本半周」14日間である。今風のバックパッカー（バックパックを背負って格安の長旅をする人）の先駆けと言えようか。幸いにして東北本線で隣り席となった旅館組合の会長さんから値打ちな宿泊の仕方を教えてもらったので寝袋を使用することはなかった。

　1969（昭和44）年私は始めて海外旅行（本書1の第3次日本弁護士連合会会員、米国・カナダ視察団に参加して）に出掛けた。その第2日目カリフォルニア大学の案内所で私は無惨にも自分の英語が全く通じないことを知った。

　他方、同旅行において団体ツアーの効能（至れり尽くせりの案内、説明を受けうる、同行者間で親密になる、自由時間を活用すれば個人的に行きたい所へ行くことができる、情報の交換が活発になる等）を強く感じた。

　一人旅行で始まった私の旅は、最初の海外旅行において簡単に複数人ツアーへ趣向替えとなった。ここで複数人とは、同業者、同窓生、海外旅行同好会メンバー、各種団体メンバー、家族等の人生の仲間である。本書が「仲間達との海外ツアー記」と題する由縁である。

2　本書は、私の海外ツアーのすべてを網羅している。こういう場合の掲載順としては①旅行時期順、②方面別、③仲間別順などが考えられるが、②を選択し、第1部北アメリカ、第2部をヨーロッパ、第3部をアジア・オセアニアとした。第1部、第2部のなかは旅行時期順にした。第3部は西端のトルコから順に東へ廻り韓国までを記し、その後にオーストラリアを配した。

3　「旅行記執筆は趣味の段階をとっくに越して、もはや病気である。」との埼玉弁護士会会員矢作好英氏の言がある（自由と正義　44巻4号　平成5年4月号136頁）。同氏は当時56才で出来上がった旅行記は当時で50冊。現在では100冊を数えるであろう。

旅行記を書き了えて、やっとその旅を終ったことと考えたい私と共通点はあるので最近さいたま地方裁判所へ出廷することがあるので、同裁判所の至近距離に法律事務所がある同弁護士と数回面談をし、「大黄河の旅9日間」60頁、「田舎廻りフランス」82頁の冊子をいただいた。その内容の濃厚なこと、一生分を1冊にまとめうる私の淡白な旅行記とは全く違う。

4　私の旅行記はこの1冊であるが、本はよく書き、出版している。校正をしていて気付いたが、旅行中（特に空港でのトランジットの待合せ時間）に、出版する本の校正をしている場面が出てくる。旅と専門書の出版との両立に努めていたのであろう。

　この「はしがき」を書く段になって、未だ本書を出版することに意義があるのかという迷いがある。

　しかし、私の旅行記も私でなければ書けない所もあり、矢作弁護士に対してのみならず、少なからずの人に海外ツアー記を出版すると口にしていたので、思い切って出版に踏み切りました。御感想をお寄せいただければ、それに優る喜びはありません。

平成28年10月17日　　　　　　　　　　　　　　　　　　　　　　大場民男

海外ツアー記　目次

28．1．5

はしがき
第1部　アメリカ、カナダ、メキシコ　　　　　　　　　　　　　　　1
1　アメリカ（カナダ、メキシコを含む）旅行記　　　　　　　　　　2
　　（アメリカ）サンフランシスコ、ニューヨーク、ワシントン、シカゴ、ラスベガス、ロスアンゼルス
　　（カナダ）ナイヤガラ滝
　　（メキシコ）ティファナ
2　アメリカにおける小法律事務所の経営講習会に参加して　　　17
　　ロスアンゼルス
　　妻への手紙
3　グアムでのゴルフ、観光　　　　　　　　　　　　　　　　　23
4　ハワイ・オアフ島での家族旅行　　　　　　　　　　　　　　25
第2部　ヨーロッパ　　　　　　　　　　　　　　　　　　　　　27
5　欧州土地収用事情の調査と観光　　　　　　　　　　　　　　28
　　（フランス）パリ
　　（スイス）ジュネーブ、モンブラン
　　（ドイツ）ヴィスバーデン、フランクフルト、ライン下り、ミュンヘン、アウグスブルグ、ノイシュバンシュタイン城
　　（イギリス）ロンドン
6　北欧4ヵ国旅行記　　　　　　　　　　　　　　　　　　　　35
　　（フィンランド）ヘルシンキ
　　（スウェーデン）ストックホルム
　　（ノルウェー）オスロ、ファーガネス、ハーリング渓谷、レルダール、ゾグネフィヨルド、ベルゲン
　　（デンマーク）コペンハーゲン
7　南欧旅行記―昭和62年海外収用制度等調査　　　　　　　　40
　　（オランダ）アムステルダム
　　（スペイン）マドリード、トレド、バルセロナ
　　（イタリア）ローマ、フローレンス、ベニス、ミラノ

（フランス）パリ

　　　モスクワ空港

8　イタリア道路事情見聞記　　　　　　　　　　　　　　　47

　　　ローマ

　　　ローマからフィレンツェ

　　　フィレンツェからヴェニス

　　　ヴェニスからミラノ

　　　ミラノからパリ

9　西ヨーロッパ縦断—土地問題視察記　　　　　　　　　54

　　　（イギリス）ロンドン

　　　（スペイン）バルセロナ

　　　（フランス）モンペリエ、アビニョン、リヨン、パリ

　　　（スイス）ジュネーブ、バーセル

　　　ドイツ）バーデンバーデン、フランクフルト、ボン

　　　（オランダ）アムステルダム

10　独・墺・伊旅行記—土地区画整理視察団に加わって—　　　65

　　　（ドイツ）ハンブルグ、ハノーバー、シュトゥットガルト、ミュンヘン

　　　（オーストリア）ウイーン、

　　　（イタリア）ベニス、フィレンツエ、ローマ

11　欧州土地区画整理・都市開発事情視察団に参加して　　　88

　　　（イタリア）ローマ、ナポリ、ポンペイ

　　　（ドイツ）フライブルグ、カールスルーエ、ハイデルベルグ、フランクフルト

　　　（イギリス）ロンドン

　　　（フランス）パリ、オルレアン

12-1　ドイツ、フランス行政裁判所制度調査旅行・メルヘン街道　　　103

　　　（ドイツ）リューネブルグ、ハンブルグ、ブレーメン、メルヘン街道、ケルン、バーデンバーデン

　　　（フランス）ストラスブルグ

　　　（スイス）チューリッヒ

12-2　土地整理・収用をめぐるドイツの裁判　　　　　　　112

　　　　　—独の行政裁判所を見聞して—

13　平成12年欧州土地区画整理等視察団に参加して　　　118

5

　　　　（ドイツ）フランクフルト、ドルトムント、ハノーバー万博、ベルリン

　　　　（イタリア）ボローニア、シエナ、フィレンツェ

　　　　（イギリス）ロンドン、マンチェスター、ウインダミア

　　　　（フランス）パリ

　14　ドイツ大小の都市をめぐる　　　　　　　　　　　　　　　　126

　　　　(1)ハンブルグ、リューネブルグ、ハノーバー

　　　　(2)ケルン、ボン、ヴィースバーデン、ハイデルベルグ、バーデン・バーデン、フライブルグ

　　　　(3)シュトゥットガルト、チュービンゲン、アウグスブルグ、ミュンヘン

　15　シチリア、コルシカ観光　　　　　　　　　　　　　　　　　147

　　　　（イタリア・シチリア）パルレモ、セジェスタ、アグリジェント、タオルミーナ、シラクーザ

　　　　（フランス）パリ、ニース、ジェノバ　　（同・コルシカ）アジャクシオ、コルト

　16　スロベニア、クロアチア観光　　　　　　　　　　　　　　　155

　　　　（スロベニア）リュブリャーナ、ブレッド湖、ポストイナ鍾乳洞

　　　　（クロアチア）リエカ、プリトビッツェ、スプリット、ドブロブニク、ザクレブ

　17　アイルランド、スコットランドでのゴルフと観光　　　　　　168

　　　　（アイルランド）ダブリン

　　　　（スコットランド）エジンバラ

　18　ブルガリア、ルーマニア、ポーランド観光　　　　　　　　　178

　　　　（ブルガリア）ソフィア、カザンルク、ヴェリコ、タルノヴォ

　　　　（ルーマニア）ブラショフ、ブラン城、シナイア、ブカレスト

　　　　（ポーランド）クラコフ、アウシュビィッツ収容所、ヴィエリチカ岩塩、ワルシャワ

　　　　（オーストリア）ウィーン

　19　チェコ、ドイツ観光　　　　　　　　　　　　　　　　　　183

　　　　（チェコ）プラハ

　　　　（ドイツ）ドレスデン、ベルリン、ポツダム

第3部　アジア・オセアニア　　　　　　　　　　　　　　　　　　187

　（西アジア）

　20　トルコ観光　　　　　　　　　　　　　　　　　　　　　　188

　　　　イスタンブール、イズミール、ベルガマ、エフエンス、バムッカレ、ヒエラポリス、コンヤ、カッパドキア

　（南アジア）

　21　スリランカでの奉仕活動と観光　　　　　　　　　　　　　191

   コロンボ、キャンデ
22　モルディブ　　　　　　　　　　　　　　　　　　　　　　194
   空港専用島、オリベリ島

（東南アジア）
23　ベトナム旅行―ハロン湾とハノイ、ホーチミンの旅　　195
   ハノイ、ホーチミン
24　カンボジア観光　　　　　　　　　　　　　　　　　　197
   プノンペン、アンコールワット
25　フィリピン観光―マニラ瞥見　　　　　　　　　　　　199
   マニラ
26　タイでのライオンズクラブ国際大会と知人との邂逅　　201
   バンコク
27　マレーシアでのキワニス国際大会参加と観光
    ―マレーシア旅行と東日本大震災　　　　　　　　204
   クアラルンプール、マラッカ

（東アジア）
28　モンゴル国ウランバートルでの奉仕活動と観光
    ―モンゴルの土地私有化政策―　　　　　　　　　207
   ウランバートル

（中国本土）
29-1　日中友好視察訪問団記　―「依法」の氾濫　　　　211
29-2　名大学文研OB会　桂林、南京、上海6日間　　　　219
29-3　ライオンズクラブ　東洋・東南アジアフォーラム（第47回）記　　221
29-4　名大学文研OB会　大連・旅順4日間の旅　　　　223

（台湾）
30-1　台湾事情視察　　　　　　　　　　　　　　　　　224
30-2　台湾事情視察　　　　　　　　　　　　　　　　　227
30-3　台湾事情視察　　　　　　　　　　　　　　　　　228
30-4　台湾事情視察　　　　　　　　　　　　　　　　　229
30-5　交通事故紛争処理センター名古屋支部　台湾交通状況視察　　230
30-6　名古屋中村LC姉妹提携明徳ライオンズクラブCN20周年式典参加ツアー　231

30-7	名古屋中村LC　明徳LC・CN21周年参加ツアー	234
30-8	名古屋中村LC　明徳LC・CN22周年訪問ツアー	235
30-9	東アジア行政法学会　第4回学術総会	237
30-10	名古屋中村LC　明徳LC−CN29周年訪問ツアー	238
30-11	名古屋中村LC　台北市明徳LC訪問CN30周年	239
30-12	名古屋中村LC　台北市明徳LC訪問CN32周年	240
30-13	名古屋中村LC　台北明徳LC訪問　CN33周年	241

（韓国）

31-1	韓国旅行―土地区画整理から振り返る	242
31-2	東アジア行政法学会　第2回定期総会・学術大会	248
31-3	東アジア行政法学会　第6回国際学術大会	249

（オセアニア）

32	オーストラリアでのライオンズ国際大会参加と観光	250
	シドニーで旧友と陪審員裁判を傍聴	

第1部

アメリカ、カナダ、メキシコ

第1部　アメリカ、カナダ、メキシコ

1　アメリカ（カナダ、メキシコを含む）旅行記

1969（昭44）年8月8日〜22日（14日間）

まえがき　ものを書くことが好きな私ですが、旅行記を書くことは嫌いで、にが手です。旅行記という題で、観光記を書くということであれば、風景や観光地の記述を、行っていない人にわかってもらえるほどの描写力もなく、また、行った人にはつまらなく読めるからです。視察報告ということであれば何か書けそうですが、今回の「第3次日本弁護士連合会会員米国・カナダ視察団」という看板には偽りがあり、視察というほどのことはしておりません。気の重いまま、行った順序に（内容別のほうがよいかもしれませんが）、書かせていただきますが、尊い紙面のことゆえ、観光のところはできるだけ簡単にし、われわれの業務に関係のところは多少詳しく書かせていただきます。なお、判例時報に「いそ弁日記(8)」として3ヵ所ほど、感想を書きましたので、そのところは省略しました。（以下文体を「です」調から「ある調」に変えます）。

第1日目　8月8日（金）ホノルル

1　東京羽田空港から7時間飛んで（時速約900キロ、高度約1万米）ホノルルへ着いたのは、深夜の0時25分。ハワイの美しい海も島も飛行機からは何も見えなかったのは残念（帰りも同様）。ここで税関を通る。トランクと携帯カバンを開く。なかは見ないが、飛行機のなかで、8月生れの誕生日を祝ってもらった赤いカーネションの花はとられてしまった。植物類の通関は難しいのだそうだ。1時間たらずで再び飛行機に乗る。

サンフランシスコ

2　ホノルルから4時間45分飛んでサンフランシスコの国際空港についた。日航機から空港へ渡るのに、蛇腹みたいな廊下が出てきて、それを通つて、直接、建物へ入るわけだが、私は妻に、「ここでは通路まで冷房してある」。あとでわかったことだが、サンフランシスコは夏でも14度か15度ぐらいで冷房のまちのこと。空港でトイレへ行ったが、大きいほうは、10セントの硬貨を入れないと開かないのには、まず不便を感じた。

3　Civil Center（こういう名のところが各都市にある）にまず行く。高い円型ドームをもつ、市役所、対日講和条約の締結されたオペラハウスを見て、市内全景を見下せる双子山Twin Peakにのぼり、世界で1番美しい橋といわれる金門橋Golden Gate Bridgeに行き、金門橋公園内の日本庭園で日本茶を飲み、アザラ

1　アメリカ（カナダ、メキシコを含む）旅行記

シの岩（寒流がくるとのこと、涼しいはず）、クリフHouseをみて、港の横を通って（この近くに堀江青年がマーメイド号でやってきて歓迎された）カフェテリア（セルフサービスの食堂）で昼食をした。小銭がいるというので、アメリカ銀行へ行って両替したが、その動作の遅いこと遅いこと、はらはらした。

第2日目　8月9日（土）
サンフランシスコ

4　Bay Bridge（この橋は2階建で、各階は一方通行）をわたって、東海岸のオークランド（人口36万）のモルモン教（禁酒禁煙だが1夫多妻を認める、収入の1割を寄附する）の教会によって、バークレイ（人口11万）にあるカリホニア大学に行く。この大学からは原子力関係はじめ多くの学者が輩出しているとのこと。バスは同大学の学生会館の横にとまった。私はここのLaw SchoolのProffesor Sho Sato（国際私法担当）を名大の山田鐐一教授の紹介名刺を持って訪れる予定。学生会館のInformation（案内）嬢にLaw Schoolはどこかと尋ねても、私の発言のLawは全く通じない。Spellと言って紙とエンピツを出してくれたので、Law Schoolと書いたらすぐパンフレットの校内地図にすぐ道順を書いてくれた。私の発言のまずさ、不正確さを、しみじみ感じた。Sato教授（2世か3世？）は、構内を案内してくれたが、夏期休暇中のため、学生の勉強ぶりはみられず、また、わずか10分の休憩のため、ロースクールの教授からみた弁護士についての話をきく時間もなかった。

5　バークレーからサンフランシスコにもどりチャイナタウン（どこの都会にもある。シナ人の活力には感心する。）で昼食。解散。自由行動となったので、私は東京の松尾翼弁護士（現在シヤトル市で勉学中）から、すすめられていたカリホルニア州のSuper Court（Hall of Justice, 7th of Bryant St.）を探しながら行く。タクシーがなかなかこないので、ケーブル電車（記念物的）に乗り、タクシー（距離と時間の併用制、料金のほかにやはりチップ必要）をひろって到着。土曜日の午後で閉っていたが、建物のなかに入れてもらう。7階建の新しい建物で、その屋上からの眺めは、薦められていたとおり美しいものだった。法廷廊下の掲示板には新聞活字で印刷したその日の事件の予定表がピンで止めてあった（この予定表はニューヨークの法律事務所で教えてもらったが、Law Levnueという日刊新聞があり、法廷の予定、判決決定を詳細に報道しているとのこと。サンフランシスコでも多分ニューヨークと同じような新聞があり、それを切り抜いて張ってあったのだろう）。

6　サンフランシスコ（人口76万）の弁護士の数はYellow Pages（日本の職業

別電話帳と同じ）の56頁から69頁まで13頁にわたって1頁あたり115段4行で460人が掲載されていたので6千人近い人がいるはず。多いだけに、弁護士紹介Attorney's（他の都市ではLawyer's）Reference Serviceの広告が見受られた。

7 夜はナイトツアーにでかける。Toplessだけでなく、Bottomlessのおどりが堂々とされていた。風俗の自由を見せつけられたようである。（他の州や、また同じカリホニア州のなかでもロスアンゼルスではされていないから、州とか市の取締法規のちがいを現実に知らされた）。

第3日目　8月10日（日）ナイアガラ

8 アメリカ5大湖のエリー湖の水が北のオンタリア湖へ流れ落ちる所へできた滝である。東のアメリカと西のカナダを結ぶレインボー橋の中央が国境である。そこで簡単な入国手続をすませる。カナダ側から落下を見るのが素晴しいということでカナダ側へ宿泊。ここナイアガラには裁判所も弁護士会もないが、Yellow Pageには10名ほどの弁護士の名がのっている。ここに店を出している清水さんは早稲田の法学部出身で司法試験受験の勉強をしたこともあるとのこと。ガイドが病気のため、かわりにガイドをしてくれた。同氏の話では、Who is your's lawyerと尋ねられるので、まず、自分の弁護士を決めるそうである。イギリス人との共同経営をはじめる時に、弁護士のところへ2人そろって行き、契約書に署名したとのこと。こうしておけば、共同経営がもめた時は、めんどうをみてもらえるとの話。弁護士に公証人的な権限があるようだ。医師と弁護士とは尊敬され、かつ収入も多いとのことである。

9 滝つぼの所までエレベーターで降りた。雨ガッパと雨靴を貸してくれる。ものすごいという一言につきる。そのあと展望台、発電所、花時計、花芸学校をみてまわる。

第4日目　8月11日（月）
ニューヨーク

10 バッファローからアメリカン航空で夕刻、ニューヨークのケネディ空港へ着く。バスでニューヨークのマンハッタン区へ向う。大きい、高い。空港からだんだん近付いてくる建物が、街が。

夜、タイムズスクエァで夕食し（チップのことで黒人のウエイターに、にらまれる）、ブロードウエイの劇場を1つ1つたずねたが、いずれも予約で満員とのこと。一方、42ストリートでは、けばけばしいNudeの映画のイルミネーションだ。このあたりは、お上りさんの寄るところらしい。

第5日目　8月12日（火）
ニューヨーク

11 ニューヨーク市弁護士会The Association of the Bar of the city of

New Yorkを視察団として訪問。弁護士の大半はダラスで開かれている米国法曹協会年次大会（これについてはジュリスト436号132頁）に出席とのこと。弁護士John Carey氏の歓迎の挨拶があり、そのあとで弁護士Charles R. stevens氏と大平惇氏（帝人勤務）の話を聞く。

ステイブン氏は日本語で弁護士についての次の話をされた。

(1) Structure（構造）。ローファームでパートナーは4分の1、アソシエートは4分の3ぐらいの割合である。弁護士の仕事としては①証券取引法②所得税法③独占禁止法④契約の順に多い。

(2) Billing（勘定）。報酬は一時間当たり新人で安い人は35ドル（360倍すると、12,600円）、高い人は100ドル（36,000円）とのこと。

(3) Recruiting（新人補給）。平均初任給は年俸15,000ドル（54万円、月5万）パートナーには5年、8年、10年目になる人が多い。パートナーになれない人には会社の法規（務）部へ行くなり、小さいローファームへ行くとのこと。(a)スマイゲル著「ウオール街の弁護士」高桑昭、高橋勲訳サイマル出版会44年6月刊がいい参考となる。(1)については197頁207頁149頁、176頁。(2)については20頁。(3)については63頁、84頁100頁146頁140頁）

12 大平氏は"Case and Comment"という雑誌の特集号"The Lawyer"の記事および自己の体験から弁護士資格のない社内法律家cooperate lawyerと資格のある社外弁護士outsider lawyerの関係について、社内法律家は145％増加しているのに、資格弁護士は15％の増加のみである。それでもlegal problemの難題化から、社内法律家のcapacyを越え、社外弁護士に発注することとなる、c.lの仕事が増加するだけ、o.lの仕事が増える。また、アメリカではlegal departmentに法律問題が集中し、またそれだけ法律部門の人に尊敬が集るが、日本では人事、庶務、販売のそれぞれに分散して、法律問題が処理されるようだ、と指摘された。

13 法律扶助legal aidは国の問題であって弁護士会の問題でないとの回答であった。

ニューヨーク市弁護士会の2階には大きな図書室（⑥尾崎行信「ニューヨークの弁護士と事務所」判例時報427号10頁に詳しい）がある。資料としてYearbook 1968やThe Record 1969.6をもらう。同会の活動振りがうかがわれた（同会の活躍ぶりについては⑧書180頁186頁参照）。この建物にはThe International Legal Centerが付置されている。

14 前記のキャリー氏やスチーヴンス氏の属する事務所を見学に来てもよいとのことで、高松の河村正和弁護士と、Coudert Brothers Attorneys at Lawをパン・アメリカンビルに訪ねる（ウオー

ル街down townの建物が古くなってきたことから会社のオフィスがup townへ移り、商取引も漸次アップタンが中心となるにつれ、法律事務所も、このパンアムのビルの近くup townに移している。
((a)185頁も同旨)

　　事務所の扉にはパートナーの名前が横に書いてあり…入口の扉を開けると部屋いっぱいにじゅうたんをしきつめた受付のあるレセプション・ルームが見える。そして美しく有能な受付嬢がそこに待っている。……受付のレセプション・ルームとは別に、待合室があることもあるが、これはレセプション・ルームにくらべると、かなり小さい……部屋の壁にはたいてい画や石版画などが飾ってある。すでに故人となったパートナーの肖像画を掲げておく事務所もある。そして部屋には、最新号の「タイム」「ライフ」をはじめとする雑誌類や「ニユーヨーク・タイムズ」などの新聞を置いている。どのローファームにも図書室が2つある。1つは法律一般の図書室であり、もう一つは税法関係の特別な図書室である。各パートナーの個室となると各人各様であって簡単でなんの飾りもないものもあれば、まるで博物館のようにめずらしいものが、いろいろ置いてある部屋もある。妻や子供の写真が飾ってあることもよくある ((a)220頁)。

と記述されているとおりである。アソシェートにも個室が与えられている。時間を記録しておく用紙を見せてほしいと言ったら、月日だけ印刷されたノートに依頼者、所要時間、単価Amountなどと記入したものと、それを電子計算機(この事務所にはないがセンターでやってもらうそうである)にかけるばかりになったプリントを見せてくれた。視察団に追いつくため(昼食がおわるまでに)サンラックという中華料理店へ行かねばならないので早々に辞す。(歩いて行ったが、アメリカの都会は、住居表示が番号で大きく書いてあるので探しやすい)

15　昼食後、リンカン・センター、コロンビア大学、ハドソン河畔、ハーレム(黒人、プエトルコ人街)などのマンハッタン地区北部とロックフエラー・センター5番街、エンパイヤステートビル、タイムズスクエア、国連ビル、ウオール街、チャイナ・タウン、自由の女神など観光バスで見てまわる。

16　夜、C.ITOH8Co,(AMERICA)INC(伊藤忠商事)のCredit & Legal Department(法務部)の杉原泰信氏に「吉兆」(この京都の店については当会々報102号17頁森田先生の「うまいもの」に出てくる)へ連れていってもらう。さしみ、とうふ、天ぷらなど、うまかった。わずか14日ばかりの旅行だから、日本食は絶対に食べずに帰ってくるという誓い

をしていたが、やはりだめであるし、そんな誓いは消えてしまえである。その後「神戸」という2階から日本語の歌ごえ酒場へ案内された。日本の歌（日本での最新流行のものより少々遅れているが）お客や歌手が交互に、あるいは合唱し歌う。調子のいい歌にも哀愁がこもっているように聞えたのは、私の耳のせいであったろうか。お客のほとんどは、日本の商社マンとのことである。商社マンはじめニューヨークに住んでいる日本人は約3万とのことであるが、子供の教育が、最も頭の痛いとのことであった。

まだ5日目なのに、緊張やら気づかれなどで元気がなくなっていた私も、日本食を賞味し、日本の歌を聞き、日本語ばかりの場所において、力がついてくるような、外国にいることを忘れていくような気楽さが戻ってくるようであった。

第6日目　8月13日（水）
ニューヨーク

17　出発前の自由行動の時間に3つの法律事務所を訪問する予定である。

　まず、松枝迪夫弁護士（2弁）の紹介状と伊藤忠の上遠一生さんの案内で、アンダーソン法律事務所（ここもup town）へ行く。前に書いたリーテルト事務所と似ているが、それや東京のアンダーソン事務所より、こじんまりしており、部屋には日本画も掲げてあり、図書室には日本の図書も多く気が楽である。

小中信幸（1弁）、長浜毅（2弁）両弁護士から説明や案内を受ける。オピニオン集の綴りが並べてあるのを見せてもらう。われわれの事務所もオピニオンは揃えておきたいものである。新件申込書 New Business Reportを所望してもらう（後記〔一〕のとおりである。参考となるところが少くない）。机の上や部屋がきちんとしているので、書類や文書をどのようにしてファイルしたり、整理をするように指示しているか尋ねたら、後記〔二〕の用紙をくれた。これも、ちょっとしたことだが、応用できるものである。また、一人づつの弁護士がどの依頼者のどの件で、どれだけ時間をさいたかを記入する用紙として後記〔三〕をもらった。3時間かかっても、それだけ請求するのが悪いような、時には無駄な時間をかけたのではないかと遠慮して、2時間と書いてしまうとのことで、この記入は嫌なことだそうだ（上層部で請求書を出すときは、更に然るべき線に減縮しているらしいから、担当弁護士としては、そんな気苦労はしなくてもよいというのが小中さんの意見）。

新しいファイル機器を導入しているのも参考となった。

18　つづいてウォール街のド真中にあるミラ・モントゴメリ・スパルディング・ソギ法律事務所の見学を上遠さんが約して下さったので、行くこととなったが、

約束appointの時間が迫っており、タクシーでは間に合いそうもないので、地下鉄（ニューヨークでは発達している。料金は20セント均一で乗りかえ自由、切符はなく窓口でトークンTokenという丸い硬貨に似た金属片をくれる、それを改札口へ投入すると中に入れる方式）に乗る。余りきれいではない。ソギ（蘇木・一弁準会員）弁護士から話をきく。同氏の大きな部屋には、日本の最高裁判所の認可状が掲げてある。図書室には連邦州の法令集、判例集、様式集があり、同事務所で発行している法律誌や、一週間前までの全判決決定のわかるレポートもみせてもらう。前日までのことについては、Law Levnueでわかるといって見せてもらうが、大きさ体裁は一般の日刊紙と同じ。但し写真はないようである。その日の裁判所の全予定も印刷されていた。

ソギさんの部屋からみたウォール街のブロードウエイ（この道はニューヨークを貫いている）に真白になったアポロ三飛行士の紙ふぶきのあとが生々しかった

19 up townの事務所は青、白を基調とする寒色系で室内の装飾、調度品が統一されているのに対し、down townの新しい事務所は茶、黄などを中心とする暖色系であるのが対照的であった。

3つ目の事務所（東大の鳥居淳子さん紹介の）は引越し済か探し当らず。

20 マンハッタン区（ニューヨーク市全体では一冊にのらないので分冊）のYello pagesの1084頁から1107頁まで23頁が弁護士欄だからその数は1頁460人だから11000人位である

21 ニューヨークというところが親しみがもてたのは、右のように多くの人の好意があった他、東京と同じように車は渋滞していること、薄汚れていることにあったかも知れない。歩行者が（警官も含めて）、赤Don't Walkが出ていても車がやってこないと、どんどん歩いていくところなど、戸惑いとともに、ほほえましかった（ロスアンゼルスなどは、歩行者でも信号に厳しい）。

〔一〕

LOJBA NEW BUISINESS REPORT
Date ot Report

Name of Client:
Address:

Telephone:

File Caption:
New File: ☐

No ☐ File Number:

1　アメリカ（カナダ、メキシコを含む）旅行記

Contacted by (Name & Position):
　　　　　　　　　　　　　　　　　Date Contacted
Referred by (Name & Position)
Description of Matter (Nature of legal problems, couutries, etc.)
 Field(s) of Clieut Activity:
Possible Conflicts:
　　　New ☐ or Existing ☐ Client:AM&R Client:Yes ☐ No ☐
Fee Arrangements　　　　　　　　Send Bill to:
Assignments:
Other Comment:
Reporting Attorney:　　　　　　　Partner's Initials
Distribution:　　　　　　　　　　Check-List
1-Client File　　　　　　　　　　☐ Disbursement Ledger
1-Now Business Report File　　　 ☐ Time Sheet File
1-Each Attorney assigned　　　　 ☐ Client lndex
1-Routing　　　　　　　　　　　　☐
1-AM & R　　　　　　　　　　　　 ☐

〔二〕

　　　　　　　　　　　　ROUTING SLIP
TO:　　　　　　　　　　　 DATE:
INITIALS:　　　　　　　　 REQUESTED ACTION
ANDERSON　　　　　　　　　☐ INFORMATION
LEVE　　　　　　　　　　　☐ APPROVAL
MARTIN　　　　　　　　　　☐ COMMENT
NAGAHAMA　　　　　　　　　☐ SIGNATURE
CABLE　　　　　　　　　　 ☐ APPROPRlATE ACTION
FIGDOR　　　　　　　　　　☐ HOLD
MACARTHUR　　　　　　　　 ☐ FILE #
OFFICE MANAGER　　　　　 ☐ LIBRARY
LIBRARIAN　　　　　　　　 ☐ DISPATCH
ACCOUNTING　　　　　　　　☐ PHOTOCOPIES
FILING　　　　　　　　　　☐ RETURN
　　　　　　　　　　　　　☐ SEE ME
　　　　　　　　COMMENT:

　　　　　　　　　FROM;

第1部　アメリカ、カナダ、メキシコ

〔三〕

```
                        Date
CLIENT & MATTER
Copy to AMR □        Initials
Description
```

　　　　　　　　（以上　名古屋弁護士会会報　第108号　昭和44年10月刊）

第6日目　8月13日（水）・続
ニューヨーク——ワシントン

22　ニューヨークからワシントンへは、ハイウエイ95号線をバスで行く。途中フイラデルフイア、バルチモーを通る。

　アメリカのハイウエイは日本と本質的にちがうことを感ずる。アメリカのハイウエイのセンター・ラインの分離帯は数米の芝生が植えてあり、路肩側も巾広い芝生が張ってある。ガード・レールは、そういう余裕のない、危険なところだけに設けられている。故障をおこしても、その芝生の所へよければ交通の邪魔にもならないし、追突されることもない。また、ハンドルを切って危険を避けることも容易である。日本のハイウエイはガードレールと背の高い分離帯で狭まれた、逃れようのない筒の申を走っているのと同じである。いざというとき、2重、3重の玉つき事故が起るのが当然の造りである。国土の広狭によるものであろうが日本の高速（地平より高くしてあるという意味で）道路は、こわいものだと、やっとわかる。

23　ワシントンのヒルトンホテルへ落着く。近くのOX（オツクス）というレストランでロブスター（大えびがに、前記の杉原さんからアメリカで食べておくべきものとすすめられたもの）を食べる。6ドル50セント（2160円）だけにおいしかった。

第7日目　8月14日（木）ワシントン

24　連邦の最高裁判所へ団体で行く。このSupreme Court Buildingは約35年前の1935年（私の生年と同じ）に建てられたもので、全部大理石でつくられているそうだ。法廷は1つ。法廷に入って、まず奇妙にうつったのは判事の椅子9つが、まちまちなことであった。案内の裁判所広報員の説明と1ドルで買った"Equal Justice Under law the Supreme court in American Life"の解説119頁によると、each justice may choose one to suit his personal comfort（判事は自分にあった椅子を選ぶことができる）とのことである。日本の画一的な椅子とくらべて、裁判官の独自（立）性をみるおもいがした。法廷は夏期休暇（7月1日～9月30日までとのこと）で法廷の進行は見学できなかった。連邦最高裁の法廷の

前部には弁護士のうちでも連邦最高裁判所法曹会の会員資格（ⓐ書335頁）のある者のみが、入ったり、弁論することができるようである。廊下や控えの部屋には、歴代裁判官の大きな像や画がたくさんある。国民の誇りであるという意思表示ならば、うらやましいことである。

25 ワシントン（大平洋岸のワシントン州と区別するため正確にはコロンビア特別区DCという。人口80万人、黒人が多い）では、ホワイト・ハウス、アーリントン墓地（ここは正確には隣りのバージニア州にあり、無名兵士のためのガード兵の、優雅な交代式をみる）、ワシントン記念塔、リンカン記念堂、ジエアソン記念館、桜で有名なポトマック公園をバスでみて廻る。

26 出発までの自由行動の時間に、前述の小中弁護士の紹介状をもって、ベーカー・マッケンジー法律事務所をたずねた。アポイントメント（約束）のため電話をかけたが、会話力不足で通じないまま、ブッツケ本番で訪問したが、幸いに目指した萩原康弘弁護士が、ちょうど出掛けるところへぶつかった。このビルには他にも弁護士の事務所があり、一階上は、元国防長官のクリホード氏の、隣りは元財務長官のハーラー氏のLaw officeとのことである。政治家・行政官が弁護士から出ること、また、公職をひくと再び事務所へ戻ってくることを実感した。

この事務所の本店はシカゴにあるとのことだ。事務所の扉にはパートナーの名が数人出ていた（ⓐ書220頁のとおり）。部屋の様子はニューヨークで見た事務所と大同小異とみた。ヴェランダからワシントンのまちがよく眺められた。ヴェランダには灯ろうなど日本風のものがおかれていた。

ワシントンの弁護士は新しい法律（たとえば公民権法）ができると、実にたくさんの仕事が増えるそうである。

27 ワシントンの弁護士数（事務所数）はイエロー・ページで14頁だから6440人（所）位いる。

ワシントンでは数年前に軌道電車を全廃したため、これだけ道路の整備のしっかりした、都市計画が完全なところでも、車の渋滞がひどく、一生懸命に地下鉄工事をやっている。それをみて、どんなに広いアメリカでも、やはり、車と道路の競争は道路が追いつかないかと、日本での当然の実感をもって、みんなでニヤッとした。

28 黒人問題・スラム問題について、バスのガイドも何回も触れたが、これについては　柴田徳衛「世界の都市をめぐって」岩波新書64年4月刊のうち〝人種のるつぼニューヨーク〟、〝黒い首都ワシントン〟によく書かれている（最近では朝日新聞の連載ニューヨーク、中南米）し、よく理解できないので省略する。

第1部　アメリカ、カナダ、メキシコ

シカゴ

　ワシントンからシカゴへはトランワールド航空TWA（帰国後ここの飛行機が美人スパイに乗っ取られたとのニュースを見ても、飛行機会社の名がピンとくるのは外国旅行のささやかな成果の1つか）へ着く。

　Rent-a-Car（エア・ターミナル内や街路で最も多く見受けられる文字は、このレンタカーという広告と案内で、レンタカーの受付は、どこも美人揃いである）のボックスで、シカゴのMap（部厚いもの）をもらう。

　空港から市街中心の宿舎に向うハイウエイの中央（前述のとおり空間が広くとってあったのだろう）に、鉄道をひいているのが、やはり暗示的であった（ⓒ書のシカゴのところにも、のっている）。

第8日目　8月15日（金）シカゴ

30　シカゴの市裁判所はシティー・ホール（市役所）の新庁舎の15階から17階にあった。まず、陪審員Juror予定者の控室へいれてもらう。17階にある長さ50㍍、巾10㍍もある広い、明るい、景色のいい部屋に老若男女の大人たちが100人以上たむろしている。このなかから、その日の陪審員が選出されるとの説明を受ける。"Important Instruction to jurors"."A Handbook for jurors in Illinois Civil Cases"という陪審員配布用のパンフレットをもらう。簡潔にわかりやすく陪審員になぜ選ばれるかなどが書かれている。陪審制度を支えている民衆というものを感ずる。（幼児部屋もある）。

31　American bar Association（A.B.A）全米弁護士会はシカゴ大学の構内にあった。ただしダラスで開かれているABA大会のため殆んどの人は留守であった。そこを特に説明のため帰られたハイマーPR課長とケネディ氏の話を、シカゴ大学のロースクールの一教室（明るい階段式の、黒板の大きい）で聞く。

　ABAの会員は全弁護士30万のうち10万人が加人していること（ⓐ書293頁では1961年は25万人中10万5千人とのこと、強制加人でない）、68の各種委員会と21の部都門が多方面の乱動をしていることを話（通訳付き）とスライドで知る。そこで手にした、"ABA journal"によっても、なかなか活躍のようであるし、やはりここでもらった"The Legal Proffession in the United States"という22頁の小冊子にアメリカの法律家のことが要領よくまとめられている（あちらで手に入れたもので、ここに引用したものは、すべて当会の図書室に寄附してもよいと思っている。どなたかが訳出されれば幸いである）。

　ここではThe field of economics of Law practice（法律実務の経済性に関する分野）のMr.David T.Friedに会いたいと予定していたが、会話力がなくしりご

みしてしまった。気残りである。

32 シカゴ（人口380万）の弁護士はイエロウページで20頁にわたるので約9200人である。

33 観光ではグランド公園（バッキンガム大噴水がある）、アドラー天文台（ここからの海越しの市街の眺めがよい）、マーチャンダイズ・マート、科学産業博物館（卵からヒヨコがかえるところまでやっている）、リングリー・ビル（ガムの会社）をみる。
（以上　名古屋弁護士会報　第104号　昭和44年11月）

第9日目　8月16日（土）ラスベガス（ネバタ州）

34 シカゴからの航空機は16時50分ラスベガスの飛行機におりる。ものすごい熱さ、かまどの前にいるような熱風。強い光線。涼しすぎたサンフランシスコを想いうかべアメリカは広いという実感が湧く。

　ホテルへ入る。玄関から賭博場Casinoがある。（他のホテルへも入ったが、どこも同じ）。スロット・マシンSlot Machine、ルーレットRouletteなど映画やテレビでみた遊び具が一杯である。少し楽しむ。

35 夜、ダウン・タウンのカジノセンターへ行ったついでに、ラスベガスの裁判所County derk's officeを見学する。結婚許可Marriage Licenseは休日なしの24時間開いている。Information for Marriage Licenseという用紙に簡単な記入をして提出するだけでOKになるようである。9時ごろだったが結婚希望者2組がいた。手数料は月曜から金曜が6ドルで土、日曜日が16ドル。また案内書に次のような記載があった。なかなか商売気たっぷりである。

　Interraial（人種混合の）marriage are permittd in Nvada. Blood tests（血液検査）are not required-no waiting period. 離婚するには6週間ラスベガスに住み、毎週一回双方が裁判所へ出頭することが必要とのこと（この滞在が町に収益をもたらすとのこと）。滞在中にもとのさやにおさまることも少なくないとのこと。

　夜があって昼のない町との形容も誇張でないようだ。

36 Las Vegasの弁護士Attorneysは電話帳で正味2頁で32段4行であったので、256人いる。Attorncy Reference Serviceとして、Legal Aid Society of ClerkCountyが、Attorney's Seivice BureausとしてABC Consultants, AGR Detective Agcy. Attorney Services of Neva-dea, Vegas Attorney Service. と他の所より多いのは他所者が多く来るという土地柄だろうか。

第10日目　8月17日（日）

37 団体の大部分はラスベガスから

300マイル（約450キロ、東京より遠い）東北にあるグランド・キャニオン（途中フーバー・ダムにも寄る）に行く。飛行機のなかから見おろしたことでもある。原稿用紙のマス埋めをしたくなって参加をやめる（その時書いた原稿が、ここまでの分の基礎となった）。

第11日目　8月18日（月）
ロスアンゼルス

38　ラスベガスからの航空機は11時にロサンゼルス国際空港へ着く。ここから市内まで約30キロ。途中石油の採掘をしているところが随所に目に入る。ファーマズ・マーケット、映画で有名なハリウッドHollywood（このころにテート殺しがあったが、日本へ帰ってはじめて知る、現地にいても、その国の新聞とテレビ・ラジオから離れているとニュースは知らずにすんでしまうようだ）、テレビでよくみたサン・セットSunsat通りをバスでみて廻る。ロスも交通事情は余りよくない。

2時ごろホテルへ着く。ペダソン夫人（名古屋に在住しておられた、妻に英会話を少し教えて下った人）から電話のあった伝言を聞く。知らぬ土地で知った人からの電話はうれしい。鳥居さん（前出）が、手配しておいてくださったのだろ。

39　夕方、ペダソン夫妻が迎えにきて下さったので、ロサンゼルスおよびその周辺自慢のFreeway（信号から自由という意味らしい、ハイウエイと同じ）を30分も西北へ走ってCanaya parkという住宅地の1軒で食事を馳走になる。最も標準的な家というのはこういうものなのだろう。平家建の前に芝生があって5つほど部屋があって家の裏に20坪ほどの庭がある。日本趣味の物が多いのは他の家と違うであろう。

ホテルに送りとどけてもらう（車以外に交通機関がないので）。後部座席でもシートベルトをするように言われた。

第12日目　8月19日（火）
ロスアンゼルス

40　翌朝、ホテルの窓から覗ると、通勤の車がフワー・ウエイをうずめつくしている。そして、広い広い駐車場が車でつぎつぎと占められていく。自動車と道路の競争は、道路の負けになることを実感する（写真参照）。ペダソン氏もあんなに離れたところからやはり通勤していられるのであろうかと心配である。

41　午前は自由時間であったので松尾弁護士（前出）からすすめられていたカ

ウンテイ・コート（州裁判所であって、サンフランシスコでみた連邦裁判所ではない）を見にいく。歩いて15分ぐらいの所にあったので助かった。開廷していた法廷へ入って傍聴する。だれがどこに座っているか、部屋の構造がどうなっているかわかるが,審理の内容はわからぬ。ブラブラ見てまわる。傍聴席に水飲場を作ってあることには感心する。

42　昼食はアメリカ旅行参加の12期会を兼ねて、大阪の浜本恒哉夫妻、神戸の梅谷光信先生、和歌山の岩崎健先生、横浜の今富博愛先生とともにする。

メキシコ

43　午後2時ロスをバスで発ってメキシコの北端の町ティファナTijuana人口10万へ行く。途中サンタアナ、美しい町サンジェゴ、サクラメント（ニクソンの別荘があり大統領が来ていたとのこと）を通る。平地の地続きでありながら国境（税関）を越えただけで、どうしてこんなに違うのか（汚いし、子供はものをせびりにくるし）と戸迷う。（帰国後、アメリカとメキシコの国交がまずくなり入国出国手続に相当の時間をとるようになったことを聞き、残念とも思い、また、さもありなんとも思う）。

第13日目　8月20日（水）
ロスアンゼルス

44　安藤久夫先生の御紹介でJum Mori（森）弁護士が裁判所を案内して下さるというので、30名ほどの団員で裁判所へ出かける。法廷のほうは昨日見てあったので、私は専ら、コンピューター、マイクロフイルム室などをみせてもらう。John D. Hahn（Assistant Chif Deputy County Clerk）氏の懇切な説明と森氏の通訳は大へん勉強になった（判例時報567号「いそ弁日記」に記載済）。

45　午後はデズニーランドDisney Landで遊ぶ。子供を連れてきていればどんなにか喜ぶだろうと考えるのは親ばかか。

46　チャイナタウンでサヨウナラパーテイをする。そこからグリフイース・ヒルの天文台からみたロスの夜景は（これがアメリカ最後の眺めという感傷も手伝ってか）素晴らしいものだった。

47　23時55分日航貸切機で飛び立つ。

第14日目

48　往きと同じく真夜中にハワイのホノルルに一たんおりて、8月22日午前6時05分羽田空港へ着く。

　羽田空港の見すぼらしいこと、早朝だというのに蒸しあついこと。しかし、日本語が通じ、自由自在に活動できることのうれしさ。

（以上　名古屋弁護士会会報　第105号　昭和44年12月）

第1部　アメリカ、カナダ、メキシコ

第三次米国・カナダ視察団　名簿

昭和44（1969）年8月8日～22日

赤　組	青　組	黄　組	緑　組
副団長　鈴木　多　入ル	副団長　岩沢　　誠	団長　中井　一夫	副団長　池谷　信一
鈴木　ハ　進子	岩沢　瓔子	中井　ミヨ	池谷　勝世子
田中　京勝	畑中　広豊	副団長　井関　安治	志貴　三示子
田中　京子	畑中　一豊	伏見　礼次郎	志貴　章子
阿部　　勇	馬見　州一	石岡　敏夫	高田　治尚
阿部　　夷	馬見　千八子	石岡　喜美子	高田　アサエ
笠原　喜四郎	小谷　欣一	政木　守之	青木　健治
笠原　英子	小谷　ゆかり	政木　幸子	青瀬　脇幸治
三輪　長生	能登　要	伊藤　義行	広石　郁磨
宮代　徹	能登　陽子	伊藤　義子	淵　辰吉
桑名　邦雄	高橋　栄吉	浜本　恒哉	河村　正和男
石井　麻佐雄	高橋　はる	浜本　綾子	島田　勝男
斉藤　義家	桃井　鉎次	大西　美中	中川　宗雄
山本　嘉盛	桃井　寿美枝	大西　綾子	上野　開治
後藤　英三	古沢　斐	大原　健司	国府　敏夫
岸永　博	古沢　須美恵	大原　邦子	原口　酉男
三校　基行	伊藤　清	山口　正身	山中　順雅
御宿　和男	伊藤　俊子	山口　幸子	近石　勤
菅谷　端入	小原　美紀	長谷川　正明	会沢　連伸
高梨　好雄	小原　紀之男	長谷川　千鶴子	会沢　律子
小松　不二雄	山本　松男	大場　民男	小山内　續
小松　京子	岩本　義夫	大場　欽子	三上　祐啓
伊達　秋雄	古田　渉	伊藤　静男	倉本　芳彦
伊達　孝子	田村　誠一	杉山　幸平	伊藤　鉄之助
鈴木　近治	武田　庄吉	家近　正直	岩橋　健
松井　寛	上口　利男	鷹取　重信	飯田　信一
芹沢　孝雄	榎本　浅巳	梅谷　光信	中井川　昇一
稲磯　まつ江	榎本　照秋	辻　武夫	下平　沢桂
関口　保	河野　通保	中条　忠直	相沢　岩雄
宮代　淳一	堀川　多利門	三木　善続	畠山　保雄
植村　武満	渡辺　恭一子	小松　正次郎	鈴木　村誠豊
島田　徳郎	渡辺　稔	安藤　久雄	木川　久雄
安田　重雄	福田　愛	船内　正一	白原　井克巳
石川　泰三	今富　博文	桃川　ユウ子	小倉　鈴野勝弘
小倉　迪子	加藤　弘雄	小坂　道夫	添乗員　上野　安明
添乗員　仲山　英夫	中原　康	小坂　明	
	写真班　喜田川　謙	医師　黛　喜久子	
	添乗員　ミッキー・バウ	添乗員　波多野　武	

16

2　アメリカにおける小法律事務所の経営講習会に参加して

昭和56(1981)年3月9日～17日

　昭和56年9月14日日弁連業務対策委員会の全体会が開かれ、表記の出張報告をしたので、その概要を記し、参考に供したい。
(出張目的) 第二小委員会担当の「法律事務所の能率化」に資するため下記事項をなすこと。
　1、インスティテュート・フォア・インプルーブド・リーガル・サービセズ主催の「小法律事務所の運営に関するワークショップに参加すること。
　2、ロスアンゼルス市内の法律事務所の見学
(出張期間) 昭和56年3月9日から同月19日（大場は17日）まで。
(参加者) 日本・大場民男、手塚一男（二弁）、アメリカ15名、メキシコ3名計20名。
(会場) ロスアンゼルス市内
(講習会の内容)
1　マネージメントの有効性
　(1)　法律事務所の組織と経営は、よいリーガルサービスの供給と利益性に直接影響をもたらす。
　(2)　マネージメントとはなにか。
　(3)　小法律事務所における分業と専門化―弁護士お及びスタッフにとって
　(4)　マネージメントの構造―パートナーショップと弁護士法人における
　(5)　オフィス・マネージャの活用
2　報酬―倫理と生存
　(1)　「時間」対「成果」論争の検討
　(2)　依頼者への請求の時期と方法
　(3)　前渡し費用についての問題
　(4)　標準的時間当り報酬と結果の分析
　(5)　プロフェッションのイメージの向上
3　広告とPR
　(1)　ニューボールゲームなすべきか
　(2)　広告―何を、何処で、どのように。コストは？
　(3)　広告媒体による広告に代るもの
　(4)　積極的な公的イメージの創造
4　法律事務所のシステム―依頼サービス改善とミスの回避のための
　(1)　選択可能な方法の検討―簿記、計時法、日程管理、請求に関する各種商業システム等
　(2)　始めから終りまでのファイルの記録
　(3)　ファイルの開始、索引化、蓄積と検索及び一欄表作成
　(4)　時間記録の請求以外の機能
　(5)　財政及び経営報告書

(6) ファイルの保存と廃棄
　(7) コンピューターについて
5 **小法律事務所の実務における文書作成法**
　(1) 法的文書と書簡の作成は技術により革命的に変化した
　(2) いかにしてより少ないコストでよりよい法的成果を得るか
　　(a) 弁護士と秘書をいかにしてより生産的にするか
　　(b) 機械に関する留意点
　　(c) 資料の蓄積と検索法
6 **法律事務所内部の人間関係**
　(1) パートナー／株主／正式な契約書の必要性
　　(a) パートナー、株主の配分
　　(b) 任意又は強制的退職
　　(c) 事務所における権益の買取り
　　(d) 廃疾と引退
　(2) アソシエート
　　(a) 雇傭と継続
　　(b) 給与
　　(c) 昇進
　　(d) 正規の見直し
　(3) 準法律家（パラリーガル）、事務所におけるパラリーガルの働き
　　(a) 依頼者とのやりとり
　　(b) 質の管理
　　(c) 給与
　　(d) 訓練
　(4) 人事管理法
　　(a) 雇傭とテスト
　　(b) 手引書
　　(c) 事務所の方針
　　(d) 給与の管理と見直し

　アメリカで「小」法律事務所というのは弁護士十人ぐらいまでのもの（日本でいえば大事務所）を指すようである。

　上の学習の成果とABAのロイヤーズハンドブックや上記リーガルサービス社のマニュアル等を参考にしつつ、日本に適合する法律事務所の能率化、法律事務所の経営を考察していきたい。

　（以上　名古屋弁護士会々報246号、昭和56年9月号）

妻への手紙

　9日の夜に東京を出発したのに、改めて9日と記載すると、やはりアメリカへ来ているのだという気がします。今、部屋の時計は午後11時17分ですが、時差の修正をしていない予備の腕時計は（10日午前）4時17分を指しています。

　結婚して20年振りに、はじめて手紙を書くのではないかと思います。少し照れくさい気がしますが、日記がわりに、寝るまでの時間に、こちらでの様子をできるだけ多く書きたいと思います。

　9日夜9時50分東京発のチャイナ・エアライン（中華航空公司、といってもボー

イング747です）で羽田を発ちました。

　自宅用の土地購入の借金のことが気になり（同行の手塚一男弁護士も同様）で、高額な海外旅行傷害保険へ入りました。保険会社からも通知が行っていると思いますが、下記のとおりです。

　　　記（略）。

　この保険が役に立たずに、建築中の新居に入ることができることを願っております。

　9日午前9時10分（日本時間では10日午前10分）ホノルルに着きました。12年前の一緒に行ったアメリカ法曹事情視察の旅行では、往きも帰りも夜中で見ることができなかったホノルルの町と周辺が眼下に見えました。晴でしたので、海も陸も素晴らしい美しさです。気温は23度で初夏の日射しです。そのうち（近いうちにと言いたいのですが）に是非一緒にきたいものです。空港も綺麗です。建替えたのでしょう。出発まで3時間弱もあるのに、外へはもちろん、前にきたときは買物ができた免税店のある所へも出してもらえずでした。11時50分やっとホノルルを発ちました。

　こちらの午後6時30分頃にロスアソゼルス空港に着きました。着陸する前にロスの空を飛びましたが、その夜景の美しいこと、街路灯の並びから都市計画の素的なことがよくわかりました。

　当ホテルは同封の絵はがきのハイアット・エアポートホテルでロス空港のすぐ近くにあります。ホテル間の巡回バスに乗って着きました。この前東京で泊ったホテルの最上級のような部屋です。シングル扱いでツイソの部屋ですから、あなたか、ついて行きたいと言っていたかおり（長女）かめぐみ（二女）（できれば全員）が一緒であれば本当によかったと思いますが、家の普請中で、学校があるので、かなわぬことでしょう。

　チャージ（料金）は63ドルに税金がついて72.46ドル（日本円で15,000円、食事別）です。少し高いかもしれませんが、こんなものでしょう。

　アメリカ風の夕食（シュリンブ・バスケット4.95ドル）を注文しました。スリッパも寝巻きも早速役立ちました。今のところ忘れ物はないようです。

　めぐみが友達に頼まれたというホテルのマッチのラベルにかなり感じのいいものがありました。多少の蒐集ができるでしょう。めぐみに楽しみにしているように言って下さい。

　12時が8分ほど過ぎましたので休みます。グヅドナイト。

　　　　　　　　　　昭和56年3月9日

　第二便を書きます。記憶整理が主たる目的ですから、引越の準備が忙しければ読まずにこのままにしておいて下さってもけっこうです。

第一便を出すためにホテルの売店で昨晩切手を買いました。40セントの切手を買うのに、25セントの組合せと17セントの組合せものしかありません。17セント三組（51セント）を買うとやっと40セントの切手が間に合うのです。したがって手元には11セントの切手が残っています。必要なだけの額面どおり買える日本の郵便制度をうれしく思います。

ロスの詳しい地図（2ドルと税0.12ドル）を買いました。歩き廻るのに役立つでしょう。

今朝午前2時に眼がさめました。胸やけがするのでした。夕べ食べたあげものがいけなかったようです。外国での病気ほどこわいものはありません。名古屋で買ってきた胃薬が早速役立つかと思いましたが、起き上るのがめんどうと思っているうちに寝入ってしまいました。午前7時前に目覚めましたが、その時は胸やけもなく、すっきりしていました。

午前8時コーヒー・ハウスで朝食をとりました。余り食べないほうがよいと考えて、コーヒー（0.75セント、約150円）とパンだけにしました。

ロスアンゼルス・タイムズ（104ページもあり）が部屋の前においてありましたので、英語に慣れるため、できるだけ読むようにしました。

パート1は一般、パート2はメトロ、パート3はビジネス、パート4はビュー、パート5はカレンダー、パート6はユーとなっていて読みでがあります。

パラ・リーガル＝ローヤーズ・アシスタントの広告や、バンクラブチー（破産）を250ドル（約5万円）安いのは85ドル（約1万7千円）、ディボーズ（離婚）を35ドル（約7千円）でするとの新聞広告が出ています。余りの安さにびっくりしました。早速、切り抜きました。

ABA（アメリカ法曹協会）のハンド・ブックを少し読みました。テレビも新聞もその他の周辺すべて英語です。このホテルには日本人の宿泊客はわれわれ2人しかいないようです。少しは英語がわかってくるような気がします。

10時すぎにホテルのバスに乗ってエア・ポートのバス停に行きます。近くても歩道が空港のバス停に達するまで造ってなくて行けないのです。そこからダウン・タウンのカジマ（鹿島建設）のビルのロバート・Y・イワサキ弁護士を尋ねました。

弁護士8人、秘書3人の構成です。当地では小さい法律事務所なのだそうです。顧客の8割は日本企業とのことです。手塚弁護士も事件をたまに共同で担当するとのことです。

弁護士試験を受けるための学校が5000ドル（10万円）もあればできるので乱立しているそうです。そういうところの卒業生は素養がないので、州の弁護士試験

2 アメリカにおける小法律事務所の経営講習会に参加して

に合格しても、いいロー・ファーム（法律事務所）では採用しないとのこと、そうすると、そういう弁護士には仕事がないこと、そこで前記のような広告が出るとのこと、広告に出ていたような安い手数料では広告料が回収できるかどうか、はたからみていても心配であることを聞きました。広告解禁派の私にとっては、少し耳の痛い話でした。

ファイルの色は、担当弁護士別にしていること、図書室と執務室の境はガラス張りであることは参考になりました。

コンピュータはまだ使用していないとのことでした。同ビル地下の日本料理店に連れていってもらい寿司を御馳走になりました。寿司の材料はすべてこの近海でとれるのだそうです。寿司もみそ汁もおいしく感じました。

それから近くのロスアンゼルス・カンチー・ロー・ライブラリー（郡法律図書館）を尋ねました。なかは広くて素晴しい図書館です。米国における法律家の力の強さが表われている気がしました。

シャンダー氏からコンピュータによる判例検索であるウエスト・ローを操作していただき、いろいろと説明をしてもらいました。質問はすべて手塚弁護士を介しました。この方式は文献等で前から知ってはいましたが、目の前で動くのを見るのは、これが始めてです。資料も多く貰いました。大変勉強になりました。

このロー・ライブラリーの近くには、シビック・センター、リトル・トーキョウがあります。前の旅行で2人で来たところです。

そこから5ストリートぐらい南下して、ロスアンゼルス・カンチー・バー・アソシエーション（ロスアンゼルス弁護士会）を訪ねました。弁護士事務所のマネージングについての弁護士会の役割を聞くという訪問の目的は達しませんでしたが、法律事務所のマネージングについてのミーティングはアクチブティがあれば教えてくれるように伝言して、そこを去りました。

街をぶらついて、午後7時半にホテルに帰ったらロス弁護士会から今夜6時からミーティングがあるという伝言が入っていました。空港横のホテルと指定のダウンタウンのホテルとの間は遠いので行くことを迷いましたがともかく出掛けました。

会場のビルモア・ホテルへは9時すぎに着きました。それは立派な大きなホテルでした。残念ながらミーティングは既に終っていました。

そこで、このホテルで遅い夕食夕食をとることをしました。

明日から受ける講義のことが気になります。

昭和56年3月10日

第三便をしたためます。6時に眼がさめて、もうひと寝入りしようと思ったら8時でした。慌てて仕度をしました。朝食はワン・エッグ、コーヒー、トーストで済ませました。

9時15分から「法律事務所の経営と経済に関する講習会」が始まりました。英単語の一つ二つはわかりますが、それでは意味が通じません。小さなテープレコーダーを持参すべきでした。

日本の講義と違って、講師からの発問も多く、受講生（アメリカ人15人、メキシコ3名、日本人2人、計20人・アメリカ人はカリフォルニア10名、アリゾナ12名・ニュージア、ミネソタ、ハワイ各1名です）からの質問も多く活発です。

イン・ジャパン？　との質問がきます。私が英語では答えられないので手塚弁護士が替って答えてくれています。学校での落ちこぼれ生の心境がはじめて理解できました。

しかし、幸いなことにテキストのボリュームが多く、絵や図解もありますので、何をやっているか見当はつきます。また帰国して訳せば役立つことでしょう。ともかく、講習会の雰囲気にあたり、テキストと対峙していますと、新しい発想や意欲がもりもりとあがってくるような気がします。

以前、アメリカへ来たときの刺戟から、その後の弁護士業務の事務能率や合理化の面で創造できたように、今回の受講等により第二回の爆発が起れば、アメリカへ来た甲斐はあったというべきでしょう。

5時まで、みっちり講義がありました。夜はハリウッドのサンセット大通りを散策し、ビバリー・ヒルズに至り、センチュリー・シティという巨大建物のバス停からホテルへ帰りました。

昭和56年3月11日

3　グアムでのゴルフ、観光

1998（平成10）年3月22日～25日

	発着地	発着時間	交通機関	スケジュール	朝食	昼食	夕食
1998 平成10年 3月22日 （日）	集合時間：18時35分 名古屋発 グアム着	20：35 1：05	CO972	出国手続き後、コンチネンタルミクロネシア航空972便にて一路グアムへ 着後、ホテルへ　【グアム泊】			機内
3月23日 （月）	グアム			レオパレスリゾートカントリークラブ 8：00スタート 【グアム泊】			
3月24日 （火）	グアム			タロフォフォゴルフリゾート 8：24～8：48スタート 【グアム泊】			
3月25日 （水）	ホテル グアム発 名古屋着	 16：40 19：20		マンギラオゴルフ倶楽部 7：28スタート 空港へ コンチネンタルミクロネシア航空973便にて名古屋へ			機内

　大薮城正Lのグアムでゴルフをしようとの主唱で出掛ける。グアムで中村ライオンズクラブと姉妹提携できるライオンズクラブがあったら話をしようとの目論見もあって三役揃って出掛けたのである。

　参加者は中村ライオンズクラブ会長大場民男、幹事鈴木和彦とその妻鈴木八重子、幹事大薮城正、会員唐井春男、上野元嗣、三品三枝子、奥村某、岡田慶三（旅行業者の社長）である。

第1日目　3月22日（日）

集合時間：18時35分（小牧空港）

名古屋発　20：35

出国手続き後、コンチネンタルミクロネシア航空CO972便にて一路グアムへ向う。

　1：05　グアム着　着後グアム第一ホテルへ

　そこを滞在中の宿とする。

第2日目　3月23日（月）

レオパレスリゾートカントリークラブ

8：00スタートでゴルフをする。スコアカードが残っていなくてどういう成績だったが思い出せない。夕食はホテル西近くの東ヤシーホース・レストランでロブスター、ステーキセットなどをとる。

第3日目　3月24日（火）

タロフォフォゴルフリゾート　8：24スタートでゴルフする。

スコアカード見当たらず、どういうゴルフ内容であったか思い出せない。

バンカーで赤土色があったように思う。夕食はホテル横の中華料理ですませる。

第4日目　3月25日（水）

マンギラオゴルフ倶楽部　7：28スタートでゴルフする。

このプレーのスコアカードも見当たらないためプレーの状況を思い出せない。

空港へ行く。

グアム発16：40コンチネンタルミクロネシア航空973便にて名古屋へ向う。

名古屋着　16：20

帰宅　20：40

追記

先の太平洋戦争で本土防衛の要と位置づけられたグアムは旧日本軍が昭和16年12月12日に占領した。しかし19年7月21日に米軍の上陸作戦で猛攻が始まると、約2万人の主力部隊は5日間で壊滅した。残る守備隊は撤退を余儀なくされ、ほぼ全滅した。

名古屋出身の元陸軍伍長の横井庄一さんは戦後28年間、グアムに潜伏していて帰還した。

グアムと言えば、上記のように重々しい感じを私はもっていて、わざわざグアムの観光に行こうとは思わなかったが、冒頭のような経緯で行くことになって、ゴルフを堪能してきた私たちの戦後のひとつは終わった。

4　ハワイ・オアフ島での家族旅行

1998（平成10）年7月18日〜23日

第1日目　7月18日（土）

名古屋16：52発の新幹線で新大阪まで行き、JR線で関西空港に向かい、われら夫婦と娘夫婦が合流した。

関西空港発22時35分　日本航空　JL-078便〈スーパーリゾート・エクスプレス〉

―日付変更線通過―

ホノルル着　11時10分（所要時間、約7時間30分）

旅行社予約のシェラトン・モアナサーフライダーホテル（現：ウエスチン）に着く

昼食　ビーチサイドカフェ

15：30からトロリーバスに乗る。ダイヤモンドヘッドなどいろいろと見る。

夕食　シーフードレストラン

　　　　　　　　　　　　ホノルル泊

第2日目　7月19日（日）

昼食　ベニキン・ベランダでサンデーランチ。

プール、海で泳ぐ。

縦横土地区画整理下の執筆・校正に当たる。

　　　　　　　　　　　　ホノルル泊

第3日目　7月20日（月）

5：30　起床、6：10　ホテル出　ワイケレ・ゴルフクラブへゴルフに行く

オーシャンコースをラウンドする。

スコア・カード今では失くしてしまってゴルフの内容を書くことはできない。

ゴルフ場へ行く道の高台からパールハーバーが見渡せる場所がある。1941(昭和16)年12月7日朝（日本時間8日未明）、オアフ島近海に迫った日本連合艦隊の飛行機部隊の約180機が低空で真珠湾（パールハーバー）に侵入し停泊中の米戦艦や米軍の飛行場に壊滅的な打撃を与えたのである。これが太平洋戦争の発端になった。私が7才（今のように満年令では数えなかった）、小学校1年生の時である。峠の上でしばしば沈黙・感慨にひたる。

16：00にホテルの部屋に着く。

　　　　　　　　　　　　ホノルル泊

第4日目　7月21日（火）

プールで大関だった小錦に出会う。出身地に帰ってきているのだそうだ。

　　　　　　　　　　　　ホノルル泊

第5日目　7月22日（水）

このツアーは往復の飛行機及びホテルを旅行社が手配し、現地では各人・各家

族の自由行動である。
　帰国日になったので、8：00荷物出し、10：00集合した。旅行社の現地係員が帰国の出発の案内に当る。ホテルから車にて空港へ行く。
　12時40分　日本航空JL-077便でホノルル発
　―日付変更線通過―

第6日目　7月23日（木）
16時20分　関西空港着
　　　　　（所要時間、約8時間30分）

第2部

ヨーロッパ

第2部　ヨーロッパ

5　欧州土地収用事情の調査と観光

1983(昭和58)年5月3日～18日(16日間)

第1日目　5月2日（月）

「海外収用制度等調査団」の結団式が午後5時から千代田区麹町のふくおか会館で開かれた。

建設省計画局長、全国収用委員会連絡協議会々長等の方々の挨拶あり。

参加団員は高田源清・福岡県収用委員長（九州大学名誉教授・中京大教授）、田村彰平・岩手県収用委員長（弁護士）夫妻、高田賢造・東京都収用委委員（弁護士・コンメンタール土地収用法・日本評論社刊の著者）夫妻、佐野孝次・香川県収用委員長（弁護士）、小堀啓介・沖縄県収用委員長（弁護士）、坂田隆史・建設省計画局総務課課長補佐、新井平八・全収連事務局長、吉田博正・近畿日本ツーリスト添乗員と小生（愛知県収用委員長）と妻計12名である。

同夜は同館で宿泊する。

第2日目　5月3日（火・祭日）

昼間、娘たちと銀座で時をすごし、午後5時30分、東京シティ・エア・ターミナルに集合、ビップ・ルームで歓送会をおえて、バスにて成田空港へ行く。はじめてである。

新東京国際空港公団法務室長井上光正氏から、この新東京国際空港開設までの用地取得・代執行等、土地収用をめぐる話を聞く。土地収用法に関する重要問題のすべてが、この新空港の開港までと今後の第二期工事に集約されている。出国前から土地収用については、満腹になったような気がする。

22時30分日本航空423便にて出発。うんざりするような飛行機の旅がはじまる。

第3日目　5月4日（水）

（パリにて）

アンカレッジ空港、ロンドン空港を経由して午前10時15分（時差が8時間。但し、パリは夏時間で7時間の時差。日本時間では17時15分）にパリのシャルルドゴール空港へ到着。この間、18時間と45分。これだから、ヨーロッパは遠い。

ホテル・ニッコー・ド・パリ（日航経営のホテル。日航で運び日航のホテルへ泊めるので、こういう点で日本人は嫌われるのであろう）で荷をとき、小休止。昼食後、フランス住宅都市省を訪問する。

簡素な二階建の建物である。

フランスの土地収用制度の説明を受ける。

第4日目　5月5日（木）

開発地エブリー・ニュータウンへ視察に行く。パリの南30キロの所にあった。

鉄道・道路という足の確保のほか、ニュータウン内で職業・文化が満たされるようになっている点に感心した。

この間、妻たちは建設省から出向の大使館員の方の奥様の案内でベルサイユ宮殿の見物にいく。

夕方は、合流してセーヌ川で遊覧船に乗る。この船のことを「バトー・ムーシュ」といい、200人位乗ることのできる大きな船である。渡された案内のパンフレットは日本語で書いてあり、ありがたいような、興ざめのような気がした。

セーヌ川からは、エッフェル塔が始終見えるほか、ノートルダム寺院、ルーブル美術館、自由の女神像（ニューヨーク港のもののコピー）、美しい石造りの橋が照明のもと次々と眺められた。

帰りはタクシーに乗る。乗務員席と乗客席は防弾ガラスのようなもので完全分離である。乗客はすべて強盗と疑われているような感じである。

第5日目　5月6日（金）

パリ市内の観光に専用バスで出掛ける。まずシャイヨー宮殿中央のテラスからエッフェル塔はじめパリの街を見渡す。この美しさは筆舌に尽くしがたい。一生の記憶に残る。

凱旋門シャンゼリゼ通り―コンコルド広場―モンマルトルの丘―サクレクール寺院―ノートルダム寺院―裁判所（かつてマリー・アントワネットが収監され、処刑されたとのこと）等々を見て廻る。

午後の自由時間はルーブル美術館を見る。数々の名画・彫刻が展示されている。モナリザはさすが厳重なわくのなかに展示されているが、ミロのヴィーナスはさりげなく置いてある。京都展示の際は、長蛇の列ができていたことが嘘のようである。

夜はディナー付きショーを見にいく。騒がしいが素晴らしかった。ヨーロッパでは食事に水をもらうのが大変である。

第6日目　5月7日（土）

パリ・リヨン駅を12時28分に発つ。パリには中央駅がなく、周辺に各地方へ向う駅がある。そして行く先の地名を駅名としている。リヨン駅もその一つである。パリにあるリヨン行き列車の駅ということである。

フランス自慢のTGV（新幹線特急）に乗る。しばらくは在来線を走るためスピードは出ない。

眠る人が多いが、農村風景や耕地の状況が私には興味深かった。フランスは農業国でもあることを実感する。コンクリートを用いない用排水路が多く見受けられ、幼少の頃の日本のそれを思い出し

た。
（スイス）

　途中、スイスの国境を越えたがそこでは入出国手続き等はない。16時43分ジュネーブ着。

　夜は、スイス料理の代表格フォンデュを食べにいく。牛肉の小片を長い串にさして揚げながら、ソースをつけて食べるのである。それほど美味というものではない。

第7日目　5月8日（日）

　アルプスの一つモンブランに登ることとし出掛ける。すぐスイスとフランスの国境に至る。バスは検問所も簡単に通る。フランスで政変等があるとすぐ国境を越えて逃げる人がいるという話をなるほどと思う。

　また、この高速道路の中央分離帯を取り去ると軍用機の滑走路となるとのこと。さすが国民皆兵の平和国家である。

　スキーヤー憧れのシャモニーからロープウェイにのる。3,842メートルという富士山より高いエギュイュ・ドウ・ミディに至る。スイス・フランス・イタリアの三国の交点にあるとのこと。下る方向によって国が違うとのこと。大陸にいることを感ずる。寒い。オーバー・コートを着てこなかったことを悔む。天候はよくならない。眺望はあきらめ下山する。

　ジュネーブに戻る道で、アルプスの氷河がよく見受けられる。道路が山肌を削らずに、山をとり巻いて造られていることに感心する。

　ジュネーブでは、モンブラン橋―宗教改革記念碑―ジュネーブ大学―イギリス庭園―レマン湖大噴水等を見て、国際連合欧州本部（パレ・デ・ナシオン）―国際労働機関ILO―世界保健機構WHOを廻る。

第8日目　5月9日（月）

　朝のレマン湖周辺を散歩し、名物のチョコレート等を買う。

　午前11時発でジュネーブ空港を発つ。
（フランクフルト）

　西ドイツの空の要所フランクフルトに12時15分着。フランクフルトでは医師大会があるとのことでホテルがとれず、そこから約30キロ西のヴィスバーデンへ移動する。落ち着いた緑の多い美しい町である。大いに歩き廻る

第9日目　5月10日（火）

　朝9時フランクフルトの市内視察に出掛ける。

　旧市役所前広場。ヨーロッパ風ともいうべき頭三角の建物が広場に面している。

　秤を持った正義の女神が建っている。弁護士バッチの秤と多少の関係があるかもしれない。

　都市計画の展示を見てからゲーテが生

5　欧州土地収用事情の調査と観光

まれ育ったゲーテハウスを訪れる。入館料２ドイツマルク（200円）。日本語の解説版も売られている。日本人の入館者が多いことを示している。感慨深い。

　証券取引所のドッシリした建物の地下でボリュームたっぷりの昼食をとる。

　ヴィスバーデンに帰り、ヘッセン州政府を訪問し・都市計画、土地収用、地区詳細計画などを聞く。ドイツらしく法文のコピーも大量に配布を受けての説明である。わが国のような事業認定とは異なり個別の計画確定で済まされている点、参考となることが多い。

第10日目　５月11日（水）

　ホテルを９時に発ちライン川を下ってローレライまでいく。ヨーロッパ人が日本の川を見て、これは滝だと言ったそうであるが、ライン川には日本のような高堤防はなく、川岸の国道を少し高くして鉄道が走っている。道路と川面との差はない。水が増えると道路は冠水し、しばらく通行できなくなるが、道路が壊されることなく、ゆっくりと水がひき、また通行できるとのことである。

　ライン川下り、上りの船がゆったり動いている。

　ローレライの岩に日本語で「ローレライ」と大きく書かれていたのは幻滅であった。

　川の中にいろいろな塔が立っている。通行税をとりたてた関所だそうである。ライン川沿いの古城も美しい。

　ドイツワインの産地で右岸にはブドウの木が一面に植えてある。多雨多湿の日本は棚仕立てが普通だが、雨の少ないこの辺りでは棒仕立であるのでさっぱりしている感じである。ワイン店が軒を並べる狭い道のある町をバスから降りて歩く。

　またヴィスバーデンに戻り、同駅からドイツ国鉄（DB）のインターシティー特急（IC）に乗り込む。客車内が部屋に仕切られている。ミュンヘンへ向かう。
（ミュンヘン）

　17時45分ミュンヘンに到着する。そのままホテルへ直行する。ミュンヘンは西ドイツの南東部に位置し、西ドイツ第３の都会でバイエルン州都である。

第11日目　５月12日（木）

　バイエルン州政府機関の訪問調査の予定であったが昇天祭ということで官庁は休み。そこでロマンティック街道の一部（ランズベルク、フュッセン）を通ってノイシュヴァンシュタイン城を観光に行く。ノイは新、シュヴァンは白鳥、シュタインは石とのこと。

　気候もよく、快晴であったせいもあるが、筆舌に尽しがたい美しさである。建築したルードヴィヒ二世の哀愁をおびた話が景色を意味ありげなものとする。若き日の森鴎外の話も登場する。

31

とにかく素晴らしかった城をあとに帰途につく。途中デイ・ピース・チャーチや修道院などを見る。

夕食後ビヤホールで有名なホーフブロイハウスに入る。1,800人も収容可能な大ホールである。たくましい女性が生ビールを運んでくる。

第12日目　5月13日（金）

バイエルン州内務省（ミュンヘン所在）を訪問する。内務省は内務局と建設局からなる。建設局収用担当官から説明を受ける。まず、バイエルン州収用法の22頁ものコピーを配布される。エッセン州でも大部の法律資料をもらったことも合せると、西ドイツはアメリカのように連邦国家であることを実感する。

1980年の連邦長距離道路（いわゆるアウトバーン）用地取得形態は契約によるもの74.6パーセント、耕地整理によるもの25.3パーセント、土地収用によるものはわずか0.1パーセントである。耕地整理によるものの比重が大きい。

計画確定手続、収用手続、損失補償手続、執行手続、行政不服、行政訴訟について詳しい説明を受けて同省を辞す。

昼食は久し振りに日本食を「三船」というところでとる。食後ミュンヘン総領事館を表敬訪問する。

その後、ミュンヘン市内をバスで観光する。オリンピック公園—ニンフェンブルグ城（宮殿と言ったほうがよい）—美術館アルテ・ピナコーク—市役所新庁舎（塔の人形がチャイムとともに回る）—マリエン広場等を見る。
（アウグスブルグにて）

ミュンヘン西北約60キロのアウグスブルグのホテル（町は古都であるが町はずれのこのホテルは高い円筒型で現代的）に向う。

夕食後市内を一廻りする。路端に止めてある二輪車は90パーセント以上日本製であるのを見て、日本のオートバイメーカー等の力に感心する。

第13日目　5月14日（土）

10時ホテルを出発し、11時ミュンヘン空港到着。ドイツ滞在の最後のひとときを過し、13時15分同空港を出発。
（ロンドン）

14時10分（但し、機内で一時間戻した）ロンドン西のヒースロー空港に着く。2時間弱である。ヨーロッパ内はせまい。ECが必要だと思う。

夕食まで時間があるので、早速、小堀、坂田、私共夫婦の4人はタクシーでウエストミンスター寺院へ出掛けた。建物の床の下に墓があり、床に人（チャーチル、ニュートンなど）の名が彫ってあり、その上を歩く。これには驚いた。

この寺院のすぐ裏をテームズ川が流れ、その川端に国会議事堂があり、時計

台のビッグベンもある。対岸のロンドン市役所の壁面には失業者数35万人と大書してある。労働党の勢力の強い市会がサッチャー政権の強い国会議事堂にアピールしているとのことである。

帰りは地下鉄に乗ってみることとする。ウエストミンスターの次のエンバンケント駅からホテル近くのエグワード駅まで乗る。このサークル（環状）線は深く掘ってある（ドイツ空軍の爆撃にも耐えうるようにとのこと）ので、

乗るにも、降りるにも迷ってしまった。とくにエグワーロード駅は大きなエレベータを利用する。

夕食はピカデリー広場近くのピカデリーホテルまで出かけてローストビーフを食べにいく。日本でローストビーフをうまいと思ったことはなかったが、ここでのそれはバイキング式でいくらでも食べられるほどおいしかった。

第14日目　5月15日（日）

日曜日につき、役所回りはできないということなので市内観光にでかける。セントポール寺院（チャールズ皇太子とダイアナ妃の結婚式が行なわれた）―タワー・ヒル―ギルドホール―バッキンガム宮殿。

午後は、大英博物館をまず訪ねる。世界中から珍しいものが集めてある。大英帝国がかつて世界を支配していた頃の戦利品の展示という感じがして、とられたと思う国の人が見たらいい感じはしないであろう。

トラファルガー広場に面するナショナルギャラリー（国立美術館）に入る。名画のあるコレクターの死後、その画が海外に売られはじめ有識者等の抗議が殺到、1824年英政府が買い取ったことにより、ナショナル・ギャラリーは産まれたとのこと。各国毎に分類展示された部屋が46あり、短時間で見たい人のために16部屋が指定されている。レオナルド・ダ・ヴィンチ、レンブラント、バン・ダイク、デューラーなど有名な（といってもルーブル美術館とこの美術館で知ったことも多い）画家の作品が展示されている。しかも、これらの博物館も美術館も国立だということで入場料をとらない。斜陽といえども、さすがイギリスとの声あり。

第15日目　5月16日（月）

（ロンドン）

ロンドンでの買物は、紅茶とコートということなので、開店早々のロンドン三越に買物に行く。日本語の通ずる日本の店へ行くのは多少なさけない気もしたが。その後、在英日本大使館、表敬訪問。13時30分まで自由時間となったのでグリーン・パーク（ロンドン市内には実に多くの広い公園がある）を通り抜ける。昨日の雨と違って今日は晴れていて緑が

しみる。バードウオッチングの人も多い。バッキンガム宮殿に至る。ちょうど上衣が赤、ズボンと帽子が黒の衛兵の交代儀式中である。黒山の人だかり。自分たちもこの人の集団にまじり込む。

午後2時すこし前に、イギリス政府環境省を訪問する。

環境省といっても日本の環境庁とは異なり、自然環境保全のほかに、土地利用計画、都市計画の部門も担当し、公共事業のための強制取得に対して収用権の確認機関であり、またニュータウンをはじめとして自らが国の事業にあたるといった広範な権限を有するものである。

次官補のバクスター氏からイギリスの土地制度の概略（B5版用紙1枚分）の説明を受ける。

次に土地利用政策担当官ギル氏からイギリスの土地収用制度の詳細な説明（同用紙6枚分）を受ける。

土地の収用ではなく強制売買という構成がとられていること、土地収用法という一般法はないこと、日本のような建設大臣による事業認定という制度はなく、主務大臣の確認でよいことなど制度の違いは、日本法を見直すには参考となる。土地裁判所（Tribunal CourtやHigh Court）など司法との連結も興味深かった、クロス・エキサイティングな対審とは別に手紙を書いて決定してもらう方式が盛んに利用されているとのことであ

る。4時すぎに辞す。

7時半からパブとレストランを兼ねたシャーロック・ホームズという店でサヨナラ・パーティを開く。ここは名探偵シャーロック・ホームズがオフィスにしていたという場所で、その作者コナン・ドイルの遺品が展示されていた。

第16日目　5月17日（火）
（ロンドン）

最終日につき自由時間。高田団長、坂田補佐とわが夫婦とでロンドン塔を見にいく。ウィリアム王が築城したもので6つの塔からなる。無気味な感じの塔・城である。拷問の道具が陳列されてある。その一方で、警備しやすいためか、世界一大きいダイヤモンド「アフリカの星」をはじめとする宝石、王冠類が展示され、対照的である。近くにタワー・ブリッジがある。

昼食は日商岩井法務部の渡辺鋼平氏の御馳走になる。

13時30分ホテル出発。16時ちょうどロンドン・ヒースロー空港を発って日本への帰路に着く。

（以上　その場のその時　昭和61年6月一粒社刊　241～248頁）

6　北欧4ヵ国旅行記

1984(昭和59)年7月19日～28日(10日間)

第1日目　7月19日（木）

　留守中の手配もすませて、午後2時25分事務所を出て、小牧空港へいそぐ。妻と次女（大学2年生）を同伴する。

　名古屋勢は伊藤淳吉ご夫妻、水野正信、福島啓氏、田畑宏弁護士とわが家三人の計8人である。午後4時25分小牧空港発。1時間で成田空港着。ロスアンゼルスで行われるオリンピック選手団とぶつかり、しばし見送り。有名選手を送る人波にもまれる。

　全員16人（東京・野村好弘、吉岡進、長谷川朝光、滝谷滉、広島・相良勝見、高松・土田哲也、福岡・中川瑞夫、日通添乗員上田剛の各氏）の集合もおわり、21時30分予定どおりJALで北欧四カ国の旅に立つ。

第2日目　7月20日（金）

　アンカレッジ経由で、フランクフルトの現地時間午前8時45分着。ここまで17時間。ここからまたヘルシンキに向う。わざわざフランクフルトまできて、また戻るような感じである。ヘルシンキ（ヘルシンキ空港）13時10分着。
（フィンランド・ヘルシンキ）

　空港から貸切バスに乗って南下して、ヘルシンキ市内に入る。

　まず、元老院広場をとりまく建築物の美しさに感心する。とくに明るいグリーンのドームと白い柱廊の大聖堂が印象的であった。つづいてパイプオルガンの形に似たシベリウス記念碑があるシベリウス公園、地下に造ってあるようなテンペリアウキオ教会等を見てホテル・マルスキに入る。

　小休憩としてから、町へ出て、マルカ貨を用いて本を買う。

　ホテル内で一同夕食をとる。26時間半の長いながい飛行機の旅の疲れをいやす。

第3日目　7月21日（土）

（ヘルシンキ）

　ホテルの前を走る市電は環状線である。乗っていれば、また元へ戻るということなので、早速乗ってみる。朝だというのに日本のようには混んではいない。

　露天の朝市に行く。生の納豆を食べながら歩くのが、この土地の風習ということであるので、買って食べるが、青くさいだけでおいしいものではない。日本のえんどうと変らず。

　バスに乗って、ヘルシンキ市内を見学。昭和27年のオリンピック競技場、セウラ

サーリ島という古い家を集めた公園とそれとは対照的な近代的な衛星郊市（タピオラと思う）を見て廻る。

午後4時ヘルシンキ港から、豪華客船シルビア号に乗る。2万8千トンもあり、見上げるように大きい船である（ちなみに名古屋港から出る苫小牧行きは1万トン位だと思う）。シーズンがいいのか満員で船内は一時人でごった返す。内海であるので、ゆれないのが嬉しい。船内ではバイキング方式で好きなものをとってきて食事を楽しむ。

指定の客室へ戻って寝る。船の震動が多少気にかかる。

第4日目　7月22日（日）

まだ薄暗いうちから起きて、窓から外を見たり、甲板へ出たりする。夏とはいえ、肌寒い。

ストックホルムに至る狭い海峡を大きな船が進んでいく。別荘が散在しており、それにはサウナが併設され、ヨットがつながれている。まだ早いせいか陸地に人影は見当らない。
（スエーデン・ストックホルムにて）

午前9時ストックホルム港に着く。ここは中心部からみると西北部にある。日本大使館等外国公館の建ち並ぶ静かな一画を通る。日本大使館に関心があったのは、この日本大使のお嬢さんがK大学に在学中で、つれてきた娘の1学年下であるが同じテニスサークルで、現在、夏休みのため、スウェーデンに帰っており、ストックホルムで出会うことを楽しみにしていたからである。

スウェーデン・ラジオ→ヴァーサ号博物館の展示を見て、中心街のヒュートオリエット広場へ至る。群像オルフェウスが立ち、その後にノーベル賞会場として使われるコンセルトフセットなる建物がある。ここからきれいな花が咲き乱れ、噴水もある歩行者道（広場と言ったほうがよい）セルゲルガータンを南へ行く。快い。ジュースも買ってみる。再びバスに乗る。

市庁舎に着く。その華麗さにはびっくりする。河畔に建ち、立地条件も最高である。設計はラグナル・オストベリィで1923年に完成したとのこと。まず、すばらしく且つ広い黄金の間に足を踏み入れる。広くて立派である。ノーベル賞受賞パーティが開かれるのもうなづける。他の部屋も優雅である。

塔からの眺め、河畔からの眺めは、ともに素晴らしい。

オールド・タウンにあるスウェーデン王室のバロック風建物の広場に入る。居城とのことで衛士が立っているが、障壁等はなく、開放的である。

細い路地に沿って17世紀建造の建物の並ぶ旧市街をぶらつきながら見物して、宿泊予定のホテルに入る。

第5日目　7月23日（月）

トラフック・スカーデン・エンデン（車輛保険義務協会とも訳すべきか）に視察に行く。チーフのヨハン・ランド氏とオンブスマンのラルス・シドウ氏が説明に当ってくれた。

この間、娘は木村大使のお嬢さんと会って、異国での話とショッピングを楽しんだようである。

12時35分ストックホルム空港を発つ。
（オスロにて）

わずか1時間後の13時30分ノルウェーのオスロ空港着。

コンチキ号博物館を見て、フロブネル公園のビーゲランの彫刻群を見てまわる。150のグループからなる見事で力強い人間彫刻である。

これだけのものを買い続けたオスロ市の度胸にも感心する。荻須高徳氏の絵画を収めることに反対するどこかの狭量な市民団体がいるというのに。

ホテル（グランドホテル）に着き旅装をといてから、市内随一のカール・ヨハンズ通りを遊歩する。オスロ大寺院、国立美術館、オスロ大学、国立劇場が集中し、気持ちのよいそぞろ歩きができた。

7時半から夕食。飽きてきたバイキング方式ではなく、本格的な肉料理を満喫する。サウナに入ろうと思ったが、既に今日はグローズとのこと残念であった。

白夜でいつまでたっても暗くならないというのに。

第6日目　7月24日（火）

（ノルウェーにて）

午前8時30分専用バスにてホテル前を出発。

まず郊外のスキーの大ジャンプ台を見る。さすがに見上げるという形容がぴったりとする。

それからヨーロッパハイウェー18号線、右折して68号線に入るが、ドイツやアメリカそして日本のハイウェーを見ている者にとっては、普通の国道なみであるとしか思えぬ。

森や林の連なる渓谷沿いの山路、やがて荒涼たる土地を走る。ファーガネスホテルで昼食をとる。ニュースエンというところで小休止する。

途中ステーブ教会という12世紀に建築された古い教会に寄る。防腐用の真黒のコールタールな様なものが塗られ異様な感じである。

長時間のバスの旅をおえて、やっと山峡のレルダールに着く。

ここのホテルは二階建木造で、大きなコンクリート造のこれまでのホテルとちがって好感がもてた。

第7日目　7月25日（水）

ここはさすがに寒い。一枚多く着こんで、午前8時出発。20分ほど西へ行った

リースネという小さい港から遊覧船に乗る。
(ゾグネ・フィヨルト)
　ノルウェー最大のゾグネ・フィヨルトの観光である。氷河時代に氷河の圧力によって削りとられたU字谷をフィヨルドと呼ぶとのことである。
　曇っている上に寒いこともあってか、案内書には「その迫力には圧倒されるばかり」「北欧ならではのダイナミックな景観を見せてくれる」とあるが、日本の山岳、渓谷美を見慣れているせいか、それほどには感じない。船中には、ドイツ人、フランス人などいろとりどりであり、カタコトの英語でどこから来たかなど話し合う。このほうが面白い。船旅はこれがいい。専用バスではこうはいかぬ。
　11時15分グドバンゲンに上陸し、スタルハイム、フオスを通る。この途中の景色は見事だ。フオスで昼食をとる。ここもバイキング方式で、やゝうんざりである。
(ベルゲン)
　ベルゲンに入り13時51分にホテル(ノルゲ)に着けたので、早速、町へ出ることとする。
　北欧でも最も美しい港町といわれるとおり、四階建・上三角の赤の建物・白の建物(ドイツ風商館)が並び、絵心のない自分でも、写生をしたいと思うほどであった。

ここはまた作曲家グリーグの出身地である。グリーク像をバックに写真をとったりする。
　大きくて豪華な部屋を与えられ、ゆったりとする。外は白夜で暗くならないが。

第8日目　7月26日(木)
(デンマーク・コペンハーゲンにて)
　ベルゲン空港を7時30分に発ち、1時間15分でコペンハーゲン空港着。
　海岸通りを通るが、早い時刻のため海水浴客なし。学生らの不法占拠地を通る。どこの国にもこういう所があるが、いまも認めているのは、やはり福祉国家ということらしい。
　アマンエンボール宮殿(デンマーク女王居住)へ行く。衛士をバックに記念写真をとる。
(人魚の像)
　次に、アンデルセン童話で有名な人魚の像を見に出かけるが、2、3日前に少年2人が右腕を切断してしまったので、修復のため、取り払われていて、台座だけ。(日本の新聞記事にも大きく出ていたことを帰国後に知る)
　娘が台座にのってポーズをとるのを写真におさめておわりとする。珍しい時期にぶつかったものである。
　昼食はおいしい魚料理を食べる。
　自由時間はストロイエを散策する。
　夜はチボリ公園へ行く。

デンマークは農業国であるので、農園を見たいと思ったが、これは果たせそうにない。飛行機も農園の上を飛ばずに、南のドイツのフラクフルトへ向うからである。

第9日目　7月27日（金）

コペンハーゲンを発ち、ルフトハンザドイツ航空で長時間の帰国の途につく。

昼でも自動車は前照灯をつけていなくてはならないとか、北欧四国は共通の定めが多いが、それぞれの個性もある。西欧へ行ったときほどのおどろきはなかったが、いい旅であった。

（以上　その場でその時　昭和61年6月刊251〜255頁）

第2部 ヨーロッパ

7　南欧旅行記―昭和62年海外収用制度等調査

1987(昭和62)年10月21日～11月3日(14日間)

　62年10月21日から11月3日まで14日間にわたってスペイン、イタリアという南ヨーロッパへ出掛ける機会があったので書かせていただく。

第1日目　10月21日（水）
名古屋―成田―アンカレッジ―アムステルダム

　成田を21日午後9時30分に発ったJL-429便はアンカレッジ空港で給油した後、北極経由で22日午前5時50分アムステルダムに到着し、市内を短時間観光して9時55分に同空港を出発し、マドリードに向かった。

第2日目　10月22日（木）
マドリード

　スペインの中央部にあり同国の首都。人口300万人弱のスペイン第1の都市。標高696米に位置する。10月下旬の南国とはいえ小寒い。

　現地時間の正午すぎにマドリード空港着ではあったが長旅をいやすためフリータイムとなりホテルで休む。プラザホテル。ドンキホーテとサンチョ・パンサ騎馬像のあるスペイン広場の西隣りのいい場所である。

第3日目　10月23日（金）

　海外収用制度等調査団の第1の訪問先である公共事業・都市計画省道路局を訪れる。入口・改札口を通る。自由に出入りできる日本と異なって厳重な検査を受けての入室である。

　担当者（女性）から道路建設の用地取得について話を聞く。

　そこを辞して昼食は中華料理店（日本人経営の香港飯店）へ行く。それからプラド美術館（ゴヤ作「裸のマハ」、「着衣のマハ」等あり、同別館（ピカソの「ゲルニカ」展示）、王宮、プエルタ・デル・ソル広場等を観賞する。

　海外収用制度等調査団（担当、建設省建設経済局総務課、全国収用委員会連絡協議会事務局）の参加者名は次のとおりであった。

田村彰平	岩手県収用委員会々長、弁護士、夫人
市橋千鶴子	東京都収用委員会委員、弁護士
大場民男	愛知県収用委員会々長、弁護士、夫人
小堀啓介	沖縄県収用委員会々長、弁護士、夫人
古謝将美	同委員会事務局長
松本芳清	日本道路公団　福岡建設局用地第二課長

西田裕重	首都高速道路公団　経理部次長	
西田哲平	新東京国際空港公団　審議役	
上田憲幸	九州電力株式会社　送変電立地部次長	
須藤敏雄	建設省建設経済局　総務課課長補佐	
塩原周平	近畿日本ツーリスト㈱虎の門海外旅行支店	

午後5時半からマドリード自治政府（市役所みたいなもの）地域政策担当の役所を訪れマドリード市の用地取得の話を受ける。昼休みを長時間とれたかどうか確認できないが、夕方からの仕事にもなんら嫌な顔を見せず、熱心に話をしてくれた。

夜は日本レストラン東京太呂で寿司を食べ、スペイン名物フラメンコショーを見物にいく。タップが激しいなかでわが一行の大部分の人はうつらうつら。まだ疲れと睡眠不足が残っているらしい。

第4日目　10月24日（土）
トレド

マドリードから南々西70粁、バスで50分のところにある石の街。マドリード周辺の旅としては最もよいとのことで出掛ける。1561年まではスペインの首都があったところ、要塞の町という感じ。現在の人口6万人。細くうねった路地を歩く。保存政策がとられているため、中世そのまま。カテドラル（トレド大寺院）、サンタ・クルス美術館、エル・グレコの家等を見て廻る。

バスの車窓から耕地が見渡すかぎり広がっているが、集落は見えない。農業地域では居住させない政策が徹底しているように見えた。

第5日目　10月25日（日）
バルセロナ

マドリードから西北へ飛行機で1時間のスペイン第二の都市、人口200万弱。1992年のオリンピック開催地と決定され活気がみられる。地中海沿岸の都市でマドリードより暖かい。10時45分バルセロナ空港着。早速バスで市内観光。まずモンジュイックの丘へのぼり市内を展望する。つづいて市北部のグエル公園へ行く。ガウディのオリジナルティを遺憾なく発揮した楽しい公園で、波うつようなセラミック・ベンチの広場やテレビのコマーシャルで用いられている洞窟風通路や柱の空間などがある。南下して1882年に建築に着手してあと100年もかかると言われている聖家族教会の建物を見にいく。スペインも政教分離で国の予算を投入できないことも建築が遅れる理由の一つとのこと。写真撮影の一カットに入らぬほど高く大きい4本の塔である。

港を散歩する。コロンブスの像、コロンブスが乗ったサンタ・マリア号の復製

があり、スペインの誇る大航海時代を思い出させる。

夜、宿泊のホテル・コロン前のカテドラル（大寺院）へ入る。裏の路地から直接気楽に入ることができる。サンタ・ルシアという堂の中には素敵な女神がかざられている。

スペインでは離婚が認められないとのこと。婚姻までは節食に励みスマートにしているが結婚すると大いに食べて肥るとのことである。

第6日目　10月26日（月）
ローマ

バルセロナでイベリヤ航空に乗って1時間15分後の17時25分ローマ空港に着く。スペインとイタリアは海をへだてているが近い。それにスペイン人もイタリア人（後でイタリア人という単一体はないことを知るが）も北欧や西欧（ドイツ・フランス人）とくらべると背が小さく親しめる感じがする。ローマの宿泊はベネト通のレジーナカールトンホテルであった。

第7日目　10月27日（火）

朝からイタリア共和国政府公共事業省を訪問する。日本大使館の少し東のピアの門の横にあった。ヨーロッパの役所はローマに限らず、バラバラに立地しているようである。農地の収用の場合には、農地価格（低額）又宅地見込価格の30％の補償、宅地の収用の場合は市場価格の70％の補償と収用法は定めている。日本のわれわれ法律家からみれば違憲ものである。はたしてイタリア最高裁判所は憲法違反と判決し、収用法の改正が問題となっているとのことであった。

昼食はマルセットというイタリア料理店でイタリア料理を食べる。スパゲッチーというのは前菜とメインとの間の中菜のようなものである。

市内視察と称して観光にでかける。ローマ全体がひとつの大きな美術館である。フォーロ・ロマーノは古代の遺跡が残してある。近くにコロッセオという歴史上最大の円形劇場・闘技場四階建が残っている。偉大というほかない。真実の口、トレビの泉等観光名所を見て廻る。夕食はカンツォーネを楽しみながらとる。

第8日目　10月28日（水）
ナポリ・ポンペイ

ローマまで来たら「ナポリを見てから死ね」というナポリとその近くのポンペイの遺跡ということになってでかける。ローマから200粁だが高速道路を行って2時間ほどで着く。

まずポンペイ遺跡を見る。紀元前79年のヴェスヴィオ火山の大噴火によって一瞬にして火山灰に埋まってしまったが発掘により古代ローマの一地方都市の生活の様子を目の当り見ることができる。日本のように木と紙の建物ではこうは残らない。石の文化の強さがある。性やセッ

クスが大らかに表現されていた。

ナポリ市内の下町は、通りの西側の家の間にロープを張り、それに洗濯物をつるしている。貧しさと雑然さがあふれている。海岸のレストランからナポリの町とヴェスヴィオ火山を碧い海の向こうに見るときは汚さが消えて美しいが街のなかは冒頭の諺のようではない。北イタリアと南イタリアとは別の国であるとの話があったが、そのようである。レストランでは結婚式があった。見に行くと中に入れということであった。結婚式の一団とわれわれ14人の一行とが交りあって愉快にシャンパンをあけることになる。イタリア人の陽気さを実感し、結婚式の違いを知る。

＊　　　＊

このあと、フローレンス、ヴェネチア、ミラノ、パリと楽しく素晴らしい旅が続くのであるが、紙数もつきたし、結婚式の話も出て家裁と関連ができたところでペンをおく。

（以上　名古屋家事調停会報13号）

第9日目　10月29日（木）
ヴァティカン

6時モーニングコール、7時バスでホテル発という早出で、ヴァティカン市国（ローマ市内の西にある人口1,000人、世界最少の独立国家、といってもイタリアと国境らしきものは何もない）のサン・ピエトロ寺院へ着く。総奥行211米、世界最長で荘厳。寺院内のいくつもある聖像の前で朝早くから祈っている人がいる。

フィレンツェ

英語名フローレンス。ローマの北約220粁にある。イタリア、ルネッサンスの中心都市である。ローマから列車で1時間10分の所にある。列車利用の予定であったのが、突然のイタリア国鉄のストのため予定変更となる。添乗員が大あわてで長距離用バスを手配してやっとローマ駅を出発、2時すぎにフィレンツェ到着。アルノ川をわたるあたりから、ルネッサンス時代の面影をそのまま残した街並みの美しさ等に魅かれはじめる。昼食を日本料理店「絵伊都」でとる。

まずウフィツィ美術館へ。メディチ家の宮殿・事務所をそのまま美術館にしたもの。15世紀の同家の繁栄が偲ばれる。ルネッサンス絵画の最も貴重なコレクションがある。ボッティチェルリの「春」、「ヴィーナスの誕生」、レオナルド・ダ・ヴィンチの「受胎告知」などである。次の予定があるため大急ぎで見て廻る。同美術館二階から眺めたヴェッキオ橋が美しい。橋の上が廻廊となっており、そこにも美術品が展示されていたとのことである。ヴェッキオ宮殿とサンタクローチェ教会の横を通ってバスへ戻る。

フィレンツェ市役所を訪問、都市計画と土地収用の問題を聴く。4時半から始まって7時過ぎまで熱心に話をしてくれ

た。歴史の町を保存し維持しながら、住宅・工業需要にいかに応えていくかの苦労を聞く。

スターホテル着8時。遅いが豪華な夕食を一同と共にする。

第10日目　10月30日（金）

フィレンツェの町を高台から見ようということでミケランジェロの丘（広場）に立つ。アルノ川をへだててカテドラ（ドゥオーモ・花の聖母教会）、ヴェッキオ宮殿、赤茶色の美しい家並みが見える。昨日は写真をとる時間もなかったので、それらを背景に写真をとる。もう一度来たい街である。

ヴェネチア

英語名ヴェニス、慣用ベニス。有名な水の都である。

フィレンツェから260粁。イタリアの高速道路を走って0時50分、長い橋を渡って広場へ着く。そこが船の発着場であり、船に乗る。車が一台も走っていない不思議な都市の一日が始まる。

船で文字通りホテル（バウエル・グルンヴァルド・グランドホテル）の玄関先へ着く。トランクを部屋へ納めて早速外へ出る。

近くのレストラン・マロンド（いかにもイタリア名）でイタリア料理の昼食をとる。

続いて、カナル・グランデ（大運河）にかかるリアルト橋へ行く。16世紀に造られたもので、橋の上も周囲も商店となっている。そして狭い（といっても車が走っていないのでこれで十分）商店街を歩きながら、サン・マルコ広場へ出る。東西に細長い美しい広場。広場の東にモザイクの美しいサン・マルコ寺院が建っている。南側には100米の鐘楼がある。広場のまわりはアーケード（といっても四階建ての石造りの立派なもの）で囲まれている。有名店が多いのだそうだ。

ヴェネチア・グラスの製造工房を見学する。みるみるうちに、素晴しい形（その時は馬）が出来上る。日本語で説明する。日本人観光客が多いのであろう。工房の隣には展示即売室があり、カット・クリスタルの高価なワイングラスなどがずらりと並んでいる。

観光にはよい街であるが、住みにくい所であろう。現に住民は殆ど陸地のほうに住んでいるとのことであり、島状の部分は年に1、2回は水びたしとなる。

第11日目　10月31日（土）

ヴェネチア市役所を訪問する。具体例として、「橋をかけるための用地」の取得がいかに困難であるかについての話であり、ヴェネチアらしい。用地担当者の執筆した本を三冊も貰う。一生懸命に話をしてくれるが現地の日本人通訳が法律関係について無知らしく、担当者と通訳間の質疑ばかりで、肝心の当方らには殆ど通訳されてこない。関係先訪問にとっ

て通訳に優れた人を頼めるかどうかが成果を左右することをここでも痛感する。市長も出てきて送ってくれた。この間、妻たちはゴンドラに乗ってヴェネチアの運河めぐりをしていた。夢のようなひとときであったとのことである。

　水上バスに乗って11時30分ヴェネチア駅着、12時10分同駅を列車で出発し、ミラノへ向う。

ミラノ

　イタリア北部、ロンバルディア地方の主都、イタリア最大の工業都市であるだけではなく、今やファッションの町であるとのこと。若い女性はパリではなくミラノに来るとのこと。実感としては、そう見れなかったが。

　昼食を車内ですませて、14時55分ミラノ中央駅へ到着。まず、スフォルツエスコ城へ行く。城のまわりはセンピオーネ公園の緑がひろがり美しい。

　すぐ近くのサンタ・マリア・デッレ・グラツィエ教会へ行く。レオナルド・ダ・ヴィンチの「最後の晩餐」を見る。縦422糎、横887糎と大きく、油とテンペラの混合で壁に画かれている。何度も修復家の手によってやっと現状を保っているとのことである。第二次大戦中の爆撃では土嚢(どのう)で守られ残ったとのことである。

　ドゥオーモ。ヨーロッパの町には、殆どドゥオーモ（英語ではカテドラル）があるが、ミラノではこれは代表的であるとのこと、ゴシック建築で尖塔が135もある。中へ入る。礼拝中で人で一杯。広くて大きい。長さ148米、巾91米とのことである。

　その前が広場であり、東には天井がガラス張りのエマニエル・アーケード街がある。ぶらつく。大勢の人出である。

　6時過ぎホテル（ヒルトン）へ着く。夜は燦鳥（サントリー）というレストランで日本食をとる。

第12日目　11月1日（日）

　10時05分エア・フランスに乗ってミラノ空港を発つ。途中、アルプスを越える。ユングフラウの山々が見える。

パリ

　11時25分シャルル・ドゴール空港へ着く。パリだけは昭和58年に一度来ているので、他の都市へ着いたときほどの感激はない。

　旅も最後であるし、視察などの公式行事がないので、以前に見たが再度訪れたかったルーブル美術館は、11月1日諸聖人の祝日とのことで閉館している。昼食をとってから、その辺りを散策する。同美術館の中庭では、ピラミット風の建築がすすんでいる。

　夜はシャンゼリゼ通りで凱旋門より遠くないフーケで食事をする。ムーランルージュの予約もとれたのでレビューショウを見る。

　光で浮び上ったエッフェル塔を見上げ

ながら、ホテル・ニッコー・ド・パリへ戻る。

第13日目　11月2日（月）

パリから東京直行（といってもアンカレッジ経由）の航空券が結局は手配できなかったとのことで、ロンドン―モスクワ経由で帰国することになり、9時パリ空港発のAFに乗り込む。ところがロンドン空港が霧で離陸できず、機外、機内で待つこと実に3時間半、0時35分にやっと離陸。

第14日目　11月3日（月）
ロンドン空港

時差1時間のゆえ、0時30分ロンドン空港着。11時発のJAL442便はもう出発しているだろう（表示はそうなっていた）が駐機場へ急いだ。一同諦めずに試みたのがよかった。JALも霧のためか飛び立てずにいた。われわれ14人の団体のせいか、締っていたドアを開いて乗せてくれた。

2時40分やっと離陸。これで帰国予定日に日本へ帰れると安緒する。

モスクワ空港

現地時間9時にモスクワ空港へ到着。カメラや本を持って出ないようにとの注意あり。キャビアでも土産に買おうと思ったのに店は閉っている。陳列棚をガラス越しに見るが並んでいない。たむろしているとアッチへ行けとの軍人風女性職員の指示。自由主義国の空港の雰囲気とは相当異っていると思う。

シベリヤ上空を飛んで（写真をとったら、本当は禁止されていますよとのスチュワーデスの話）、午後8時半過ぎ懐しのわが家へ帰り着く。

（以上　名古屋家事調停会報15号）

8　イタリア道路事情見聞記

1987（昭和62）年10月26日～11月1日（9日間）

第1日目　10月26日（月）
ローマ着

わが一行（海外収用制度調査団12名、内女性3名）のイタリアへの別図行程の第一歩は、多くの日本人がそうであるようにローマ市街から西方30キロのレオナルド・ダ・ヴィンチ空港（地名のFiumicinoからフィウミチーノ国際空港ともいう。略称FCO）へ着陸したことから始まった。午後5時30分であった。暗かったのか空からのローマの記憶はない。空港からは一行用の貸切リバスに乗って、高速道路を経由する。この段階ではこの高速道路が日本とどのような異同があるか判明しなかった。40～50分も走って市内へ入るが（1990年6月に空港と市内を結ぶ地下鉄が開通したので、現在なら──団体旅行でなければ──地下鉄で行ったほうが早い）、ここからは渋滞、ローマ中心部のヴェネト通りのレジーナ・カールトンホテルへ到達したのは、午後7時20分であった。

第2日目　10月27日（火）
ローマにて

1　9時30分バスでホテルを発って日本大使館の横を通ってピアの門の近くのイタリア共和国政府公共事業者を訪問する。ピアの門に接して古代ローマ皇帝アウレリウスの城壁が残っている。高さ5メートルもあろうか。頑丈なもので、この城壁が旧ローマをぐるりと囲んでいて、直径5キロで、ローマの見どころのほとんどは、この城壁のなかにある。時間が遅いせいか城壁の門に車の渋滞は見られなかったがラッシュ時はひどく混むとのことであった。

この役所は公共用地の取得を担当している。担当官の話では、農地の収用の場合は農地価格（収益を基に算定していて低額とのこと）で収用するか、宅地見込地価格の30パーセントの補償額で収用し、宅地の収用の場合は市場価格の70パーセントの補償で収用できるので予算が少ない場合は収用にかけ、予算に余裕があるときは買取るとのこと。日本の法律家からみると違憲ものである。はたせるかなその後の話でイタリア最高裁判所は憲法違反と判決し、収用法の改正が問題となっているとのことであった。そこを辞すことになったが、ここには役所はこの一つである。ローマに限らないが、ヨーロッパの役所はバラバラに立地しているようである。交通のためにはこのほ

うがよいと思う。

2　城壁内の東からテヴェレ川をわたって城壁内の西のほうにあるレストラン・コルセッチィに行く。途中トラックの類に出合うと思っていたら大環状線（半径10キロほど）のなかへトラックは入れないとのことであった。

食後、市内観光（視察）にでかける。まず、フォーロ・ロマーノ（foroイタリア語小辞典をひくと、広場、裁判所、法廷、地方弁護士会とある）、コロッセオ（歴史上最大の円形劇場・競技場四階建）を見る。ローマ全体がひとつの大きな美術館である。古代の遺跡が残っている。

真実の口、トレヴィの泉等観光名所を見て廻るが、真実の口の前には真実の口の広場（広場のことをピアッツァPiazzaという）があってバスを停車できるが、トレヴィの泉あたりは道路が狭くて徒歩で行く。

夕食は中華料理店・天津飯店へ行く。

第3日目　10月28日（水）
ナポリ、ポンペイ

ローマまで来たら「ナポリを見てから死ね」という言葉を思い出し、一同衆議一決してナポリとポンペイの遺跡を見にいくこととする。7時30分バスでホテル発。東南へ方向をとりトウスコラーナ街道を通って大環状線に入りすぐ高速道路（Autostrada）にのる。買っておいたミシュランの道路地図988号が役に立つ。A2（国道二号線とでもいうべきか）と書かれている高速道路を走る。イタリアの誇る太陽道路である。バスは時速90キロ、乗用車は140キロ制限である。快適である。ナポリまで217キロであるが、11時9分には高速道路ナポリの料金所を出る。ナポリとはネオ・ポリス（Neo-Police）新都市が語源とのこと。更に20キロほど南下してポンペイに入る。

まずポンペイの遺跡を見る。紀元前79年のヴェスヴィオ火山の大噴火によって一瞬にして火山灰に埋まってしまったが発掘により古代のローマの一地方都市の生活の様子を目のあたりに見ることができる。

遺跡の街路では歩・車道の区別があり、そちこちに横断歩道として跳び石が車道におかれてあり、さらに側溝までつけて排水に気がくばられている。車道には車の轍のあとが深く刻みつけられ、賑やかだった往来のあとが偲ばれる。「すべての道はローマに通ず」の一端が見られる。これらの道路は紀元前300年前から建設されたのである。

そして三世紀末の皇帝ディオレティアーヌス時代には、国営の公道（幹線道路）は、総数372本、それらを併せた延べキロ数は約8万5,000キロメートルとなる（弓削達・ローマはなぜ滅んだか（講談社現代新書）39頁）。この規模が如何

に大きいかは、次の表（世界の道路統計（日本道路協会平成元年１月版）２頁）との比較によって浮かび上がってくる。

	高速道路(キロ)	主要幹線道路(キロ)
日　　本	3,910	50,423
イタリア	5,997	51,762
フランス	6,440	34,940

現在の日本の主要幹線道路（高速自動車国道プラス一般国道）よりはるかに長いのである。

遺跡の道路を通って、神殿跡、浴場跡、商人の家等々を見る。性やセックスが大らかに表現されている。日本のように木と紙の建物ではこうは残らない。石の文化の強さをつくづく感ずる。

ポンペイから左手にナポリ湾、右手にヴェスヴィオ山を見ながらナポリ市内に入る。ナポリ市内の下町は、通りの両側の家の間にロープを張り、それに洗濯物をつるしている。貧しさと雑然さを見せつけられる。北イタリアと南イタリアとでは貧富の差等では別の国であるとの説明があったが、本当にそのようである。

ナポリ湾内のサンタ・ルチア港の突堤の先に12世紀の古城・卵城（カステル・デッローヴォ）がある。その横のレストラン・トランサトランチクでイタリア本場スパゲッティを食す。あさりなどの具、魚類、果物（洋梨、ブドウ）等が豊富に出る。ここから眺めるナポリ湾とヴェスヴィオ火山の姿は絵葉書そのものである。ヨットの係留も多い。海岸道路を多くの車が疾走する。駐車してあるバスへ戻るのがこわい位であった。そしてナポリを見下ろす丘の展望台へ登りナポリとお別れをする。

同じ高速道路を通って、午後８時４分ローマのホテルへ戻る。夜はカンツオーネ・シアター・レストランでイタリア料理を楽しむ。

帰国後話、昭和63年５月16日の毎日新聞は、「紀元79年、ベズビオ火山の噴火で滅んだポンペイの遺跡をめぐり、地元ポンペイ市とイタリア政府文化省が大論争を展開している。市が遺跡近くを通る道路の建設を計画したところ、文化省は『遺跡にダメージを与える』と建設を許可しない方針を打ち出した。おさまらない市は『現地調査もせず、ひどい』と市長が文化相に直談判する構えだ」と報じた。

第４日目　10月29日（木）
ローマからフィレンツェ

１　７時バスでホテル出発。ヴァティカン市国（ローマ市内の西にある人口1,000人、世界最小の独立国家、といってもイタリアと国境らしきものはない）へ入りサン・ピエトロ寺院へ着く。総奥行212メートル、世界最長で荘厳（早朝であったせいもある、昼間は観光客に占

領されてしまっているような状態とのこと)。寺院内のいくつもある聖像の前で朝早くから祈っている人がいる。

2　ローマの玄関テルミニ駅に着くも、イタリア労働組合の突然のストでイタリア国鉄 (FS) のインターシティ (IC) 518号午前9時発をはじめ列車は動かぬこと。添乗員塩原君が大あわてで長距離用バスの手配で奔走。雨の降る中を大きな荷物を置いたまま駅前で待つこと1時間。そのおかげで映画「終着駅」で余りにも有名なスタチオーネ(英語のステーション)・テルミニの構内をうろうろすることができたし、バス旅行となったことが、この執筆の指名となったであろうことを思うと、この不運を嘆いてはなるまい。やっとバスが来て10時11分テルミニ駅前を出発、フィレンツェ(英語名フローレンス)へ向う。市内へ向う乗用車等で道路は車の数珠つなぎである。

ローマの大環状道路へ出て高速道路A1にのる。大環状道路の外側は平野部アグロ・ロマーノである。牧畜と農業がさかんであり、ゆったりとした田園風景である。ローマという都会にいたことを忘れてしまうほどである。しかしこうした田園においても農業用倉庫、耕作機械庫として建築の許可をとって住宅として住みつく人が増えて政府が困っているとの説明を聞くと急に現実にもどされる。

Attigliano, Orvieto, Fabro, Monte

という表示が出るのを地図で確かめながらバス旅行を楽しむ。多くの人は眠ってしまうが、標識にあらわれる地名等を地図上に捨うのは愉快なことである。途中サービスエリアに寄る。ヨーロッパはイタリアに限らないが、サービスエリアが充実していて落ち着いているような気がする。ヨーロッパ中が高速道路で結ばれていていろんな国の人が利用するからであろうか。ローマから北へ約220キロ走ってイタリア・ルネッサンスの中心地フィレンツェ(高階秀爾・フィレンツェ—初期ルネサンス美術の運命(中公新書)に詳しい)に到着、午後2時10分であった。

といってもバスを駐車できるところがあるわけでない。アルノ川に沿ってしばらくゆっくり移動して少し広い所で降ろしてくれた。遅めの昼食を日本料理店「絵伊都」でとる。ここにも日本料理店があるということは嬉しくもあり驚きである。そのすぐ近くのウフィツィ美術館へ行く。メディチ家の宮殿、事務所をそのまま美術館にしたもの。入館料5,000リラ。ボッティチェルリの「春」、「ヴィーナスの誕生」、レオナルド・ダ・ヴィンチの「受胎告知」など、ルネッサンス絵画の最も貴重なコレクションがいくらでもある。次の予定があるため大急ぎで見て廻る。同美術館二階から眺めたヴェッキオ橋が美しかった。橋の上が回廊となっており、そこにも美術品が展示され

ているとのことである。ヴェッキオ宮殿とサンタクローチェ教会の横を通ってバスへ戻る。

4時半にフィレンツェ市役所を訪問、都市計画と土地収用の問題を聴く。歴史の町を保存し維持しながら、住宅・工業需要にいかに応えていくかの苦労を話して下さった。7時を過ぎても熱心に話を続けられるので謝意を述べて辞す。

スターホテル着8時。遅いが豪華な夕食を一行でとる。

第5日目　10月30日（金）
フィレンツェからヴェニス

1　8時40分ホテル発。フィレンツェの街を高台から見ようとミケランジェロの丘（広場）に立つ。アルノ川をへだててカテドラ（ドゥオーモ・花の聖母教会）、ヴェッキオ宮殿、赤茶色の美しい家並みが見える。一生忘れ得ない風景である。それを背景に写真をとる。もう一度来てゆっくり歩きたい街である。

給油所（ガソリンスタンド）が間口4メートル、奥行1メートルと小さく路上で給油を受ける仕組み。給油器が2器とACIの看板一つとガソリンメーカーのカンバンが二つあるだけで無人である。イタリア製の小さめの自動車が歩道上にも一杯（違法？）駐車している。これも一枚写真をとる。

2　アウストラーゼと呼ばれる高速道路へ出る。イタリアも高速道路綱は全土に張りめぐらされており、主要都市間の距離が大体250～300キロで手頃の走行距離である。古代ローマの道路、ムッソリーニのローマ新道、そして現在のアウストラーゼが平行又は吸収してできているとのことである。

ボローニャ、フェッラーラを経てフィレンツェから260キロ、長い橋をわたってローマ広場という英語用ヴェニス慣用ベニス、イタリア名ヴェネチア、有名な水の都に着く。0時50分。ここがバスの終着場であり船の発着場であり、ここから先は車が一台も走っていない不思議な都市に入るわけである。船で宿泊予定のバウエル・グルンヴァルド・ホテルの玄関先へ横付けして上陸する。トランクを部屋へ納めて早速外へ出る。近くのレストラン・コロンボ（いかにもイタリア名）でイタリア料理（スパゲッティ中心）の昼食をとる。

続いて、カナル・グランデ（大運河）にかかるリアルト橋へ行く。16世紀に造られたもので、橋の上も周囲も商店で大いに賑やかである。狭い（といっても車が走っていないのでこれで十分な）商店街を歩きながら、サンマルコ広場へ出る。東西に細長い美しい広場。広場の東にはモザイクのこれまた美しいサン・マルコ寺院が建っている。南側には100メートルの鐘楼がある。広場には鳩が多い。広

場のまわりはアーケード（といっても4階建ての石造りの立派なもの）で囲まれている。有名店が入っているのだそうだ。

ヴェネチア・グラスの製造工房を見学する。みるみるうちに、素晴らしい形（その時は馬）が出来上る。日本語での説明である。日本人観光客が多いのであろう。工房の隣には展示即売室があり、カット・クリスタルの高価なワイングラスなどがずらりと並んでいる。

観光にはよい街であるが水没の危機のあるところで湿気もあるであろうから住みにくい所であろう。現に住民は殆ど陸地のほうに住んでいるとのことである。島状の部分は年に一、二回は水びたしになるとのことである。帰国後に目にした昭和63年10月31日の新聞は「水の都ベネチア・水没の危機に救世主、高潮防ぐ自動式ゲート完成」と報じていた。

しかし、夜の景色も最高であった。夢うつつの状態とは、ああいう景色と雰囲気をいうのではなかろうか。

第6日目　10月31日（土）
ヴェニスからミラノ

1　9時30分ヴェネチア市役所を訪問する。狭い島内において、橋をかけるための用地の取得がいかに困難であるかについての話に終始する。いかにもヴェネチアらしい。

水上バスに乗って数分11時30分ヴェネチアのサンタ・ルチア駅着。12時10分同駅五番線からIC（インターシチー）列車で出発、ミラノへ向う。イタリアを走る列車は、Eurocity（最優等国際列車）、Intercity（国際急行列車）、Rapido（特急）、Espresso（急行）、Diretto（準急）、Locale（各駅停車）の六種がある。サンタ・ルチア駅の表示板には、IC、DIR、LOCの三種が明示されていた。車両の種類には1等車、2等車の区別があり、1等車に予約してあったのでそれに乗る。定員4名のコンパートメント（個室）になっていて、清潔でクッションもよかった。走行時速は100キロ位であろうか。

2　バスの旅では大いに役立ったミッチェルの地図は道路は詳しいが、鉄道は全く記載されていないので、この地図ではどこを列車が通過しているかわからない。そこで駅の案内所で手に入れたイタリア国鉄（FS）の一枚の時刻表を頼ることとする。それによると、ヴェニス、メストレ、パドヴァ、ヴェローナを通っている。14時55分時刻表どおりミラノ中央駅へ着く。「遅れるとか、ストが多いとか悪名高いイタリア国鉄だが、実際は、ほとんど時刻表どおり運行されている」とある（地球の歩き方・イタリア444頁）が本当である。ミラノ、イタリア北部、ロンバルディア地方の首都、イタリア最大の工業都市であるだけでなく、今やファッションの町で、若い女性はパリで

はなくミラノに来るとのこと。但し、時季はずれのせいか、見物先のせいか実感としてはそういう機会はなかったが。

まずサンタ・マリア・デッレ・グラツィエ教会へ行く。レオナルド・ダ・ヴィンチの「最後の晩餐」を見る。縦421センチ、横887センチと大きく、油とテンペラの混合で壁に画かれている。何度も修復家の手によってやっと原状を保っているとのことである。第二次大戦中の爆撃では土嚢で守られ残ったとのことである。次にドゥオーモ（英語ではカテドラ）へ行く。教会でゴシック建築で尖塔が125もある。中へ入ると礼拝中で人が一杯。広くて大きい。長さ148メートル、幅91メートル、高さもあるミラノのこれが世界で代表的であるとのこと。そうだと思う。

ドゥオーモの前に広場があり、その東には天井がガラス張りのエマニエル・アーケード街がある。ぶらつく。大勢の人出である。

6時過ぎ、中央駅近くのヒルトンホテルへ着く。夜は燦鳥（サントリー）というレストランで日本食をとる。

第7日目　11月1日（日）
ミラノからパリへ

出発前、ホテル付近をぶらつく。ミラノ中央駅を前からみるとヨーロッパ一の威容といわれるだけあって堂々たる構えであり、構内は巨大である。ミラノ市街地の東方にあるミラノ空港へバスで向う。10時5分、素的であったイタリアを離陸し、パリへ向う。

（世界の交通法日本交通法学会編　西神田編集室刊）

第2部　ヨーロッパ

9　西ヨーロッパ縦断—土地問題視察記

1988(昭和63)年7月24日～8月7日(15日間)

日本土地法学会が地図記載の順路でヨーロッパ土地問題研究調査団を派遣するとのことであったので参加した。その内容はロンドンで都市再生状況等を視察し、南仏でリゾート地の開発を見学し、スイス、西ドイツの都市をバスで北上縦断し、土地税制、不動産登記制度について調査し、パリへ出て、その期間は63年7月24日から8月7日まで裁判所の夏休み期間のうちの15日間であった。

第1日目　7月24日（日）

小牧空港へ13時集合。集合と言ってもわが家族（私、妻、次女）のみ。同空港国際線出発ターミナル一階の日本航空チェックカウンターのところに、「ルック」等の海外旅行名の表示と並んで「日本土地法学会」の掲示があるだけ。航空券、パスポートが届いていてひとまず安堵する。荷物（トランク）を預け、出国手続をする。15時10分小牧空港発、16時15分成田空港着。ここで調査団本体と合流する。その後成田発22時00分。その間、待時間実に6時間。名古屋（小牧）空港の国際線の発着は貧弱であり、不便な地方空港ということを今回も痛感する。

第2日目　7月25日（月）
ロンドン

早朝6時25分ヒュースロー空港へ着く。まず空港内の銀行へ両替に行く。これまでの海外旅行では円をドル又はドル建ての旅行小切手にして、それを現地の通貨に換えていたが、それでは円と現地の通貨とのレートが複雑になり買物の計算がしにくいので、今回は円から直接現地通貨に換えるつもりでドルを持ってこなかった。3万円を出す。125,07ポンド

（コミッション1,88ポンドを控除した123,19ポンド）をくれた。旅行のしおりに記載してある245,58円より円高であるが、去年の記載額237円よりは円安である。イギリスは頑張っているようである。

　まず、バスでロンドン塔、タワーブリッジへ行く。真夏だというのに寒い。身震いする。コートが欲しい。また、これからは正確な表現をするために温度計を持参することにしよう。

　国会議事堂、ビックベン、バッキンガム宮殿の近衛兵の交替儀式を見て、トラファルガー広場の横の中華店で昼食をとる。

　自由時間となったので次女の希望で世界中の紅茶がそろうといわれる「フォトナム＆メイソン」と高級デパート「ハロッズ」へ行く。

　ホテルはパディントン駅のターミナル内のグレート・ウエストン・ロイヤル（イギリスで「ロイヤル」と名付けられたものが多い）で足の便は大変よい。

第3日目　7月26日（火）
ドックランド視察

　海運の衰退で不要になったドックや倉庫街の再利用としてのウォーターフロントの再開発は、欧米、日本の港街では関心が寄せられている。ここロンドンの、その名もずばりのドックランド（Dockland）は、国際金融センターであるシティーの東にあって面積22平方キロメートルもあり、都心部と結ぶドックランド・ライト鉄道が開通し、ロンドン・シティー空港も供用されている。既に相当多くの建物（住宅・事務所）が建てられている。余地も十分にあり、発展が期待されている。ロンドン大学のバート教授の案内及び説明を受けながら、地区の殆んどを巡る。日本語の立派なパンフレットも作成されていたから、日本からの視察者が多いのであろう。

　午後はロイヤル・タウン、ウィンザー城を見にいく。ロンドンから西約30キロ、高速道路で40分程で着く。900年前に造られ、現在も使われている王室の城としては世界最大とのこと。

　城壁から北にイギリスのエリート校・イートン校が望まれた。

　夜は、今やミュージカル・ショウはニューヨークからロンドンへ活気が移ったとのことで、シアター・ロイヤル・ドルリー・レイン劇場の予約がとれたので見にいく。42nd Street（少女からスターへ）であった。

第4日目　7月27日（水）
バルセロナ

　ロンドンからスペインへのバルセロナ直行便がとれず、ベルギーのブリュッセル空港に寄って、15時20分バルセロナ空港へ降り立つ。1992年、この町でオリン

ピックが行なわれる。ちょうどその500年前の1492年、コロンブスがアメリカを発見し帰国したし、同じ年にキリスト教徒のフィリップ二世がユダヤ大追放令を出し、イスラム勢力から権力を回復してから500年の節目の年とのことである。そういうこともあってか、バルセロナの町は活気があるように思える。オリンピック・スタジアム等の建設の設計は、日本の磯崎新事務所が当たっている。同事務所の建築家丹下敏明氏の案内により、バルセロナの生んだ天才建築家ガウディの聖家族教会へ行く。1882年に着工され現在進行中で、あと200年はかかるとのことである。ガウディ作のミラ邸の前を通って、やはりガウディ作のグエル公園へ行く。単なる観光ガイドではない、丹下氏の説明は大いにうなづける（ちなみに、同氏は高名な丹下健三氏とは関係がないとのことであった）。

夜は、同氏推薦のキャン・マジョという名のレストランでスペイン海鮮料理を堪能する。

なお、バルセロナ空港内の銀行で、一万円は9031ペセタであった。

また、スペインは暖かい。ロンドンの寒さが嘘のようである。

第5日目　7月28日（木）
南仏へ

いよいよ7日間のバスの旅である。高速道路にのり、北東へルートをとる。ジェロナ・フィグラスという都会を経る。スペイン領で昼食をとることとし、レストラン（日本式で言えばドライブイン）に入る。ペセタの小銭を使い切るようにする。

13時00分、フランス国境に到着する。高速道路料金所はオートマチック（カード式）とマニュアル（現金払式）とがある。日本では常磐自動車道でカード方式が開始されたが、一般的ではない。ヨーロッパではカード方式が多く、ゲート処理が短縮されているようである。

国境の銀行で3万円を両替する。1,350フラン渡される。1フランス・フランは22.22円である。昨年は25円であったので、フランに対してもすこし円高である。

モンペリエ

ペルピニヤン、ナルボンヌを通過して、16時00分にモンペリエに到着する。この地名は全く知らなかった。しかし、町へ出てみると、しっとりと落着いた素晴らしい町である。かつては商業路と巡札路の交差点に位潰し、古くから自由都市として繁栄してきたが、この繁栄は1789年の革命で一旦終止符をうち、単なる県庁所在地となったところ、近代に入りまた繁栄を取り戻したとのことである。

コメディ広場からロージュ通りそして裏通り、凱旋門、集水場、ルイ14世騎馬

像と徒歩で見て廻れる。ただし、硬質で冷たい石の建物やそこからの空気の感触、壁にしみこんだ時間の果てしない沈黙があり、日本の木の文化とは異なる。

リゾート地グランド・モットー

モンペリエ市のあるエロー県をはじめとする5県は地中海に面し、ラングドック地域とよばれる。この地域の東隣りは、マルセーユ、トゥーロン、カンヌを含むコート・ダジュール地域といわれ、古くから繁栄したリゾート地域である。ここが過密状態となったので、今まで手がつけられていなかったラングドック地域に目が向けられ、リゾート地として開発が現在盛んである。

そこで、その中心地のグランド・モットーへ視察に行くこととなった。バス30分ほどで着く。明るい海岸べり。リゾート風の高層ビルが林立し、その間に緑の公園がほどよく広がっている。港にはヨットが多数係留されている。賑やかである。フランス、西ドイツ等からのリゾート客が多い。空港、道路も完備している。日本のこれからのリゾート地開発の好参考となろう。夕食も海岸べりのラミラルで、魚を中心とした料理を摂る。

夜、再びモンペリエの町を歩く。凱旋門等の史蹟に照明があてられ、本当に美しい。

明日からの動きに備えてミシュラン社のロード地図を買う。ガイドブックには観光地については書かれているが、その途中は書かれていない。バスがどの道路を走り、その途中に、なんという名前の町々があるかを知るためには地図が必要である。持っている地図をチェックしながら行くと、長距離バス旅行も退屈することがない。

第6日目　7月29日（金）
アビニヨン

9時に出発し、10時半にはプロバンス地方の北の要衝、アビニヨンに着く。半径1キロメートルに満たない城壁に囲まれた街である。スイス・アルプスに源を発し、レマン湖から流れてくるローヌ川南岸に接した街である。バスは、街の北のアビニヨン橋近くの駐車場に停車する。法王庁宮殿に向かって、狭い石畳の道を歩く。ここも石の文化である。14世紀建造の法王庁跡が、天に向かってそびえたつ。トイレを探して法王庁内を廻ると、地下に通ずる階段を見つけ下る。そこには、立派な駐車場が広く造られている。地上は古代そのものを保存し、地下には近代的駐車場が、外からは全く見えないように造られている。これから行くジュネーブのレマン湖の下も、何層もの地下駐車場があるとのことである。ヨーロッパの本当の文化を見たような感じがする。

ノートルダム・デ・ドン寺院の横を通っ

てロシェ・デ・ドン公園へ出て、アビニヨン橋ローヌ川の美しい景色を見下す。橋の半分以上は1669年のローヌ川氾濫によって損壊し、橋桁は4本しか残っていない。そこが有名な景色となっているとはにくい。

ローヌ川をわたり、対岸からアビニヨンの法王庁などの美しい景色をバックに記念写真をとる。

バスの車窓から、ひまわりが一面に咲いているのが見える。ゴッホの絵そのものの南フランスの強い光を感ずる。「アルルの女」のアルルもこの近くである。「ファーブル昆虫記」のファーブルもアビニヨンで生活し、南フランスの光の中で、昆虫を観察したのである。この旅行に参加してよかったと思う。

（以上　新日本法規出版『法苑』74号）

〈一行紹介〉

旅を続けていると、視察団を初めて組んだ一行でも名前と顔が結びつき、個性も明らかになってくる。ここで一行の氏名と職業を明らかにしておきたい。ただし年令は推測である。

山田　二郎⑥⓪　東海大学法学部教授
鈴木　繁次㊿　横浜弁護士会
斉藤　栄㊺　第一東京弁護士会
上原由紀夫㊵　国士館大学法学部助教授
菅野　耕蔵㊿　岩手医科大学教授教養部法学科教授
吉川日出男㊺　札幌学院大学法学部教授
梨本　幸男㊾　不動産鑑定士・大阪
岡崎四五五㊺　司法書士・東京
松岡　直武㊿　土地家屋調査士・大阪
加藤　正彰㊺　国際航業㈱開発部課長
高木　英二㊺　添乗員・近畿日本ツーリスト

それと私で、斉藤、梨本、松岡氏と私には同伴者がおり、成田出発時は17名であった。バルセロナから

椿　壽夫㊾　明治大学法学部教授

が同夫人とともに現地参加され、総勢19名となった。

リヨン

南フランスの主要都市アビニヨンを12時30分に出立し、ローヌ川に沿って北上したバスは、途中バランスで小休憩をはさんで、16時30分リヨンに着く。

リヨンは、パリ、マルセイユに次ぐフランス第三の都会。といっても人口50万弱で、それほどの大都会ではない。街の中心地を、ローヌ川とソーヌ川が並行して悠々と流れている。まず、ローヌ川東の新都市街を視察に行く。都市計画で再開を行ったパール・デュ地区である。高さ50メートルはある円形の高層ビルを中心にして、新市街地が広がっている。

ローヌ川とソーヌ川に挟まれた所に、

リヨン・ペラーシュ駅があり、すぐ北前のターミナス・ホテルが今夜の宿である。荷物を部屋へ納めて、今度は旧市街の散歩と夕食に出掛ける。「美食の都・リヨン」世界にフランス料理の名を高らしめた町ということだから、何か美味しいものにありつきたいと思う（この旅行は、夕食は付いていないので選択をしなければならない）。

まず、ペルクール広場に出た。世界有数の広さと案内書にはあるが、そうは感じない。リヨンが生んだ彫刻家ルモによる、ルイ14世の騎馬像が堂々とした姿を見せている。

ソーヌ川にかかるボナパルト橋を渡る。橋の上から見るフルビエール寺院が美しく見える。RUE DU PALAIS DE JUSTICE裁判所通りとある。それが貼ってある建物が正しく裁判所。ゴシック風の堂々たる建物である。裁判所裏の路地風の所に、通りに椅子とテーブルを並べた、いかにもフランス風のレストランが何軒もあるので、ここで食事をとることとし、それぞれ、好きなものを注文する。言葉をうまく伝えることができないので、メニューを指差して注文する。

フルビエールの丘へのケーブルカーは、案内書には「便利」とあるが、取り壊されて軌道敷のみ残っている。そこで、徒歩で行くこととする。標高281メートル、ゆるい坂を大廻りして昇る。薄暗くなっているが、丘から見るリヨンの街の景色は美しい。

また徒歩で降りて、ベルクール広場駅かペラーシュ駅まで一区間であるが、地下鉄Urbain Unite, Metroがあるので乗ってみる。新しく外装橙色、内は茶色の感じのいいものであった。6.5フラン（150円）であった。22時30分にホテルへ帰る。

朝、目覚めると、ホテルの部屋の窓からフランス鉄道自慢のTGV（新幹線特急）が停車している。昭和58年5月の旅行の時にはTGVに乗り、リヨンを通ってジュネーブへ行ったのであるから、多分この駅を通過したであろうと思う。

第7日目　7月30日（土）
ジュネーブ・モンブラン

リヨンを8時30分に出たバスは、途中カイユ橋で小休止した後、スイスに入る。狭い道の中央に入管・税関があり、夏のためか混んでいた。

11時30分ジュネーブのコルナパン中央駅前のワービックホテルに着く。

快晴、山もそうだとのこと。衆議一決してモンブランへ登ることとする。12時30分ホテルを出発し、まずシャモニー（フランス領）へ向う。アウトバーンAutobahn 40号線上から次々に見えてくるモンブラン、アルプスの遠景も素晴しい。14時30分シャモニーのロープウエイ駅へ

着く。頂上4807m近くの3842mエギューユ・ド・ミディ（南フランスの針の意）までロープウェイ通じている。刻々と視野の広がる景感もよい。短いトンネル風のらせん階段を昇りきると展望台である。アルプスの高峰が望まれる。絶景である。58年5月の登頂時には展望がきかなかっただけに嬉しい。

夕方、ホテルへ戻り、一回揃って、フォンデュを食べ、ホルンの調べを聞く。

レマン湖西岸の、モンブラン岸から証明のあてられた大噴水も印象的であった。

第8日目　7月31日（日）
バーデンバーデン450キロ

9時にジュネーブを出たバスは、国連機関を2、3見た後、レマン湖の北側の高速道路を走る。「ローザンヌ近くの丘の上で、眼下に展開するレマン湖がどんなにすばらしいかは、そこを通る度に讃嘆せずにはおられない」笹本駿二・スイスを愛した人々（岩波新書）43頁との言葉があるが本当にそうである。

ローザンヌ・ベルン、バーゼルを経て、ドイツに入る。両替をする。1万円が114ドイツマルクなので1ドイツマルクは87.72円、約90円である。

途中、フライブルク、シュバルトバルド、オッフェンブルクを通って17時30分バーデンバーデンのアルターバンホッフ駅（中央駅）に着く。予定より3時間半も早く着いたことになる。450キロを走ったのであるが、黒い森（シュワルトワルト）の空気のいい、景色のよい所を走ったせいと、道路事情、バス運行の仕方（時速100キロをきちんと守っている、スピードの検問はタコ・メーターを見せることによる）のゆえか、全く疲れない。

ギリシャの神殿のような外観をもつクルハウスの前で小見学。町全体が公園のような感じである。ただ、名古屋人にとっては、オリンピック誘致のIOCの決議に敗れた所という記憶を打ち消せないだけ無念である。16時07分ホリデイ・イン着。

リヒテンタラー・アレー（光の谷間）という樹木の豊富な道を通り、再びクルハウスに至り、町の中心を流れるオース川を渡り、市庁舎、シュロス（城）、ローマ浴場跡を団長の山田先生と自分の家族とで廻る。町全体の他に、個々の家々も本当に綺麗である。

木陰の小広場のレストランで、鳥の丸焼をビールとともに夕食とする。

第9日目　8月1日（月）
ハイデルベルグ

混雑しない前に早くと、バーデンバーデンを7時に出たバスはアウトバーン5号線を北上して、カールスルーエを通過して8時30分にはハイデルベルグ城へ着く。山あいに建てられたこの城のテラスからネッカー川、それにかかるアルテ・

ブリユッケ（古い橋）、町の全景が一望できる。「そこから見る古都の風景があまりに美しいので、都市とはこんなに美しくありうるか、と旅人には不思議におもわれたのであった。」という内田芳明の言葉に同感した。城の地下には、1751年に作られたという。大酒樽の回りに設けられた階段をぐると廻る。酒は城や修道院で多くの造られたという話は興味深い。

城を下りて街の中を通り、椿教授の案内でハイデルベルグ大学を見て廻る。この大学ではマックス・ウェーバー、ヘーゲル、ヤスパース等有名な教授連が若い時に学びそして教えたところである。

土産物店でワインの格の話を聞き、少し試飲し、結局は買わされてしまう。

ネッカー川の北岸の哲学者の道等は行かず、11時30分にハイデルベルグを発つ。

フランクフルト

12時45分、フランクフルトのアラベラホテルへ着く。フランクフルトは歴史の町でもあるが、金融機関などの高層ビルが立ち並ぶ近代都市である。今までの落着いた景色から、急にあわただしくなった気がする。

〈西独税理士協会〉

予定の西独税理士協会を訪問する。建物の表示に、STEUER BERATER KAMMER HESSEN（Korperschft des Offentlichen Rechts）租税相談部・ヘッセン州（公法人）とある。税理士Steuer Beraterのフリッチ、メングの両氏から西独の税制について聞く。

所得税、法人税、営業税（売上税）の一般的説明の他、土地に村する投資、値上り、抑制の税制について質問をするが、土地問題は深刻ではなく、税のほうからの手は打っていないようである。土地の評価も1964年（昭和39年）のものが用いられているとのことであった。

腹の調子が優れないので、夜の外出は自分だけ控えることとした。

第10日目　8月2日（火）
ライン下り・ボン

フランクフルトからボンまで175キロを、バスで直行すれば3時間弱で到着するところボンの登記所見学は14時でよいことになったので、直行せず、ライン下りをすることとする。

まず、乗船地のリューデスハイムに行く。ドロッセルガッセというワインの路地を歩くが、朝が早いので静かである。

9時20分発の蒸気観光船で下る。ピンゲン、ねずみ城、バッハラッハ、ローレライと下る。笹倉鉄平・ロマンチック・ガレリー・南ドイツ気まま旅の絵と同一の景色を見て感激する。ローレライの岩壁に画かれた「ローレライ」のカタカナ

は、さすが非難が多かったとのことで消されていた。このほうがよい。セントゴァールで下車する。

11時20分。

〈登記所〉

14時、ボンの登記所に赴く。所長ケントホフ氏の説明を聞く。通訳は金子浩永・西ドイツ弁護士（デュッセルドルフ在住）である。ケントホフ氏は司法補助官である。司法補助官は、裁判官の職務負担を軽減するための準上級職の官吏で、重要度の高くない裁判を担当する（西ドイツ法入門177頁）ので、登記は裁判権に含まれていることになる。

土地登記簿Grund buchは、1970年まではBuch本形式であったが、眼前に積まれて見せてもらったものは、挟み込み式になっており、戻しファイルの間違いが生じないようにカバーの色、目盛りなどの工夫がこらされている。

ドイツの登記は物的編成主義と言われているが、日本のように徹底しておらず、負担等については人的編成も残っている。名寄せ方式も併用している。建物登記簿はないが、住居所有権法による住居所有権・部分所有権が設定されたときは、土地登記簿にそのための用紙が用いられる。

登記の記入には、公証人の作成文書による。物権的合意というものであろう。

登記用紙は、1番部分Erste Abteilung、2番、3番と分かれている。1番部分には「所有権、その譲渡・放棄」、二番部分Zweite Abteilungには「1番、3番部分以外の負担（用役権、差押、仮登録）を、3番部分には、「抵当権、土地債務Grund Shulden定期債務Renthen Schulden」を記入する。自由に登記簿に触れさせていただいてのは説明はありがたかった。

見学・セミナーを終えて、ボン大学、ミュンスター（教会）、ベートーベンの生家を見て廻る。ここが西ドイツの首都と思えないほど、こじんまりしたライン河畔の町である。

ケルン

そこで夜は、ケルンへ食事と観光に行く。ドイツ最大のゴシック大聖堂を見、その近くのレストランでドイツ風の食事をすませる。その間、金子弁護士からドイツの司法試験の実際を聞く。

第11日目　8月3日（水）
オランダ・アムステルダム

ボンを8時に出たバスは、10時45分、国境の町ストックムンに入る。1万円を早速両替すると、156ギルダーをくれた。1ギルダー64円である。

アムステルダムへ昼頃着いたが、ベヘインホフという1346年に建てられた尼僧

9　西ヨーロッパ縦断―土地問題視察記

の宿舎を見学に行く。庭を囲むように宿舎が建てられている。

それから宿泊予定のアメリカンホテルに到着。解散。昼食には、アムステルダムのビジネスマンが食べるという「生ニシンの酢づけサンド」を試してみた。丸ごとのニシンにタマネギを刻んだものをそえ、パンにはさんで食べる。1回はいいが、それほど食べたくはない。しかし、ここの人はみんなニシンを注文していた。

観光ボートに乗り、運河めぐりをする。アンネの家など次々と説明されるが、歩かないと記憶しにくい。アムステルダム中央駅は、赤レンガ造りの美しい建物で、東京駅のモデルとなったとの説明はうなずけた。

第12日目　8月4日（木）

7時にホテルを出て、スキポール空港へ着く。ここまで親しんだバスとも、その運転手君ともお別れだ。

パリ

同空港で9時15分発エアフランスに乗り、10時15分にはパリ着。ヨーロッパは広いようで狭い。

14時30分までの自由時間を利用して、オルセー美術館を見学に行く。印象派のモネ、ルノワール、ドガ、マネの絵が多い。ミレーの絵も感動的であった。

〈大蔵省・フランス税制と不動産登記〉

ルーブル宮は、東半分がルーブル美術館になっており、西半分は大蔵省である（1989年には大蔵省新館が他所で完成し、全館美術館になるとのこと。）

大蔵省は、詳しくは経済・財政・予算省といい、そこの首席補佐官クロード・ルビノヴィッチ氏はじめ4名の方（女性の人が多かった）から、土地譲渡の税制、「付加価値税」、「相続税」、「固定資税についての地方税」、「土地の登記と公示」のテーマで熱心な話を聞く。あとの予定があるので途中で打切ってもらったが、6時を過ぎていた。欧州の役所は5時に終るのではないようである（1987年のスペイン、イタリアでもそういう体験をした）。大いに啓発されたが、フランス法の基礎がないので消化不良である。

夜は、レビューショウが見られるナイトクラブ「リド」の予約がとれたので、一行揃って出掛ける。食事付きで、前の方で存分に楽しむ。

第13日目　8月5日（金）
ベルサイユ

午前半日は、ベルサイユ宮殿（パリの西60キロのところにある）を見物に行く。栄華をきわめたルイ王朝の最大の、そして最後の遺産ともいえる宮殿の建物と庭園は見事であった。

〈墓地めぐり〉

　午後は自由時間となったので、一度試みたいと思っていたパリの墓地めぐりを一人ですることとした。パリ市内には、沿革の古い三つの墓地がある。東のペール・ラシエーズ墓地、北のモンマルトル墓地、南のモンパルナス墓地である。地下鉄を利用して馳けめぐる。この見学記は、将来執筆予定の『墓地法』のなかで紹介したい。

　夜は、バトー・ムーシュという船に乗って、セーヌ河及びそこから眺めうる景色を、食事とともに楽しむ。エッフエル塔の照明が、こんなに美事ということを改めて感じた。

第14日目〉　8月6日（土）

　パリのシャルル・ド・ゴール空港を14時30分JAL426便で発ち、無事（前回は霧のため飛び立てず大変であった）成田へ、翌7日15時過ぎに到着した。成田空港を17時30分で発ち名古屋空港着は18時20分であった。

〈後日記〉

　旅行自体も有益であったが、帰国後の写真の送付、手紙のやりとり、著書の交換等も意義深いものであった。

　有益な旅行を、細部にわたって企画いただいた日本土地法学会の篠塚昭次教授にも、厚くお礼を申し上げねばならない。

　　　　　　　　　　以上『法苑』76号

〈更なる後日記〉

　参加者であった松岡直武氏は、大阪土地家屋調査士会会長、日本土地家屋調査士会連合会会長を歴任された後、平成25年1月20日67歳という短い一生を終えられました。ご冥福をお祈りします。

　　　　　　　　　　　　　　　　大場

10　独・墺・伊旅行記―土地区画整理視察団に加わって―

1992（平成4）年9月19日～10月6日（18日間）

まえおき

　社団法人全日本土地区画整理士会近畿支部（支部長小寺稔氏）主催「第5回海外都市再開発調査団」に加わって、平成4年9月19日（土）から10月6日（火）まで18日間、地図のようにドイツ・オーストリア及びイタリアの諸都市を廻ってきた。詳しい調査報告は、そのうちに各団員から提出される報告書を基に発行されるであろう同支部の機関誌にゆずることとし、私の寄稿は旅行記をもって替えることとしたい。

　土地区画整理士でなく、まして近畿支部会員でもない私が、この調査団に加わったのは次の理由による。

① 　1年も前からこの調査団参加のお誘いを受けていたこと
② 　小寺稔氏とは平成3年12月から建設省の土地区画整理基本問題調査会で席を同じくさせていただいていること、同氏が団長となられたこと
③ 　顧問という名称を付けられ辞退しがたくなったこと
④ 　ヨーロッパには土地問題等に関して4回調査旅行をしているが私にとって最も肝心な土地区画整理については、これまで機会を逸していて、一度行きたいと思っていたこと
⑤ 　ウィーンが調査予定地に入っていたこと
⑥ 　何とか日を確保することができたこと

第1日目　9月19日（土）
出発－ハンブルグ

　名古屋勢の道本氏と私とは、午前7時40分発の小牧空港―成田空港間の全日空便で成田空港に着き、午前9時集合の初顔合せ会に臨む。参加団員は次の8名であった。

小寺　稔　　社団法人全日本土地区画整理士会近畿支部長

大場民男　　弁護士

道本　修　　㈱ミチモトコンサルタント代表取締役

長尾啓一　　㈱今宮開発センター常務取締役・㈱湊町開発センター審議役

松井貴美恵　桜井南部特定土地区画整理組合　計画会計課長

中尾憲一　　吉豊産業㈱測量部専門課長

安尾好次　　日本国有鉄道清算事業団近畿支社用地業務第二課

内藤芳治　　日本測量設計㈱開発計画部

第2部　ヨーロッパ

　　　　　課長補佐
　　射場啓一郎　添乗員

　午前11時25分成田発の全日空便は、ロンドンまで直行で12時間余飛びつづけて、定刻の現地時間（時差8時間）15時55分ヒュースリー空港に着き、そこで3時間35分待ち合わせをし、英国航空で19時30分発、ハンブルク空港に22時00分に到着し、入国手続などをしてバスでホテル（SASプラザホテル）に着いたのが23時、入浴などして就寝23時40分。

　これまでのヨーロッパ往きは成田を夜立って昼間に到着し行動するパターンであったが、今回は到着して1晩まるまる眠れるということで体には楽なこと、時差ボケを感じないというものであった。（そのためか18日というこれまでにない長期にもなるのだが。）

第2日目　9月20日（日）
ハンブルグ

　日曜日のためハンブルグ市役所への訪問はできないが、同市の土地区画整理部・都市開発局から、通訳の佐藤君子氏に予め手わたされていた区画整理地区（①ノイシュタット、②ラールシュテイツ、③ファインケンベルダー、④ランゲンベック、⑤ファーブルグ）のうち遠方である②の地区を除いた4地区を視察することとしたが、とりあえずは市のアウトライン及び観光名所を廻ることとした。

　ハンブルグ市1市でハンブルク州を形成し人口170万人、面積755haのドイツ第2の都市である。

　エルベ川本流に面し、ドイツ最大の港をもち貿易で栄える都市である。街の真ん中にアルスター湖がある。

　森や公園など緑の多い町であり、バスから見る景色が美しい。町の真ん中にアルスター湖がある。遊覧船でアルスター湖を回るのがハングブルク観光の、そして視察の第一のハイライトということで乗ってみる。なるほど素晴らしい。

第3日目　9月21日（月）
ハンブルグ市役所

　ハンブルグ市役所（威風堂々たる建物）に午前10時前に赴くが、ここではないといわれ近くの別庁舎へ行く。

　別棟でハンブルグ市全体の都市計画を

立体モデル（１個１cm立方の木型が14mを表す）を用いて詳しい説明を聞く。

次に会議室に移り、区画整理の話を昨日既にわたされていた部厚い詳細な資料(注1)を基に話を聞くが、私の目にとまったのは、各担当官が待ち、かつよく読みこなされたせいか、手あかがつき、色エンピツ等で横線が引かれている新書版の大きさで白の表紙に赤くBauGBと印刷された本である。それがBaugesetzbuch建設法典であった。

そこで後から早速書店でこの本を求めた。

そして視察団から予め送付された「西ドイツ建設法典（仮訳）」（不動産研究29巻第1号以下）と照合しながら、読むと（辞書の助けも借りながら）なかなか興味がある。

そこで原文と上記の翻訳文（一部修正した(注2)）を併記して次にのせることとする。ドイツの区画整理の用語を少しは知っておいてもらったほうが、これからの話がしやすいからである。

ハンブルグ市役所を辞したわれわれ一行は、ハンブルグ港の売店で軽い昼食をとって、アウトバーン７号線を南下する。途中Bremen（ブレーメン）の表示がでる。孫の好きなブレーメン音楽隊の地名である。いつか孫を連れてきたいと思う。

(注1) 詳細な資料ができていたことは、小寺団長からハンブルク市に対し予め質問とお願いがなされていたからである。

(注2) 不動産研究の仮訳では、BauleitpläneもBauleitplanungも「建設基本計画」であるが、本稿では後者を「建設基本計画の策定」とした。また仮訳ではOrdnumgを「秩序」、「秩序立て」、ordnenを「秩序立てる」としているが、本稿では「整理」、「整理付ける」とした等である。

建設法典（BauGB）の訳（略）

（以上 街路樹19号 平成４年10月刊）

ハノーバー

352号線に入り、新市庁舎Rathausへ着く。15：00。約束の時間ぎりぎりである。ハンブルクからは２時間半かかったことになる。

部屋に入り、5人の担当官からハノーバーの区画整理についてミッチリと話を聞く。

1850年から今日までの区画整理の歴史、内容、区画整理の機構、組織、具体の区画整理の説明である。実際のGrundbuch（土地台帳）を８例交付を受けた。Alter Bestand（従前地）、Neuer Bestand（換地）その他が書かれている。図面の写しも貰う。

引きつづいて現地の視察と説明を受ける。おわりは6時半となるが、まだ明るい。

一つのブロックに住宅、小公園、地下共同噂車場などがセットされていて、住み易さを実感する。道路も人も考慮した

工夫が見られる。詳しくは将来出されるであろう報告書を参照されたい。

　7時15分から宿泊ホテル（ルイセーホッフ）のレストランで夕食をとる。

　夕食後ホテル付近を散策する。少し北へ向いてハノーバー中央駅を見る。東京駅風の立派なものである。このあたりはオープン地下街路や歩行者専用道路状のものが多く、駅前近くといっても交通の危険を歩行者として全く感じない。オペラハウスも外観を見る。これまた堂々とした立派なものである。今夜は演じていないようである。

　今日は、午前はハンブルグ市で、午後はハノーバー市でしっかり区画整理の話を聞き、あわただしくも充実した1日であった。

第4日目　9月22日（火）

　ハノーバー空港をルフトハンザ機で9時20分に発ってシュツットガルトへ向う。機中からのドイツのアウトバーンや鉄道が緑の山や平地をなだらかに走っていて退屈しない。

シュツットガルト

　9時20分シュツットガルト空港へ着く。空港は町のはるか南にあるので小山を越えて市街地へバスで入るのであるが、峠から見下ろすシュツットガルトの町並みのダイダイ色の屋根が美しい。

　まず宮殿広場に着く。東側に新宮殿があり、中央に70mの記念塔がたち、噴水が30mほど横にあり、マロニエの木々が緑をなし、西には親しみやすい建物があり、憩いの場所である。ワイド写真の被写体にちょうどよい。広場の中から道路へ出る自動車に対しては自動的に石柱が地中に入って通行可となり、道路から広場へ入る自動車には感応せず石柱が立ったままになっている装置がある。美観を損ねず、機能をはたしている。心にくいばかりの工夫である。

　近くの中華料理店で昼食をとる。自由行動を利用して書店buchhausビットワー wittwerで前号述べた建設法典BauGBを買う。9.8ドイツマルクであった。シュツットガルト空港内の銀行での両替は10,000円で115ドイツマルクであったので、1マルク87円であるから852円である。新書版大であるが380頁あるので法律書として安いといえよう。ドイツの書店は広い。ここも3階建である。マンガ本などは置いていないだけに充実している。

　本の領収書をくれるだけで、包装や袋入れはしない。信頼されているような気もするし、年1800労働時間を達成しているドイツはこんなところで（後述するように駅の改札人もいない）余分の労働をつかわないようにしているのかもしれないと思う。

　本の買物は成功だったが、次にスー

パーマーケットで買ったフィルムは失敗だった。普通のフィルムのつもりで買ったのであったが、スライド用のフィルムであった。日本で現像を頼んで初めてわかった次第である。言葉が通じないことはやはり不便である。

午後2時30分からシュツットガルト市役所を訪問する。都市再開発の責任者のハンス・レイハルト・シュヘッファ氏からの大部の資料に基づいて説明を受ける。1974〜1989年のシュツットガルト市における都市再開発の歴史・内容、現在行われている再開発・再整理の内容、従前地から換地への計算（Zuteilung）等々が実例をもって示される。この詳細も報告されるであろう調査報告書を参照されたい。午後5時に市役所を辞して、シュツットガルト市の東（市からはずれた市外かもしれない）のグラシック・コングレスホテルへ着く。

このホテルのレストラン（本館からずいぶん離れている）で夕食をとる。明日、シュツットガルト市の属するバーデン・ビュルテンベルク州政府を訪問する予定であったが、区画整理は市町村が施行し、州政府は施行しないから訪問する意味がないということで一日自由となることとなった。そこで北西のハイデルベルグへ行くことの希望者、西のバーデン・バーデン（途中カールスルーエを通る）派、そして南へチュービンゲンを通ってホーエンツォレルン城派と別れてしまう。籤で決めることとし、ひいた結果、南行きとなる。前回の旅行でバーデンバーデンとハイデルベルクへ行っているのでこの抽選の結果は幸いであった。

第5日目　9月23日（水）
メルセデス・ベンツ社

9時ちょうどにチャーターしたバスで約40km南のチュービンゲンTubigenへ向う。

メルセデス・ベンツ社を見学する。最初の自動車から現在まで自動車が並べてある。「天皇陛下旧御料車」もベンツ社の自動車博物館に展示されている。博物館のなかは撮影自由であるが博物館から1歩外へ出て工場内を写そうとすると衛士が飛んできて禁止する。企業秘密の防衛であろうか。工場の門と博物感の間はベンツ社のバスに乗ることが強制され徒歩は許されない。

チュービンゲン

ベンツ社を11時05分に出たバスは312号州道（道路の表示が黄色。ちなみにアウトバーンは紺色、市町村道は白色）を通って、ちょうど1時間でチュービンゲン駅前へ着く。ここからはバスが入れないので徒歩となる。1477年創立のチュービンゲン大学がある。ドイツの大学はかっての王制のもと王立であったが現在はすべて国立で私立はないとのことであ

る。授業料はなしである。ネッカー川を渡って左へ折れると石畳の落着いた車の出入りできない道である。雨がしとしと降ってきたので余計そう思ったかもしれない。昼食はうどん風イタリヤ料理を食べる。おいしかった。

ゆるやかな坂をのぼってチュービンゲンの城へ着く。いかめしい城門である。城門の手前の広場にはきれいな市庁舎とネプチュン像と噴水がある。城本体は修理中で入れなかったが城門前からの見晴しは絵そのものである。降りて町のなかを歩くが1491年建築の家もあり、古きを丁寧に保存していることがうかがわれた。

ホーエンッオレルン城

チュービンゲンから更に南へ下るとホーエンッオレルン城が小高い丘の上に見えてきた。ドイツを代表する2つの名城の1つがミューヘン南のノイシュバンシュタイン城で、他の1つがこの城といわれている。茶色の岩で造られた城で、白いノイシュバンシュタイン城に比べると見落りした。城らしい城といえばこちらのようである。戦闘機の低空飛行の訓練の轟音で感傷的な気持ちはふっ飛んでしまった。午後5時同城に立つ。

再びシュツットガルト

夕食はシュツットガルト中央駅のレストランで一同揃ってとる。

シュツットガルトという名は、法律家には有名であった。民事訴訟の進行方式としてシュツットガルト方式がよくいわれていたからである。裁判長の名前かと思っていたところ、バーデン・ヴュルテンベルク州の州都でドイツ7番目の人口56万人の堂々たる都会の名称であったのだ。

電車もよく走っている。われわれの泊っている前に駅があるので、帰りそれに乗ってみる。改札の駅員はいない。電車にのって10センチぐらいの黒い箱が電車内の柱に備えつけてあるので、それに券を入れると時刻が押される。ある一定の時間までは乗っていることができるのである。中央駅から相当の距離なところであったが自動販売機の表示によると2.8マルクであったので、その料金（おつりも出る）を入れて買って乗ったのである。綺麗でちり1つ落ちていない車輌である。車掌などもいない。

第6日目　9月24日（木）

午前8時30分ホテルをバスで出発し、アウトバーン8号線に乗って一路ミューヘンを目指す。途中ウルム、アウグスブルクなどの地名が道路標識で見える。アウグスブルクは最初のヨーロッパ旅行での宿泊地なので懐しい気持がした。

アウトバーンの休憩売店（サービスエリア）で孫のための土産として布製の人形を買う。

ミューヘン

アウトバーンE52号線を300km弱走行してきたバスは、ミューヘンの西北から入る。西北にあるニューフエンブルク城（宮殿）へ行く。今世紀初頭まで王国だったバイエルンのヴィッテルスバッハ家の夏の離宮で赤い三角形の屋根と白い壁が緑の芝生と対照的となって美しい。ベルサイユ宮殿（パリの西）をまねて造られたと言われているがやさしい感じがする。昭和58年に来たときは、館内に入る時間的余裕がなかったが、今回は入館料を払ってなかに入る。北の大広間、南の美人ギャラリーなど多くの素敵な壁画などがわれわれの目を奪う。外の庭園も美しい。南北に別棟が翼のように広がり、ワイドの写真の被写体としては最高にいい最色である。

昼食は日本レストラン赤坂でさしみ定食をとる。

市内をバスで見て廻る。アルヌルフ通り、ラウンドベル通り、中央駅南から、旧市街環状道路のゾンネン通り、イガール門、ロートヴィヒ橋をわたって宿泊予定のペンタホテルに着く。すぐに出て、旧市街環状Ring線北の道を経てルードヴィヒ通り、レオポルト通り、外環状道路を西へ行き、オリンピック公園、再びニューフエンブルク城の東池などを見る。途中ヘリテイデパート16階建てを景観のため壊して5階建にしたことを聞く。

ニューフエンブルク通りを東へ行き、アルテ・ピナコーノ（美術館）、ノイエ・ピナコーノの間の道を通って旧市内をみて廻る。

これまで各市役所で貰った資料等を日本へ送って身軽になるため、昨夜から準備していた小包を、ドイツでは航空便と船便との中間であるザール便―海上は飛行機、陸上は鉄道で運ぶ―が便利で安いというので、それで送ることとし、中央郵便局へ行く。8人全員が送ることとしたので、手間どる。

午後5時から5時10分までの市役所の人形塔の3回目の回転にわずかに間に合わず、見物衆が散り始めていた。自分は前に来た時に見ているのでガッカリはしなかったが。

夕食後は、ミューヘンへ来たら一度は行かなくてはならない有名な大ビヤホール『ホーフブロイハウス』に行く。つづいて、ちょうどミューヘン・オクトーバー・フェスト（十月祭）をやっているというのでテレージェンヴィーゼへ行く。よく賑っている。大ビヤホールから各種の遊具、富くじまである。

帰りは中央駅の地下鉄まで歩き、ローゼンハイマー広場駅前まで乗る。ここも改札の人はおらず、自動販売機で乗車券10ドイツマルクを買い、時間打刻機へ入れて時刻を押す（手元にあるものには、24－22.10とある）のみである。切符は

回収されないので記念として残る。改札、回収と日本の公共乗物の窮屈なこと。少しドイツを見習ってもらいたい（5年2月開通のロスアンゼルスの地下鉄はドイツ流のようである）。

第7日目　9月25日（金）
ミューヘン市役所

9時にホテルを出発し、ミューヘン市役所（といっても人形塔のある新市庁舎ではなく、少し南のブルーメン通りの建物のあるもの）の土地整理部（Landshauptstadt, Referat fur Stadtplanug und Bauordnung）へ行く。裏口から入ったせいか、まず乗るべきエレベーターが扉なしの停止なしのものである。エレベーターのかごが最も広い（開いている）ときに飛び乗り、そして飛び降りるのである。これにはびっくりした。帰りのエレベーターは普通のもので安心したが。

建設部門（Baudirektor）の責任者であるテオ・バーウルンシュミット市から、ミューヘン市の人口増加とそれに対してとった措置等の話から、高層建物をつくらないで人口問題、景観問題を解決したことについての話があった。その市役所の窓からフラウエン教会（2つの塔がある）、サンクトミヒャエル教会などミューヘンの名所というべき建物や塔が一望できる。

ヘリティデパートの取壊しについて質問してみた。建ぺい率をゆるめ容量的には前より大きくし、低くしたことの賠償もしたとのこと。議会建築諮問委員会の仲介もあったが、苦労したとのことであった。

つづいて他の担当官から旧ミューヘン空港（市の東部にあってリーム空港という）の開発計画等を聞く。ミューヘン市の所有であって見本市と住宅用、手工業用地をつくり、地下鉄を延長するとのことであった。

昼食を地元のドイツ人にも人気があるという和風のステーキレストランの「大都会」でとる。

昼食後市の東にあるフエルリーナ団地等を視察する。建物、池、公園などが程よく配置されているように思える。地元では一部高層（15階）を造ったことが気にいらないとのことだそうだ。6階にとどめたいとのことだそうである。

夕食はホテルでする。明日が自由行動となったので有志だけで、国境のまちザルツプルグへ行くこととする。インスブルックへとの話もあったが。

第8日目　9月26日（土）
ミューヘンからザルツブルグへ

団員7名が8時10分にホテルを出て、もはや乗り慣れた地下鉄U－Bahnに乗ってドイツ国鉄DBの中央駅へ出る。

ここの駅もドイツやフランスの国鉄駅がそうであるように通過形式でなく櫛状の始発方式のホームになっている。人の往き来が多く賑っている。ドイツでは鉄路は未だ健在のようである。

午前9時25分のユーロシティ（Euro City特急国際列車）に乗車する予定であったが、切符Teilnehmerkarteの購入に手間取ってしまって、予定の列車には乗れず、次の9時52分のインターレギオInterRegio（特急列車）に乗ることとなった。

切符には往復・団体（5人以上）・何等車・特急・急行などの種別があり、いちいち聞かれ通じないまま何とか買ったため買うのに時間がかかったとのことであった。往復約200km・団体割引・1等車・特急で46ドイツマルク（×80円＝3680円）は安いなというのが一同の感想であった。

ドーンと大音響あり。到着列車が車止めに激突。乗客の歩く踏板がショックアブソバーになっていて、それが激突により洗濯板状に盛り上がっていたのには驚いた。

ここでも人による改札はない。外観は余り綺麗でないが、ゆったりとした新しい椅子でセミコンパーメント方式で快適である。4分遅れて発車する。しばらくして車掌による検札があった。この時に切符を持っていないと高くとられるそうである。この列車IR2191の案内箋をくれる。どの駅に何時何分に着きAnkunft、何時何分に発車Abfahrtするか刻明に記載されている、乗換え列車についても詳細に書かれている。これが日本だと放送でするわけである。この放送がないだけ車内は静かである。

1時間48分かかって、12時少し前にザルツブルグ中央駅に到着した。

ザルツブルグ

モーツアルトを生んだ音楽の都市として、また映画「サウンド・オブ・ミュージック」のシーンの一部としての美しい街並みで有名である。一度は来てみたいと思っていたところ、来れることになって幸せである。

ザルツブルグ駅内にある入国ゲートを通ってパスポート検査を受ける。通るだけといってよい簡単なものであるが、ちょっと緊張する。国境の駅・町であることを実感する。

入国ゲートを出たところのインフォメーション（案内所）で日本語によるザルツブルグの地図入り案内書をもらう。駅前からトロリーバスに乗る。デモがあり、トロリーバスが連がってしまって動かないので降りて歩く。ザルツブルグは小さい町なので徒歩で十分であるし、このほうが景色も町並みも楽しめる。歩行者専用のマカルト橋に至る。

下をザルツバッハ川の清流がある。ア

ルプスの水が流れているのであろう。橋上からみるこれから行く旧市街の街並み、上流、下流の景色が美しい。

黄色い6階建ての建物が突き当るモーツアルトの生家である。この家並みの前の通りがゲトラガッセである。幅5メートルなどの狭い通りであるが、すき間なく店が並び、そのひとつひとつに手の込んだ小さい看板が付いている。真直ぐには歩けないほどの人通りである。市庁舎の前を通ってレジデント（宮殿）広場に出る。多くの店が出ている。すぐ横にモーツアルト広場がある。モーツアルトの銅像が立っている。この広場に面したレストランで昼食をとる。レストランは2階に張り出してつくってあるので外や下の広場が一望できる。明るい服装の人々が動いている。

メンヒスベルク山（200m位の高さ）の上にあるホーエンザルツブルグ城塞にのぼることとする。ケーブルカーで行く。まさに城塞といっていい造りである。ここからの眺めは素晴しい。ザルツアッハ川をはさんで手前の旧市街、向うの新市街、中央駅付近で一望できる。ブルク博物館があり、そこも見る。

再びケーブルカーで降り、今度は市庁舎前のシュヌーツ橋をわたって帰る。この橋付近は町の中心で、デモも終ったらしく人とトロリーバスとタクシーの動きが慌しい。といっても多くの道は車の進入が禁止されているようで歩くには危険はない。

途中ミラベル庭園による。ミラベルMirabellとは美しい眺めの意味であるが、その名の通り美しい庭園である。花壇が格別美しいほかいま行ってきたホーエンザルツブルク城塞の遠望がよい。

15時18分発のE（準急）列車で17時10分ミューヘンへ戻る。2時間20分かかり往きの特急よりは所要時間が多かったが、ほとんどの者がぐっすり眠りにこけ、あっという間に着いてしまったとの感じである。準急列車のためかその列車用の案内パンフはもらわなかったが、前日入手しておいた112頁の時刻表の表紙には、DBとDRのマークがあった。DBが西ドイツ国鉄であることは知っていたが、DRは東ドイツ国鉄のマークであると、帰ってから岡崎勝美島根大学教授の交通法ゼミで教えてもらった。

再びミューヘン

まだ早いので街なかをブラついて帰る組とUバーン（地下鉄）で帰る組に別れた。私はブラつく組に入ることとした。中央駅を東へ少し行くと裁判所がある。威風堂々たる建物である。入ってみたいが時間外であるし、法律関係者は私1人なので遠慮する。

カールス門を通るとミューヘンモール（歩行者専用道）である。地下には電車が走っているが地上は人間だけである。

ノイハウザー通り、カウフインガー通りと続く。土曜日のせいなのか、いつもそうなのかわからぬが、音楽などを奏でる人が多く、その前に楽器入れを拡げてあり、一曲終ると取り囲んだ聴衆が拍手をおくり、一部の人がお金を入れる。沢山お金を集める人もあれば、そうでない人もある。聖ミヒャエル教会、聖母教会を通り、北へ折れてレジデンツ広場に至る。ここのモールに面したレジデンツの壇上でバイオリンをひく女性の音色は附近を魅力する。お金を自然に入れたくなる。

ミューヘンのリンク通りは車の洪水であるが、リンク内のモールは自動車の騒音はなく、こうして散策や音楽が楽しめる。賑やかなモールもあれば、静かな淋しいモールもある。

モールの都市計画とその後の人の実際の動きに齟齬(ソゴ)はないか。またモールを通らずに、食品や商品を店舗に運ぶ自動車用道路をどうしているか気になるところであった。モールに突き当たる自動車の通れる道の部分を丸くしてUターンできるような工夫がしてあるところも見られた。

スパテンSpatenというビール会社経営の同名のレストランで山盛りのドイツ料理(ソーセージなどが多い)を夕食として、ホテルへ帰る。自転車道が夜目にもわかるように延々と整備されていることがわかる。

サマータイムが今日で終るので時計を1時間戻す。

第9日目　9月27日（日）

8時にホテルを出発して、ミューヘン市の北に新設された新空捲に向う。日曜日のせいか早く着いたのでエアポートバスの廻るところをバスに乗ってみてみる。非常に広い感じがした。

ターミナルはAからEまであり、それが横並びである。平行のエスカレータがどこまでも続いている。これをPassenger Transport System（PTS）という。

10時40分プロペラのルフトハンザ機に乗ってミューヘンを離陸する。やがてアルプスの山々が眼下に望めるようになる。

ウィーン

ウィーン国際空港(ウィーン・シュヴェヒャート空港ともいう)は市の東南に隣接する下オーストリア州にあるので西北からウィーンに入る飛行機はウィーンの頭上を飛ぶ。ドナウ河など市の地形と同じ形が、当然のことながら下に一杯ひろがる。

正午に同空港に降り立つ。昼食は機内食で間に合わせることとする。ミューヘンとウィーンの空路はシチーラインCity Lineと呼ばれ何もかも簡単で、入国手続もなく、12時15分には空港を貸切バスで出発できた。まずはウィーン東南に1874

年に市内の5つの墓地を集めて開設した中央基地Zentralfriendhofへ寄る。墓地公園といってよい。約35万の墓所に約300万人が眠っているとのこと。ベートーベン、シューベルト、ブラームスなど楽聖たちが眠る第32A区は門を入って西南に200メートルほど入った左側にある。この墓地のPRのために頼み込んで楽聖たちの墓をまずここへ移設したとのことである。映画「第三の男」に出てくる長い並木道もこの墓地内にある。墓地法を研究して、そのうちに「墓地法」という単行本を出版したいと考えている私にとっては大いに参考となった。

次にレジデンス（宮殿）に着く。美しい庭と乳房を強調した彫刻が目をひく。ここは上宮であるが下宮のベルヴェデーレ宮殿越しに見えるウィーン市内の眺望、そしてその先のウィーンの森の遠景が美しい。

市立公園Stadt Parkへ行く。ヨハン・シュトラウス像あり。ドナウ運河から引いたサイホン利用の用水路がある。

リンクシュトラーセ（環状道路）に沿って市内観光（国会議事堂、ブルグ劇場、博物館など）を見て、西へ向いシエーンブルン宮殿に達する。

明るいイエローに塗られたシエーンブルン宮殿は「日の沈まざる国」といわれたハプスブルグ家の夏の離宮である。ロココとバロックの華麗さ、庭園の美しさが印象的であり、東のヴェルサイユ宮殿と呼ばれる。

ラマダホテルへ17時17分着。ホテルで夕食をとる。

ドナウカナルに浮かぶ船ヨハン・シュトラウス号のなかで音楽・ウィーンナーワルツとショウが楽しめるということで一同出かける。2～300人は乗れる船でやがて満席となる。日本人客が意外に多い。音楽と専門家によるダンスショウが行われる。1時間の演奏であった。

終ってウィーンの最も賑やかなローテントウルム通り、ケルントナー通りを散策する。モールであって自動車は入ってこない。途中聖シュテファン寺院のライトアップをみる。

第10日目　9月28日（月）
ウィーン市役所

9時にホテルをバスで出て、ウィーン市役所を訪問する。

都市再開発局のウオルフガン・ホルスター博士からウィーン土地整備基金（ＷＢＳＦ，Der Wiener Bodenbereitstellungs - und Stadterneuerungsfonds）の話が中心となって、土地区画整理の話がされる。これについては報告担当者の報告にゆずることにする。

市役所の地下の立派なレストランで12時から14時までかけて昼食をとる。その

間もホルスター博士から話があった。

14時から16時まで現地の視察をする。外観を変えずに建物の中味を充実する苦労の現場もみる。国連都市UNO-Cityも視察する。

オペラ座

ウィーンにきたら、オペラ座で本場のオペラを見たいという希望者があったので、ガイド嬢にその旨を告げたら、国営の予約事務所へ連れていってくれた。

Y氏はパルケットParkett（平土間前部）2000オーストリアシリング（日本円で2万円）を買うが、私、M氏、N氏はどうせ言葉を理解することができないであろうからすぐ出てくるつもりで一番安い券を希望したら「Balkon Ganz Seite 2列7番の券を入手できた。90オーストリアシリング（900円）であった。

開演は19時30分なのでそれまでに夕食をとることとし、ウィーン料理の代表選手であるウイーナーシュニッツエルWiner Schnitzel（仔牛のカツレツ）を出すフィルミラーという店に6時に集合することとした。

集合までの時間を利用してオーストリア建設法典をガイド及びホルスター氏に教えてもらったマンツ書店を探し探し行く。グラーベン通りという賑やかで素敵な道を行く。コールマルクト通りにあった。『建設法典の基礎』Grundriβ des Baurechtsを買ってしまう。いまでも法典自体を買うべきだと反省している。432AS（4320円）であった。

カツレツ店へ集合して入る。出されたカツレツは顔より大きく、1人を除いて、食べきれず残してしまう。

オペラ座へ行く。外も立派だが中も立派だ。みな正装している。われわれもネクタイをして背広着用してよかったと思う。19時30分開演。第1幕が終わったところで上席の見物席に空席ができ下席の人がそこへ移るので私達も見習っていい所の席へかわる。よくわからねままに22時30分の終演まで観る。

第11日目　9月29日（火）
ウィーンの森

スーツケース出して身軽になって外へ出る。

ウィーンの森といっても広くてウィーン市の北から西・南にかけての一帯の連なる丘陵で、アルプスの東端にあたる。

ホテルから行くのに便利そうな北のカーレンベルクへ行くこととする。

Uバーン（地下鉄）メイドリング・ハウプトストレッセ駅からU4の終点のハイリゲン・シュタットまで行く。そこでバス38Aに乗って昼頃カーレンベルクに着く。少し歩くとドナウ河の上流がすぐ下にみえる山上へ着く。その外の遠望は天候が悪くてきかない。

帰りはグリンツイングでバスを下車し

て、ウイナーワルドというレストランで昼食をとる。そこから市電に乗る。下が赤、上が白のコントラストのきいた市電である。シュッテントウが市電の終点のため下りる。少し通りを歩く。道路標識にプラハPRAHA、ブダペストBUDAPESUTと出ている。ここは東欧への入り口であると実感する。

U2に乗ってオペラ座南にあるカールプランツ駅へ降りてみる。

地下鉄駅はアーチ型の屋根にグリーンの骨組み、金の装飾、白い壁の対になった建物で地下鉄駅離れしている。乗り換え、途中下車をふんだんにしているのは、ウィーン24時間フリーパス切符をもっているからである。45シリング（450円）である。

16時ホテルに集合し、18時35分ウィーン空港を発つ。イタリヤのベニスに向う。
（以上　街路樹20号）

ベニス（ベネツィア）

ウィーン空港を発ったオーストラリア航空機は、1時間半飛んで、20時05分に、ベネツィア島の北約13キロのマルコ・ポーロ空港（本土側）についた。着陸前の夜景が美しかった。

空港の銀行で早速両替する。1万円で9万5000リラ（1円=9.5リラとなる）であった。

水上タクシー（水上モーターボート）でホテルに向う。水中に2～30m巾の柱が立っており光がついている。水上道路標識なのであろう。水中タクシーはそのなかを走る。30分でホテル（スターホテル））の玄関へ横付けとなる。さすが水の都である。

夕食（どこで何を食べたかメモをしてないので思い出せない。オーストラリア航空の機内食ですんだのかもしれない）後、夜のまちを歩く。両替機がところどころに設置されている。1万円で9万6000リラなどと空港よりレートのよいのがあったのでチェンジする。

ホテルにたどり着くのに苦労をする。大小の運河があって橋しか渡れないので、目的地に着きそうで着かないのであった。

第12日目　9月30日（水）

終日、自由行動（市内視察）であるので一同揃って出掛けることとする。

まずサン・マルコ広場へ向う。「世界で最も美しい客間」といわれる広場である。157メートル×82メートルの大長方形である。広場の西にあるサン・マルコ寺院に入る。9世紀エジプトから運ばれた聖マルコの遺体をおさめるために建てられたものである。何回か再建・修復がされている。

ベネツィア・グラスの製造工房を見物する。

ドツカレ宮殿PalazzoDucaleに入る。

8000リラ（800円）。ベネツィア共和国の歴代の総督の政庁として使われていたものである。

この宮殿から東隣の旧牢獄を結ぶ嘆きの橋を渡る。宮殿内の「10人評議会」で裁きを受けた罪人はこの橋を通って牢獄へ連行され、この橋の窓から外界を眺めて嘆き悲しんだことからこの名があるという。今は観光名所である。

次に広場南にあり、四方を見渡せる鐘楼Campanile高さ96.8メートルに昇ることとする。頂上までエレベータがついており、少し並んだが、のぼる。絶景というべきである。料金は4000リラ（約400円）であった（「イタリアの旅」によると1200リラ、「地球の歩き方・イタリア」によると3000リラとあったから順次値上げされているのであろう）。

ベニス名物のゴンドラに乗船することとする。4人と5人に別れて二艘に乗る。定員6人位までの小さくてスマートで、色も黒一色でデザインも統一されている。漁師の歌い手にも乗ってもらう。サンタリチアなどイタリアの歌をたっぷり聞かせる。

前回（1987年）宿泊したホテル（バウエル・グルンヴァルド・グランドホテル）の横をとおったときは懐かしく思った。運河の両側は大理石で築かれた由緒ある建物がびっしりと建ちならんでいたが、人の住んでない建物も目立ち、ヴェネツィアの人口減少を目のあたりにする。さびれたところも多い。"アドリア海の花嫁"と賛美され、繁栄したこの街も老婆になっている感じである。

昼食をサン・マルコ広場北のビレリア・レオンチニというレストランでイタリア料理の昼食をとる。

同行の2、3人がイタリヤの正午は日本の午後8時（20時）だからと言って、テレフォンカードで国際電話をかけているので、まねをしてみる。1万円リラ（1000円）のテレフォンカードを買って、国際電話用の電話機（ほとんどこれのようである）にカードを入れ、001（国際電話職別番号）81（国番号）に続いて、日本の市外局番（最初の0をとる）と自宅の電話番号を廻すと、オペレータを経由することなく、いきなり妻が電話口に出た。これなら英会話等の不得手な自分でも国際電話をかけることができると安心する。音声は国内電話と全く同じである。通信設備は進歩していることを実感する。

カナル・グランデ（大運河）にかかるリアルト橋を渡って、この島の西半分を散策することとする。まず魚市場と野菜市場とがある。一行のM氏が威勢のいい売り子とちょっとした言い争いとなり、野菜を投げてきたことには驚いた。英語等で積極的に話しかけるM氏には感心する。

サン・ロココ学校Scuola Grande di San Roccoに入る。入場料6000リラ。ベネツィア派の巨匠テイントレットTintoretto（1518－1594）が18年間かかって描いた宗教画が56点陳列されている。この学校は、セント・ロココ教会のなかにある形態だ。

曲りくねった大道を歩くが、帰りは「→San Marco」の表示に従って歩けばよいので楽である。

ここでは正形状の区画整理は、無理だと思う。前回はベネツィア市役所での話を聴くことで時間をとられてしまったが、今回はしっかりと街を歩くことができたのを嬉しく思う。

みやげ用のネクタイを買う。

夜はサンマルコ広場のカフェテラスの1つに一同席をとって、濃いエスプレッソー・コーヒー（メニューにはCaffeとしか書いてない）をすすりながら音楽を聞く。

第13日目　10月1日（木）

ホテル前から水上バスに乗って、列車のサンタ・ルチア駅前を通りすぎ、ローマ広場バス・ターミナルへ着く。8時10分そこを出発する。

メストレMestre、パドヴァPadova、フェーラFerrara、ボローニアBolognaと国道A13号線を南下する。ボローニャからはA1号線を南へ走る。

フィレンツェ

12時10分フィレンツエのアルノ川畔へ着く。

昼食をHOT POTというセルフ・サービス方式のレストランでとることとし、マカロニを中心としたものを食べる。路上のテーブルで街を往き来する人を眺めながら食するも一興である。

花の聖母教会（サンタ・マリア・デル・フィオーレ）の前で案内の人から詳しい説明を聞く。大きな丸いダイダイ色の天井ほ、ルネッサンスの建築家ブルネッレスキが14年もかかって1436年に完成したとのこと。ジョットの鐘楼は82メートル、八角形の洗礼堂もセットとのこと。

少し移動してウフィツィ美術館に入る。10000リラ（1000円）。ボッティチェリの「春」、「ヴィーナスの誕生」、ラファエロの「ヒワの聖母」、ダヴィンチ「受胎告知」などを大いそぎで見て廻る。美術館の2階の窓からヴェッキオ橋（ポンテ・ヴェッキオ）を見て写真をとる。

バスに乗り込み、ミケランジェロの広場に至り、ここからアルノ川越しに見える前記の花の聖母教会、ヴェッキオ宮殿や赤茶色の美しい街並みを眺める。

フィレンツェの西半分は区画整理を施行したように前回来たとき見受けたし、市役所の説明でもそうであったが、今回は3時間弱の見物で、午後3時にフィレンツェを発つ。

サン・ジミニヤーノSan Gimignano

フィレンツェから50キロメートル南のオリーブとぶどう畑に囲まれた小さな塔の町である。近づいてくるに従い塔が見えてくる。午後4時の町の入口であるサン・ジョパンニ門に着く。バスは入れないので下車する。

芦原義信『街並みの美学』の31頁に、「イタリアのトスカーナ地方のアッシジ、サンジミニヤーノは、城壁に取り囲まれた中世都市、囲郭都市」と書いているが、本当にそうである。

サン・ジョバンニ門をくぐり、サンジョバンニ通りの石畳を200mも歩くと、チステルナ広場に達する。広場をはさんでポポロ宮殿とポデスタ宮殿とがある。要塞にも少し入ってみる。

同じ通りを帰る。白ワインと干し肉がここの名物のようである。

5時には、サンジョバンニ門のところからバスで発つ。小1時間の散歩であったが、印象的なまちであった。

シエナSiena

サンジミニヤーノから東南へ30キロのところにシエナのまちがある。われわれが宿泊するホテルはまちの西北にあったのだからサンジミニヤーノから近いのであるが、バスはどうしたわけか、街のなかに入り込み、迷って、やっと18時20分エナ・ジョリーホテル・エクセジールに着く。木立のなかのホテルという感じである。

旅装をといて、ホテルの道一筋へだてたイル・ヘチオ・ポゾIL Vecchio Pozzoというありきたりのレストランで肉料理を中心とした夕食をとる。19時30分から21時30分までゆったりとボリュームたっぷりの料理を楽しむ。シエナとワインのおいしい所で、飲める人は大いに飲む。

第14日目 10月2日(金)

9時にホテルをバスで出て20分ほどで、ドオーモDuomo(都市の第一の教会)が遠望できるサン・ドメニコ広場に達する。これより中心部はバスが入れないので下車する。バスを乗り入れさせないことはいいことである。(広い通りも少ないということだが)。

京都大学が学術交流をしているシエナ大学の教授のバルプッチ氏(高分子化学専攻)の待ち合せを受け、同教授の案内と通訳久郷さんと現地の女性の黒人(魅力的)の説明を聞くこととなる。

まず、同教授の奥さんが校長をしている高校を訪問する。今日は学生ストということで生徒は登校していないので、教室等に入って見ることができた。外は古い建物をそのままにして、なかを学校用に改造している。その調和は美事なものである。まず取壊しから開始するわが国とは、文化(石文化、木文化)の違いがあるようだ。

シエナ大学

つづいてシエナ大学を訪問する。シエナ大学は、そこで配布された英語版の「Studying in Siena（シエナでの勉強）」によると西暦1240年に設立され750周年記念行事をしたとのことである。

リサーチ・ブックによると、法学部、医学部、薬学部、工学部、経済学部、教育学部があるとしている。

コンピュータ関係の部屋等を見て廻る。コンピュータ室などもなかは最新であるが、外は古城そのものという態である。古さの保存と新しさの取り入れの調和は、ここでもなされている。

シエナ銀行

シエナ銀行SIENA BANCAを外と内とを見学する。1472年に設立された世界で一番古い銀行とのこと。しかし、中は新しく造り直してある。シエナ市の歳入の34％を負担しているとのことである。

オステリア・ル・ロッシーレストランでトリフ

昼食の時間となったので同教授の案内でオステリア・ル・ロッシー OsteriaLe Locceというレストランに行く。前菜、トリフTarTufo、兎の肉、牛の肉をとる。トリフは茸（きのこ）でこの時期しか食べることができないとのことであった。イタリア人も茸を食べるかと共感する。超豪華な昼食となった。後で、ローマへ行って聞いたことであるが、トリフは高額とのこと、教授の計いか妥当な値段ですんだ。

カンポ広場

世界一美しいといわれるカンポ広場 Piazza del Campoへ行く。広場全体が一つの大きな貝がらの形をした茶色のスロープが扇形になっている。多くの人が集まってきている。特に何という行事もないのに。

前記の『街並みの美学』45頁に、「イタリア人は人々の出会い場として人為的な広場『ピアッツア』Piazzaをつくった。イギリス人は人々の出会わない休息の場として自然的な公園『パーク』Parkをつくった。」とあるが、ここの広場、ピアッツアを見ていると、まさにそういう感がする。

この広場をつかって7月と8月には裸馬の競馬が町対抗で行われるとのこと、勝った町の旗（パリオ）が飾られること。現に祝賀会場がつくられ、パリオが何本も何本も育てられていた。

市庁舎を、これはプッブリコ寓 Palazzo Pubblicoともいうは、ストのためか閉鎖されていた。左手にマンジャの塔があり、エレガントな宮殿そのもの市庁舎である。

カンポ広場から西南へ100mほど歩いてドオーモへ至る。外壁を飾る大理石のしま模様が印象的であった。

街を歩く。だいたい3階建の石造りの建物がつづき、4m巾ぐらいの狭く感ずる道がゆるいカーブを画いて造られてい

る。日本でいう区画道路に当る直線状の道は、ほとんどない。車もほとんどの道には入れないようになっているらしい。歩くには安心な街である。

　ドオーモ美術館、国立絵画館には、素晴しい絵画があるようだが入館しなかった。

　途中お茶などを飲んで、バスターミナルから15番のバスで郊外を通る大廻りのバスでホテルへ帰る。

　夕食は、昼食に予算オーバーをし調査団の予算ではレストランへ行けないので各自でとることになり、近くの店で買ってきたものと日本から持ってきたカップヌードルなどを持ち寄ってわいわい言って一部屋に集まってすます。これも旅の面白さである。

第15日目　10月3日（土）

　9時ホテルをバスで発ってローマへ向う。

　イタリアの誇る太陽道路A1に出て南下する。途中オリビエイトOrvietoの街の石造りの建物が丘の上に見えた。イタリアの中部地方をバスや列車で旅していると、小高い丘の上に城壁に囲まれた小さな町が、時の流れを忘れたごとく見え、これらを"丘の上の町"というとあるが、ここもその1つである。

ローマ（Roma）

　12時30分宿泊予定のクレリッジ・ホテルに着く。このホテルはローマ市内では北に位置するので北からローマ市内に入ったバスは、まずホテルへ直行したのである。

　ローマへ始めてきた人は、同じバスで市内観光に出掛けることとし、これまでに来たことのある者のうち小寺、道本、内藤さんと私は、ローマ東方約30kmのティヴォリTivoliへ行くこととする。案内書にはテルミニ駅近くのビア・ゲスタからバスに乗っていくと書いてあるが、ビア・ゲスタという場所がわからぬ。よく聞くとローマの地下鉄B線がテルミナ駅より更に東に延びて、その終点レビビアRebibbiaまで乗っていくのがよいと教られる。地下鉄の切符を買う。700リラ。地下鉄線内は均一700リラ（70円）と安い。

　乗り込んだ電車に備え付けられている自動刻印機に切符を差し込み、ガチャンと音がしてから引き出す。「3 Otto 14：15」と刻印されている。「10月3日14時15分」である。日本のような改札口、出札口のないのはドイツと同じである。従ってこの切符は、とられずに持ち帰ることができるので、現に手元にある。旅行者にとっては貴重な想い出の、そして役立つ記念品である。「M, A, CO. TRA. L. Metoroplitana di Roma」とある。Mはメトロ・地下鉄の略号である。

　レビビア駅を出たところにバスターミナルがあり、ティヴォリ行きのバスに乗

り込む。観光バスでなく一般乗り合いバスなので地元の人がいろいろ乗っている。道本さんが中学生か高校生らしき女生徒3人に英語で話しかけたが見事に真っ赤な顔になって返答なし。純情そのものだったのが印象的である。

ティヴォリ

15時15分ティヴォリ着。かつてのローマの貴族や皇帝が愛したという美しい町である。

水の饗宴で名高いヴィラ・デステVirra d'Esteへ行く。探しながら行くのがまた楽しい。

広い緑の庭園に大小さまざまな噴水が水を吹きあげ、水の音が快よい。「石の噴水」、「オルガン噴水」などがある。

出ようとしていたところ豪雨あり。雨やどりのため門のところで足留め食う。外国人団体客もあり、会話に話が咲く。といって私は英語等がしゃべれないので十分に仲間入りするわけにはいかなかったが。

18時10分のバスに乗って、19時10分やっとホテルにたどり着く。雨具の用意をしておかなかったのが失敗であった。

夕食はホテルで肉料理を一同でとる。

第16日目　10月4日（日）

ホテルを9時にバスで発って、まずホテル南前にあるボルゲーゼ公園Vilia Borgheseのなかにあるボルゲーゼ美術館に入る。ヴァチカン美術館につぐコレクションを誇るとのことである。ボルケーゼ公の屋敷を美術館として解放したとのこと。「ビーナス像」などの名作がところ狭しと展示されているナポレオンの妹をモデルにした美しい像である。

エウル（EUR）

ローマ南方18kmの新都市エウルへ向う。ムッソリーニ政権が万博を開こうと考えて建設したそうで、ローマ万国博Esposizione Universal edi Romaの略がE・U・Rである。道路は広く、中央には人工湖があり、高いビルも多く、ローマ中心部の歴史と伝統を見てきた目には、エウルはもう一つのイタリアである。

スポーツパレスPalazzo dello Sports、文明館Palazzo del Civilta、各省の建物をみて廻る。聖ペテロ・パウロ教会PP.TTもある。

昼食でもとれないかと、パノラマ・レストランのイル・フンゴへ登るが、昼はやってないとのこと。しかし、ここから視いた大遠望は素晴しかった。

帰りのバスのなかで、第三の新ローマ建設のこと（昭和63、10、15新聞に報道あり）を質問してみる。ローマ東方の飛行場跡地を中心（その東北部を含む）に計画しているSDO（システム・ディオレオナーレ・オリエンタル）があるが手がつかないままとのことである。建設計画は世界に向けて公募したとのことで

あった（1990年）。

ヴァティカン市国

バスはローマ中心部に戻り、サンタンジュロ城の前のテベレ川サンタンジェロ橋をわたり、ヴァティカン市国へ入り、サン・ピエトロ広場の手前でバスを降りる。

カフェテリア（客が好きな料理を食卓に運んで食べるシステム）方式のレストランで昼食をとる。イタリアではこの方式は珍しいが、好きなものがとれて、この方式もたまにはいいと思う。

前回（昭和63年）に来たときは、雨が降っており、早朝で、しかも短時間では見る間がなかったが、今回は快晴で昼間で時間もあるということで、楕円形（二定点からの距離の和が一定の点の軌跡）の広場の一定点の大理石の敷石の上に立って、サンピエトロ寺院の回廊柱を眺めると4本の柱が1本に見えることの実際もしてみる。

サン・ピエトロ寺院の上へ昇ることができるというので行ってみるが日曜日のせいか、長蛇の列で2時間はかかるということで昇ることは諦める。

ローマの墓地

ローマの墓地を見に行きたい私は、皆と別れて単独行をすることとするが、テルミナ駅まで道本、内藤さんも一緒に行くこととなり、ヴァチカンから最も近い地下鉄の駅オッタヴィアーノ（A線の西の終点駅）まで街のなかを北へ向って歩く。同駅から乗車。もう地下鉄の利用は昨日の経験で慣れている。テルミナ駅で二人と別れる。本当の単独行は、ローマでは始めてなので、少しこわいような気がするが、あと戻りできない。

墓地Climiteroに最寄り駅と思われたカストロ・プレトリオCastro Pretorio駅で下車する。

しかし、どこで間違ったのか出口へ出られずウロウロする。駅員二人が走ってきて、何かをいうがさっぱりわからぬ。どこへ行くかを聞いているようなので、地図（ローマの案内図）の右、東端にのっているClimiteroを指示するとあっちへ行けというように手を指してくれたので、そちらのほうへ行く。

地図を片手に墓地へ向う。ローマ大学の横を通る。その東向いに墓地がある。地図上随分と広い。ヴァティカン市国（0.44平方キロ・日比谷公園の3倍の広さしかない世界最小の独立国）の倍ぐらいだから1平方キロぐらいであろうか。

方園の敷地をとって小さい墓家風の墳墓も多いが墓園西側の新しそうなところには、壁に4～5段に区分けした額縁風のものが多く見受けられる。墓園が一杯になってきたせいであろうか。しかし、墓園内の道は余裕があり、落着いており、それぞれの墓には花が飾ってある。石面に写真を刷り込んだ墓も目につく。一つ

の墓に、夫婦・子供がその関係がわかるように刷り込まれているのも少くない。「Fmiglia（Familyi）」（家族、一族）のものもあるが、個人が墓石面に出ているような感じがして、親しみやすい。幼児のものは悲しげに見える。外周は紅色の高い塀が張りめぐらされていてここは市中でありながら別世界のようである。（かつては市の端であったかもしれないが）。

墓地から出てタクシーに乗ろうか、路線電車にするか、バスにするか、また地下鉄にしようかと迷うが、テルミナ駅までそれほど遠くないようなので歩くこととする。テイブルティナ通りVia Tiburtinaを歩いたことになる。サン・ロレンツオ門を通る。城壁の厚さ7～8mの頑丈さを見る。ローマも城郭都市であったことを知る。テルミナ駅のいわば駅裏通りで人相の悪そうな若者が寄ってきて何か要求してきたが、無視して歩き続けるが、一人歩きはこういうときは怖い。

テルミナ駅前のバスターミナルへ出て、ローマ東南のカタコンベCatacombe（初期キリスト教徒の地下墓地）へ行こうという予定に従ってガイドに教えてもらったNo.118のバス乗り場を探すが見当らない。後で「地球の歩き方・イタリア」64頁によるとコロッセオから出ているのであった。

少し疲れたし、こわい目に会いそうでもあったからカタコンベ行きは諦めて、前回のとき行きそびれたスペイン広場へ行くこととし、地下鉄に乗りスパーニャSpagna駅で降りる。ここはヴァチカンから乗ったときに通ったところだから駅はすぐわかった。降りてから人の流れに身をまかせていたらスペイン広場に出た。

スペイン広場

幅の広い通称スペイン階段とその上にトリニタ・ディ・モンティ教会の二本塔の壮大な建物がある。映画「ローマの休日」でオードリー・ヘップバーンとグレゴリー・ペックがこの階段でも共演した有名な、あこがれの場所である。大勢の人が階段に腰掛けてローマを楽しんでいる。

城壁内のローマの旧市街は、ほぼ4km四方の中に収まっているとの案内文があり、ここからホテルまで地図上2km位と思われたので、ボルゲーゼ公園の脇を通って歩いて帰ることとした。途中、長尾さんとバッタリ出会い一緒になって帰る。途次、前回宿泊したレジーナ・カールトンホテルの横を通り、ピンチアーナ門をくぐって帰る。今度のホテルは城壁内ではなくその外にあったわけである。あちらこちらに城壁や遺跡があるのでローマでは自動車道、地下鉄を造るのに苦労しているとのガイドの話をいま頃思い出す。このあたりでは自動車は一部半地下を走らせているようであった。

夕食は、今夜はこの視察旅行の最後のそれとなるので、ホテルでの夕食をやめて、賑やかなヴェスト通りのほうへ行く。結局レストラン・キオバタニイというところで前菜スパゲティ、鳥、サラダと簡素な晩餐をする。

食後、少し歩いて再度スペイン広場へ行き、ハスラーホテル、コンドッティ通りなどを散策してローマの夜を味う。午後8時50分帰着。

第17日目　10月5日（月）

ホテルを午前8時30分に出発し、ローマ西方のフィウミチーノFlumicino国際空港（レオナルド・ダ・ヴィンチ空港ともいうが地図などは上記名称が多い）へ向う。途中、昨日見学したEURの高い建物を左手に見る。

11時25分（実際は55分）の英国航空に乗ってロンドン空港へ着き、ここで3時間余も待たされて（この連絡の悪いこと）、14時ロンドンを発ち全日空で成田へ向う。

第18日目　10月6日（火）

13時15分成田着。それから小牧行き18時55分までのJALまで5時間待ち。うんざりであるが、道本さんという話相手がいただけ、助かる。

午後10時少し前にやっと家に帰りつく。

あとがき

「まず、旅があり、そのあとに旅の話がある。しかし、旅の経験をきめるのは、じつは旅そのものでなくて、旅のあとの旅の話だ。それは、旅のあと、旅の経験へむかって、もう一度旅をするということだ」と鶴見俊輔・長田弘『旅の話』晶文社刊のなかで長田弘が述べている。ここで「旅のあとの旅の話」を私は「旅行記を書くこと」と理解したい。やっとこの旅行記を書き了えて、旅を終ったこととなる。書きながら「もう一度旅をした」ような気持ちである。

シエナ大学のバルプッチ教授が来日されるとのこと、参加者が寄って「旅の話」ができるかもしれない。楽しみである。

（以上　街路樹21号　平成5年6月）

第2部 ヨーロッパ

11　欧州土地区画整理・都市開発事情視察団に参加して

1999(平成11)年7月10日～23日(14日間)

　社団法人日本土地区画整理協会が毎年主催する区画整理を中心とする海外視察調査に、土地区画整理法の法律問題の相談、処理を弁護士業務の主要業務となった私は、一度は参加したいと、かねがね考えていたところ、平成11年度欧州土地区画整理都市開発事業視察の日程平成11年7月10日から同月23日までの14日間がちょうどよく（他の重要な予定と衝突せず）、また、視察調査先がローマ→フライブルグ→カールスルーエ→バーデンバーデン→ハイデルベルグ→フランクフルト→ロンドン→パリ→オルレアンと既に行ったところもあるが再度行ってよく、前から訪問したいところもあったので、思い切って参加することにした。

　参加者は次のとおりで市職員3名、コンサル11名、資材、工事関係2名、弁護士1名、主催団体2名、添乗員1名の合計20名であった。〔　〕は役割分担である。

　近藤　保則　名古屋市役所〔団長〕
　青木　勝　足利市役所〔副団長〕
　長谷川秀憲　北九州市役所
　天野　澄夫　昭和㈱・東京〔副団長〕
　香野　國光　昭和㈱・東京
　山内　英彦　㈱福岡土地区画整理協会・東京
　松本　文典　㈱福岡土地区画整理協会・福岡
　荒川　隆一　画地測量設計㈱
　石島　孝　日本技術開発㈱
　工藤征一郎　㈶宮城県都市整備センター
　白井　重市　㈱都市農地活用支援センター（住都公団から出向）
　吉川　雅治　㈱立研コンサルタント
　吉囲　庄太　㈱エイトコンサルタント
　渡部　修　㈱双葉
　川合　智　丸栄コンクリート工業㈱
　古賀　偉郎　熊本ニチレキ㈱
　大場　民男　弁護士〔顧問〕
　占部　智雄　㈳日本土地区画整理協会（住都公団から出向）〔総括幹事〕
　天野　昭　㈳日本土地区画整理協会（龍ケ崎市役所から出向）〔幹事〕
　福庭　盛豪　近畿日本ツーリスト㈱〔添乗員〕

11 欧州土地区画整理・都市開発事情視察団に参加して

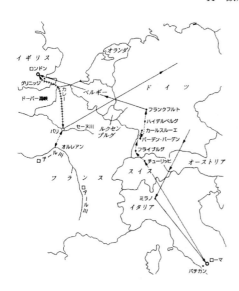

第1日目　7月10日（土）

名古屋勢は近藤、川合氏と私であるが、私が名古屋空港の受付業務の始まる7時より前に空港に到着したせいか、出会わずに搭乗手続をし、午前9時00分国際線のJL054便は定刻通り飛び立つ。

成田空港で飛行機を降りたところで近藤氏と出会うことができ二人で国内区間搭乗票を成田空港の入国審査官、税関職員に1片づつ渡して外国からの帰国者が通過するルートを通って、調査団の特別待合室にたどりつき結団式に臨み、参加者一同がそれぞれ自己紹介をした。

川合氏だけがあらわれなかった。あとでわかったことだが、同氏は名古屋空港からの他の国際線への乗継ぎ客の流れについていってしまったのである。従って出国手続を経ず（旅券に出国のスタンプなくして）出国したのである。[1]

> [1] そのため各国での入国審査で旅券を見るときに川合氏のところへ来ると時間がかかるので後続の団員が不思議がって同氏のパスポートを見たところ、このことがわかったのである。出国手続をしていないので帰国したときに入国手続ができないぞと旅行中、冷かされていたが、国内区間搭乗票を見せたら簡単に帰国できたとのことである。こんなことは書くほどのことではないが、名古屋空港―成田空港間の国際線連絡連便を利用することが多い愛知県民としては、自戒を込めて付記した次第である。

12時00分定刻通りローマ行JL419便は成田を飛び立つ。途中ミラノのマルペンサ空港に寄って（ここまで11時間30分）一部の乗客を降ろし、20時00分ローマのフイウミチノ空港へ着く。宿泊予定のブランドホテル・ビバリーヒルズ（ローマ市北東）へは21時20分にバスで到着する。遅い時間であり、長時間の飛行であったため疲れているであろうということで、夕食はホテルのルームサービスとなる。

第2日目　7月11日（日）
ローマ

午前9時専用バスでローマ市内古代都市整備状況視察ということで出掛ける。トレビの泉、コロッセウムで降り、カラカラ浴場等はバスのなかから見物である。これらについて観光記を書くのは、われわれが普通に入手する観光案内書には詳しく書かれており、私も前に2回来

て、その折りの旅行記を書いていて、また今回も書くのは気がすすまないし、歴史の保存を図る趣旨だとしても、うらぶれた廃壇のままにしてあるのはどうしてだろうと疑問を感じていたところ、イタリアにおける文芸評論家・美術史家として知られているとのことであるマリオ・プラーツが母郷を描いた『ローマ百景観—建築と美術と文学と』が発刊された(平成11.8.22毎日新聞「本と出会う」欄)の樺山紘一氏の紹介によると、同書には「観光客にとってのターゲットであるコロッセウム、パンテオンも、またカラカラ浴場もトレビの泉も、ほとんど登場しない」とのことである。同氏は「じつは、信じがたいことかもしれないが、都市ローマでは、いまでも遺跡のぞんざいな扱いが、目をひく。」と断じ、同書の「破壊され尽くした遺産をほぼ完璧に復元しようとするドイツ人の細心の配慮と、芸術的遺産に対するわれわれイタリア人の驚くべき無頓着」という文章を引用している。

ぼんやり感じていたことを指摘されたようで嬉しい。そこで、同書に倣って旧市内のポピュラーな遺跡の見聞記は省略することとする。

エウル

ローマ南方3kmの、ローマとは行政区を別にする都市である。ローマの下水蓋は「S. P. O. R」とあるが、ここのものは「E FONDERIAOMANA」とある。ムッソリーニ政府が万博を開こうと考えて建設したためローマ万国博"Esposizione Universal odi Roma"の略である。地下鉄も延伸され発展しつつある。四角いコロッセオの異名をとる労働文明宮、人工湖のほとりでバスを降りて写真をとり、その他はざっと見て廻る。一度来ている者にとっては、このほうがありがたい。

カタコンベ

エウルの帰りは、カタコンベに寄ってほしいと希望を出しておいた。帰りのバスのなかで、カタコンベ又はスペイン広場のどちらかで賛否をとったところ、カタコンベ9、スペイン広場1、その他はどちらでもよいとのことになり、カタコンベにバスを着けた。

カタコンベとは、地下墓所という意味でキリスト教迫害時代に隠れて集会や礼拝をするのに使われていた所のことである。たくさんあるが、エウルから近いドミティッラDOMITILLAのカタコンベに入る。地下道が縦横に、階段もあって層を重ねてある。案内板の図面をみると地下の都市、地下の都市計画とも言っていいものである。19世紀になって偶然発見されたものとのことである。

案内人山田氏と添乗員は、カタコンベは地下墓地であるので、そこへ行くのに賛成の人は発案者の大場さん以外にはいないだろうと予想して賛否を問うたとの

こと、賛成者が多くこの団体の参加者の程度は高いですねと感心していた。お世辞であろうが。

山田氏の案内内容のよさも手伝って、また、観光客は多いのに日本人観光客もここだけは見当らないこともあってか、団員には見甲斐があったと好評であった。

ヴァチカンへ向かう。JALの「Roma地図」はその途中に「旧」最高裁判所とあるが、旧でなく現在のイタリアの最高裁判所とのことである。立派な建物である。

サンピエトロ寺院

この線がイタリア（ローマ）とヴァチカン市国との国境であると指示のある細い溝の上の鉄板をまたいでヴァチカン市国に入り、サンピエトロ寺院広場で説明を受け中に入る。ミケランジェロのピエヌ像を見始めに、ゆうに1時間以上かかる、日曜でミサもあったので余計にそうである。

快晴であるので寺院のドームの頂上まで上がることを発意する。近藤、石島氏が賛同してくれた。幸いにして今日は上がる人の列がない。前回来たときは2～3時間待ちと言われてあきらめたことがある。途中のテラスまではエレベーターがあるが、すべて徒歩で登ることにした。地上120m、537段で、螺旋階段である。相当にきつい。登り切る。

360度見渡せる絶景である。テヴェレ川の流れもゆったり見える。眺望は苦労して登っただけ以上のものがあった。

帰りは地下鉄のオッタヴィアーノ駅からスペイン広場駅まで乗り（前回はなかったのに、今回は日本と同じように、改札が入りも出口もつくられてしまい、切符が回収されてしまった。ジプシーなど無賃乗車の防止策であろうが、記念品が手元に残らないのは残念である。）、コンドッチイ通り、コルン通りを見物したあと、ホテルまで帰るが、途中で遠回りしたようなので、タクシーを拾って集合時間午後7時30分に間に合うように帰る。

オプショナルツアーのカンツォーネ・ディナーに大多数の人は行くが、行った事のある古賀、天野昭と私は参加せず、添乗員氏の案内してくれた中華料理店へ行く。

第3日目　7月12日（月）

オプショナルツアーでナポリ、ポンペイ古代都市計画視察が催されたが、自分だけ、前に行ったし、2回も行きたいほどのところではないし、発刊が迫られている『新版縦横土地計画整理法・下巻』（一般社）の校正をする必要があり、不参加。皆が帰るまでホテルの部屋にこもる。こんなに能率が上がるとは思わなかった。来客もなく、電話もなく、他に起案する仕事もなく、校正だけに打ち込めばよいのだから。作家などがホテルに

籠って書くと報道されることがあるが、少しはわかったような気がした。といってもこんな贅沢は日本では許されないであろうが。贅沢といえば今度の旅行は全部一人部屋である。

第4日目　7月13日（火）

早朝6時50分にホテルを出発し、予定9時40分の1時間遅れでローマ空港を発ち、午前11時15分予定が12時15分チューリッヒ空港着。専用バスでフライブルクへ向かう。途中バーゼルでスイスからドイツにはいる。イタリアリラと日本円をマルクに両替する。1万円が157.34DMであったので、1円は64マルクである。90マルクのときより円は値打ちになったものである。

ドイツ
フライブルグ

フライブルグはドイツ西南端の都会である。チューリッヒ空港からの専用バスでバーゼルを通ってスイスからドイツに入り、午後4時頃フライブルグに到着するが晴れてもいるが明るい。火曜日だというのに若い人、幼児など人出の多いのに驚く。

近隣16町村を含め60万人の地域と資料にはあるが案内書にフライブルク市自体の人口に触れたものは見当らない小都市である。にもかかわらず立派な路面電車がひっきりなしに走っている。自動車は見当らない。79年に市中心部全体を歩行者優先道路とし、路面電車とバス以外の乗り物を閉め出したとのことである。「エコロジー都市」と言われる由縁であろう。早速歩いてみることとする。まず地図を買う。大聖堂広場では、家並み、東の小高い緑のシュロスベルクを背景にすると絵になる写真がとれる。路面電車第1系統に乗ってみる。乗場に乗車券の自動販売機があるので買う。3.30マルク（220円位）である。立派な券である。ドイツでは券は回収されないので記念として残り、アルバム帳に納まるのが嬉しい。16時46分の刻印（車内で乗って自分で押す）がある。3区間（停留所）位行って下車し歩いて戻る。城門だったマルテイン塔（柱が茶と壁が白の美しいもの）、大聖堂など見あきない。

アルプスを超えてドイツに入ると心なしかホッとするのは、アルプス以北の中・西部ヨーロッパのゲルマン文化圏は、「木の文化」で「石の文化」ではないとのことである（山内健生『ドイツ通信21、木組みの家』自治実務セミナー36巻11号72頁）。教会、市庁舎、泉は石造りであるがそのほかの建物は木組みの家であることが多く、4〜5階建ての重厚な中・高層建築も木組みとのことである。

カールスルーエ

フライブルグからバスで北上の途次、

高速道路Ａ５号線の渋滞があり、他の道路の走行を試みるが失敗し、カールスルーエ市内のホテル（ルネッサンス）への到着は13日午後８時と遅くなる。といって暗いわけではなく、路面電車の低床、立派なものが走っているのが、まず目につく。

早速、カールスルーエの市庁舎Rathaus(4)横のレストラン（Kaiserとかの店名であった）に入り夕食となる。はじめての魚と野菜であった。ペロッといけた。

(4) なかなか立派な建物である。社会福祉関係の市の部局は何の変哲もない建物に入っているとのことである。木佐茂男：ドイツを歩いて考える。豊かさを生む地方自治（日本評論社）14頁。

第５日目　７月14日（水）

カールスルーエは人口30万人（吾郷慶一『ライン河紀行』岩波新書78頁。本によっては27万人）である。1715年にこの地方の支配者がバルタガル・ノイマンの設計で「人工都市」を作ろうとしたのが始まりで、王宮（カールスルーエ館―シユロス・城というほどではない平地に建てられている）を中心にして放射線状に22本の大通りが造られており、その先は碁盤の目のような道路が整然と縦横に走っている（同書同頁）。予め買ってあった地図が当然とは言え、一見それとわかる特徴的なものである。

私のような法律家にとっては、ドイツの連邦憲法裁判所Bundesverfassungsgerichtがあるところとして知られていて、一度は来てみたい都市であった。

９時ホテルをバスで出発し、10分とかからず王宮に着く。現在はバーデン州立博物館になっているとのこと、なかへは入らず。王宮（城館）の広大な敷地のなかに連邦憲法裁判所があった。外観だけを見る。イタリアの最高裁判所や、後で見聞する裁判所の建物のように石造り風の荘厳なものでなく、コンクリートとガラスの簡素なものであった。ここは「ガラスの宮殿」であり、外からでも内部の人の動きがわかるとのことである（木佐茂雄『西ドイツ司法改革に学ぶ』人間の尊厳と司法権55頁）。そこまでは近付いて見なかったが、「News」と車体の横に書かれた放送車が停車していた。"憲法かけ込み寺"の観を呈している（吾郷書80頁）のかもしれない。

少し歩いたらBundesgerichthofという、これも余り目立たない建物があった。ドイツ連邦の通常事件（労働、特許、財政などを除いた）の最高裁判所であった。首都がベルリンに移ることになっても、これらの裁判所は移動しない。ドイツの地方重視政策がここでも徹底していると言える。

石島氏の希望もあって、運河沿いのゴミ処分場の視察にバスで出向く。ドイツ

では、これまで環境への配慮からゴミの焼却処分を行ってこなかった。そのせいか、処分場には30～40m高の山がある。ゴミ自体は見えないように土とか芝生の養生がしてあるが、ゴミの集積とのことである。そのゴミの山の上に風力発電の大きい風車が回転している。日本でも青山高原で見られるものに似ている。

午後はビオトープ整備地区の視察に赴く。ビオトープとは、生物を意味する「Bio」と場所を意味する「Tope」から合成した言葉である。

カールスルーエ市の中心市街地の少し南をアルプ川と上下4車線のバイパス道路が並行して東西に走って（流れて）いる。そのためバイエルトハイムBeierheim地区とブーラッハBulach地区の2つの住宅街を分断することになった。道路により分断され、離れ離れになった両地区をつなげるため、道路の上に緑地帯を作り、トンネル構造にしてあるのである。トンネル構造部分は600mで、その前後というか左右も緑地帯にし、生物の生息環境を図っていた。

一見それとわからぬぐらい自然に造成してあり、この場所へたどりつくのに苦労したが、予め貰ってあった詳細な地図が役立った。

夕食はホテルでとり料理を一同でとる。

食事後、石島、香野、吉田氏と路面電車を5～6区乗って、歩いて帰る。昼間通ったところを通るほか、他の道も通る。横断地下道、歩道橋も自転車道を設置しているので、広幅でゆるやかなスロープになっている。日本のそれらよりは、はるかに立派である。

ビールを飲んでいる人で賑やかなオープンビアホールがあちらこちらで見られ、夜遅くでも賑やかである。

第6日目　7月15日（水）

ホテル出発前の時間を利用して、カールスルーエの国鉄中央駅へ石島氏と行くこととなり歩く。途中、動物園を兼ねた市立公園を横切る。よく手入れが行き届いた綺麗な公園である。駅のなかに入る。なかなか大した駅である。慌ててホテルへ戻って、出発バスに乗りこむ。ハイデルベルグへ向う。

（以上　街路樹46号　平成11年9月）

第6日目　7月15日（水）
ハイデルベルグ

乗り込んだ貸切りバスは、9時にカールスルーエのホテルを出発し、9時50分にハイデルベルグに着く。カールスルーエから北に50km弱である。私としては2回目の訪問である。早速、山の中腹からネッカー川を見下ろす有名なハイデルベルグ城に向かう。この城は遠めには美しいが、1688年と1693年のフランス軍の襲撃で徹底的に破壊され、現在も大半は

11　欧州土地区画整理・都市開発事情視察団に参加して

復旧の手が加えられないまま、当時の惨状が残っている（加藤雅彦『ライン河』岩波新書：40頁）。

　城門を出て右（西）へ戻れば街であるが、山内、古川氏と左（東）へ歩きSchloss-garten（城の庭）を散策する。芝生等が植えられていて、ここは手が加えられていて美しい。

　前回行きそびれた「哲学者の道」へ石島氏と行ってみることとする。ネッカー川にかかるAlte Brvcke（古橋）を渡り、坂道を登る。相当に険しい。15分程で登り切ると、哲学者の道が東西にゆるやかに続いている。こちらから見る城も、街並み、茶色の屋根、青色のネッカー川、それにかかる橋、実に美しい。

　マルクト広場へ戻り、皆と合流し、フランス軍の襲撃から奇跡的に免れ現在も残っているRitter（騎士の家）がレストランになっているので、そこでソーセージ料理による昼食をとる。

　その後、ハイデルベルグ大学のかっての学生寮（案内書によるとStudenten Karzerとあるが、入場券Eintrittskarteによるとbesichtigung des Karzersと印刷されている。Preis DM 1.50）に入る。壁から天井、さらには床まで自画像やさまざまな大落書きが残されている。

　ネッカー川河畔に入り橋脚にきざまれた氾濫した年の水位の印を見る。

　午後3時ハイデルベルグを出発する。フランクフルトへ向かう。

　16時にフランクフルトでの宿泊予定のマリオットホテルに着く。中央駅近くである。フランクフルトには1983年と1988年に来ているが、1983年のときはフランクフルトで医師大会があるとのことでホテルがとれず、30キロほど西のヴィースハーデン（実はここがヘッセン州の州都であった。てっきり大都会のフランクフルトが州都だと思っていたが）に宿泊し、1988年のときはマイン川より南にあるアラベラホテル・フランクフルトであった。そのため、一人歩きのフランクフルトの街中の行動は難しかったが、こんどは中央駅に近いので、早速、中央駅のほうへ歩くこととする。見本市会場、連邦鉄道Bundesbahn管理局、警視庁Pol. Präsidiumと地図上記載されているが、中に入るわけではないのでピンとこない。

　中央駅前まで来るが人通りが少ない。

　夕食はザクセンハウゼンというマイン川南側にあるリンゴ酒の里として有名、と説明された町のリンゴ酒酒場（軒を連ねている）の一軒に入り、ドイツ料理を食する。

　往きは16番系統の電車に行ったが、帰りは歩いて帰ることとする。結果的には1時間余りかかり、ホテルに着いたときには古賀、天野昭、吉田、石島氏と自分の5人になってしまった。途中、市電Strassen-Bahn略して⑤、地下鉄U-Bahn

95

略してⓊの駅をみたり、街なみ、車の駐車状況を観察したりして帰る。

第7日目　7月16日（金）
フランクフルト市役所

フランクフルト市役所Rathausの都市計画局は、本（旧）庁舎とは同じブラウバッハ通りではあるが、別館にあるので、そこを訪問する。そのロビー（2階）に実物500分の1（と聞いたが、5,000分の1かもしれない）の立体模型があり、それに基いてフランクフルト市の概要と都市計画等を聞く。一番高いビルはコメルト銀行の300m、次はメッセセンターの250mとのことであった。日本センターは155mで、日本の建築家が設計したとのことである。

会議室に移り、土地整理[1]Bodenordnung部長のエッケルMüller-Jökel氏から都市計画と土地区画整理等についての話を聞く。

[1] 本視察団の欧州土地区画整理並びに都市開発事情視察報告書43頁には、区画整理部長とされているが、ドイツの建設法典BauGBの第4章Bodenordnung土地整理のなかに、第1節Umlegung区画整理と第2節Grenzreg.lung境界整狸としており、同氏からいただいた名刺にはLeiter der Abt. Bodenordnungとあったので、土地整理部長と称することとした。

ヘッデルハイム・リードワイスHeddern heim-Riedwiese地区の資料7枚を買い、同地区を視察した。87haあり、大規模の工事と新しい家々が建築されているのを見て、区画整理だと実感した。

旧庁舎へ案内され、歴代市長の大きな肖像画が展示されている部屋へ入る。これがアディケス市長です、と説明されたときには感動した。「1902年プロイセンのフランクフルト・アム・マイン市（市長アディケス）で土地区画整理に関する法律（いわゆるアディケス法）が制定された。」と拙著の旧版の『縦横土地区画整理法』18頁に書いたことがあるからである。制定から97年、土地区画整理は伝統と今までも活用されるべきものであることを、この地にきて感無量ともいうべき心境になった。なお、アム・マインと付けるのは、フランクフルトという地名がドイツにはもう一ヵ所ある（それがどこかは聞きそこねたし、地図等で探したがわからない）ため、そこと区別するためam Main（マイン河畔）としているとのことである。

石島、工藤、天野、古部氏と私を除いた一同は、ライン河下りのオプショナルツアーに出かける。5人は市役所近くのBindingという小さなレストランでゆっくり昼食をとる。

私はBau GB（建設法典）が改正されたということを担当官から聞いたので、教えてもらった書店へ買いに行く。言葉が通じないのでBau GBと書いたメモを出したら、本のあるところへ案内してく

れた。ついでにVw Go（Verwaltungs gericht ordnung行政裁判所法）が日弁連調査で必要なので買う。前者が377頁で10.9ドイツマルク、後者が252頁で9.90ドイツマルクであった。65円換算すると600円台で安いものである。

少し東へ行くと裁判所と地図にあるので、石島、工藤氏についてきてもらって赴く。石づくり茶色のゴシック風の堂々たる裁判所であった。

夕食は全員で日本センタービル1階の日本料理店〝宴〟で日本食をとる。日本を出てから初めての日本食のせいもあっておいしかった。

第8日目　7月17日（土）

フランクフルト空港を12時50分に発ってロンドンへ向かう。時差の関係で1時間戻す。

イギリス・ロンドン

1時間半でロンドン・ヒュースロー空港に着く。入国手続きのあと、高速道路を走って14時、ロンドンのど真中ピカデリーサーカスへ着く。そのすぐ近くでイギリス名物といわれるフライフィッシュ＆チップスを一同で食す。

トラファルガースクェア、ナショナルギャラリーあたりを歩く。昭和58年5月と昭和63年7月に来ているので懐しい。

18時に中心地から西寄りのコプソーン・クラ・ホテルへ着く。まだ十分明るいので、ホテル南方のプロンプトン墓地を石島氏と見分してくることとする。途中の街並みをみたり、地下鉄の駅に入ったりする。

20時からホテルと同じ界隈であるケンジントンの中華料理店〝梨園Lee Garden〟で夕食を全員揃ってとる。おいしかった。

第9日目　7月18日（日）

9時にホテルを出発し、ドックランドとバービカン・センターの視察に出かける。西から中心地を通過して東へ行く（地図参照）のであるが、日曜日のせいで車の渋滞もなくスムーズに進む。途中、セントポール寺院に寄る。

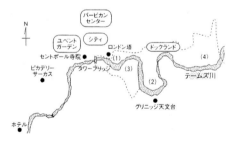

ドックランド

DockはDuckでもDogでもよいとのことである。2200haを(1)　ワッピング地区：倉庫再利用等、(2)　アイル・オブ・ドックス地区：国際金融センター等、(3)　サリー・ドック地区：住商複合型再開発、(4)　ロイヤル・ドック地区：シティ空港

等、と分けて再開発をしている。

1978年制定のインナーシティ再開発法に基いた再開発計画が作成され（川瀬光一、望月照彦『現代西洋都市見聞録―旅する貴族／高品位社会の思想』1992年ぎょうせい刊の19頁）、1981年にロンドン・ドックランド開発公社（LDDC）が設立されて実施されている。前回視察の1988年にはまだまだ荒地という所が多かったが、今、眼前にするところは立派な建物等ができている姿である。

開発公社は10年の時限であったため、現在は4地区の行政体に移譲されているとのことであった。そのせいか、前回は案内センターがあって、多くのパンフレットを貰ったが、今回は見当たらないようであるし、もはやそのような初期のPRは必要がないのであろう。

グリニッジ天文台が遠望できる小公園で小休止をとり、ミレニアム（千年紀）を控えた関連プロジェクトのドームや空港（ロンドン・シティ・エアポート）等を見て廻る。

見学後、途中でロンドン塔、タワーブリッジの辺りで小休憩する。こちらは日曜日のせいで人だかりで一杯である。ロンドン塔のなかは、1983年5月に来たときにしっかり見物しているので、心残りはない。

昼食は、ピカデリーサーカス近くのインド料理店マハラヤ・タンドーリでカレーをとる。

バービカン地区

この地区の中核的な施設である「バービカンセンター」は高層の巨大建物で、劇場・映画館・図書館・アートギャラリー等が入っている。ロンドン市の芸術・文化の中心的役割を果たしているとのことである。当地区内には施設周辺に住宅も建築されて、人気があるとのことであった。

第二次世界大戦におけるドイツの爆撃により25haの区域が荒廃した所を「都市及び田園計画法」に基づき、再開発されたとのことであった。

コペント・ガーデン

バービカン地区がとりすましている地区とすれば（私にはそう感じられた）、この地区は庶民的な賑やかな地区と思われた。

農産物市場のあった約36haを市場移転に伴い、跡地とその周辺を含む都心部の機能再生と住民の定着化を目的として再開発されたのである。

中心的施設であるコペント・ガーデン・マーケットは、旧中央市場の建物を修復してショッピングセンターとして生まれ変わらせているところが、コンクリートの巨大建物を造るのに較べると、親しみと人気を集めている由縁のように思われた。

視察を終え、午後3時30分には現地解

散となった。さすがに歩き廻る元気もなく、数人の人とピカデリーサーカスからバスに乗ってホテルへ戻り仮眠する。

夕食は、ホテルで英国名物のローストビーフとする。

第10日目　7月19日（月）
ゴルフ

多くの人は、ウインザー城見学のオプショナルツアーに出かけた。

石島、天野澄夫、天野昭、川合、吉川氏と私の6人はゴルフに行くこととする。前の3人東京勢は、日本出発前からその予定であったが、後の3人地方勢は日本を出てから知らされた。ゴルフ発祥の地でゴルフをやらぬ手はないと喜んで参加した。用意は何もしてきていないが、貸クラブはあるということであった。

午前7時ちょうどと7時08分のスタートであるので、モーニングコールを5時ちょうどとし、ルームサービスによるパンとコーヒーを持参して、車のなかで朝食という慌ただしいものであった（午後2時にはピカデリーサーカスの三越前に集合して、パリへ出発しなくてはならないため）。

ゴルフ場は、SELDON PARK C. CでPrincipal Hotelに併設されているものであった。ロンドンの南方2～30kmのSandersted South Croydonという所である。早目に着く。ホテルの受付でロッカーキーを貰い、着替えて、スタートのGolf Shopに行くが誰もいない。10分前にやっと担当者1人が到着して、貸クラブ、クラブを乗せてひく台車（トロリー）を出してくれた。手袋はないので素手でやることとし、貸靴はないので履いていったままの靴（幸いにして歩行用のゴム底）でプレーする。芝の手入れはそれほどではないので抵抗感もなくなった。ヤード表示がないこと、ラフの深いことには往生してしまった。大たたきであった。

シャワーの施設も1人分しかないので、使わずに（もちろん風呂などはない）早々に待たせてあった車に乗って集合場所に向かう。

ちなみにグリーンフィーは8,000円位であった。キャディがいないのでキャディフィーはない。

ユーロスターに乗る

ロンドン・ワーテルロー Waterloo駅からユーロスター Eurostarに乗り込む。国境を超える国際列車だけであって、20分前までにはチェックインをしなければならない。

座り心地は新幹線と比べ、よくないように思えた。特に座る方向は固定（中央で半々で向きが違うが）で、進行方向に向きを転換できないのが残念であった。

ドーバー海峡：カレー海峡

しばらく進行してドーバー海峡（但し、

フランスで貰った地図にはPas de Calaisと、フランスの都市のカレーCalaisの名をとってカレー海峡とある）のトンネルに入る。

カレーからパリへ

トンネルを出た所がフランス領土のカレーである。ノンストップで19時23分にパリ北駅PARIS NORDへ到着する。夕食はサントノレ通りrue Saint-Honor'eのルンクロスL'ENCLOSで20時30分からとる（何を食べたか記憶も記録もない）。22時30分という遅い時刻にホテル・ニッコー・ド・パリに着く。

第11日目 7月20日（火）

7時30分にホテルを出て、パリ南方約130kmのオルレアン市へ向かう。「パリ市は世田谷区の1.5倍しかないから、すぐ郊外が始まる。30分も行くと、そろそろ田園の匂いどころか全くの麦畑というところもあって、その中に城館（シャトー）があったりする」（堀内誠一・パリからの旅=マガジンハウス刊：66頁）のとおりである。

オルレアン

10時少し前にオルレアン市役所に着く。高速道路で約2時間の所である。オルレアン市は穀倉地帯の中心都市であり、人口約11.5万人である。ジャンヌ・ダルク（1412年頃生まれ）が1429年に英軍から開放した町としで有名であり、ジャンヌ・ダルクの記念像はマルトロワ広場の騎馬像と旧市庁舎の玄関前にある祈りの像の2つがある（12月11日から名古屋でも公開される映画「ジャンヌ・ダルク」監督リュック・ベッソン、ジャンヌ役：ミラ・ジョボビッチの前評判は上々である。例えば、毎日新聞平成11年12月4日）。

オルレアン市にとっての商業上の大きな変化は、71年に郊外にはほとんど同時に三つの大規模店が北、南、西と街を取り囲むように開店し、中心商店街は大打撃を受けたことである（平成10年10月29日 日経新聞）。

今回の視察は、市と商工会議所とが一体となって中心部の活気を取り戻した例を見ることである。

午前10時から30分余り市役所の会議室で説明を受けた後、12時まで中心市街地の活性化計画の実施状況をつぶさに視察し、12時から15分ほど旧市役所において懇親会が催された。この詳細は、視察団の正式報告書66〜71頁に譲ることとする。

最後に、旧市役所前のジャンヌ・ダルクの祈りの記念像の前で記念撮影をして別れた。

多くの資料と懇切丁寧な説明とには頭が下がった。路面電車の敷設によるトランジェット・モール、南北核の充実など、目を見張るものがあった。

昼食は、同市内のレストラン〝ラル・

チャンジ″でフランス料理をおいしく楽しんだ。

再度パリ

15時50分ホテルへ戻る。

自由時間ということで、今夜のオプショナルツアーに参加しない古賀、山内氏をお誘いしてエッフェル塔Tour Eiffelに登ることとする。塔頂まで321m、今から110年前の1889年、万国博覧会のため造られた鉄骨造りの塔で、設計・建設者のギュスターブ・エッフェルにちなんで、この名が付けられている。

83年、87年と88年にパリへ来て、エッフェル塔のすぐ近くのニッコー・ド・パリホテルに宿泊しているのに登ることがなかった。今度、登ってみて実感したことは、まず搭乗券の購入で並び、第1展望台57mのエレベーター乗り換えで行列し、第2展望台115mで同じように待ち、第3展望台274mから下りるときも並ばなければならないということで、塔の昇降の時間が予測しがたい（団体予約等で手配しても搭乗券の購入時間が短縮されるだけである）ので、ツアーの添乗員などが積極的に勧めないことがわかった。

16時15分にホテルを出て15分位で塔の下に着く。夕方であるが、まだだいぶ並んでいたが、30分位で券を購入（60フラン）できた。行列に各国の人たちがいて面白いし、ジプシーがいろいろと売りにくる。警官がくると消えるというのも取締りが厳しいのであろう。

前述のような過程を経て274mの第3展望台に至る。とにかく素晴らしい。真下にセーヌ河が流れ、北をみれば凱旋門、少し右に目を転ずればモンマルトルの丘が、東南を見れば幾何学的模様の美しいシャン・ド・マルス公園、士官学校、モンパルナス・タワーが一直線であり、北西はセーヌ河をはさんでシャイヨ宮が近いのである。登ってよかったと実感する。ホテルへの帰り道、少々の事件に会うが、集合時間の19時30分ホテルに着く。

全員バスでホテルを出てオプショナル・ツアー先のリドで降り、3人と添乗員の福庭さんとでオペラ座近くの日本料理店〝口悦〟で夕食をとる。明晩の最後の晩餐会もここと決める。凱旋門の中に入ったりしてホテル帰着は22時50分。

第12日目　7月21日（水）

9時にホテルを出発する。30分後にルーヴル美術館Musee de Lonvreの地下駐車場に到着する。88年に来たときには、このような施設はなかった。地上の建物をそのままにしておいて、地下に大駐車場を造っているところがヨーロッパではときどき見聞するが、ここはその一大到達点のように思えた。案内の内川さんの解説は要点よく感心した。

昼食は、シャンゼリゼ通にあると思ったが、〝リオンL'eon〟というムール貝専

門店で山ほどのムール貝を腹に入れた。

ベルシー

ルーヴル宮は、東半分がルーヴル美術館、西半分が大蔵省（詳しくは経済・財政・予算省という）であったが、全館をルーヴル美術館とし、大蔵省を東部地区に移したのである。その東部地区がベルシー地区である。

午後は、この地区をざっと見て廻る。大蔵省の新庁舎はとてつもなく大きい。フランスが行政国家である一面を見たような気がする。

つづいてパリ西部に当るデファンスに向かう。

ラ・デファンス

パリの再開発（前に述べたパリ東部地区の大蔵省新庁舎、ベルシー地区と他に6ヵ所）で、最もスケールの大きいのが、このデファンス地区の再開発である（前掲加藤外・見聞録118頁）。

この地区の入口に14時に着いてバスを降りて廻る。新凱旋門といわれる「グラン・アルシュ」Gran de Archeは、見上げるばかりの高さで110m、白大理石とガラスで出来たアーチでもあり、オフィスである。その前には大広場が広がり、高層ビルが建ち並んでいる。

視察を終えて16時15分ホテルへ帰着。19時から前述の〝口悦〟でお別れ晩餐会。この頃には一同、深い絆ができた感じで語り合う。

第13日目　7月22日（木）

自由時間とはいえ、さすがに街巡りに出掛ける気力もなく、苦になっていた新版縦横土地区画整理法下巻の校正に取り組む。

昼食は、ホテル近くの小さなサンドウィッチ屋で焼いてもらって食べる。スチュワーデスの人も買っていくのをみて安心する。

19時シャルル・ド・ゴール空港をJAL406便で飛び立つ。

第14日目　7月23日（金）

13時30分成田空港に無事帰り着く。流れ解散。成田エクスプレス、新幹線で名古屋へ着く。

有意義な旅行であり、自由にさせてもらって、これまでのヨーロッパツアーで果たせなかったことまで出来たのは嬉しかった。区画整理そのものの視察成果はどうかと問われると、少し淋しかったと言わざるを得ないのが残念であるが、また、機会があれば、是非参加したいものである。

（以上　街路樹47号　平成11年12月）

12-1　ドイツ・フランス行政裁判所制度調査旅行・メルヘン街道紀行

1999(平成11)年8月25日～9月2日(9日間)

　平成11年8月25日から9月2日まで9日間、日本弁護士連合会のドイツ・フランス行政裁判所制度調査旅行に参加して、フランクフルト（乗り換え）→ハンブルグ→ブレーメン→「メルヘン街道」→ケルン→バーデン・バーデン→カールスルーエ→ストラスブルグ→チューリッヒと廻ってきた（9日コース）。12日コースの参加者はパリへ足を延ばした。

第1日目　8月25日（水）

　午前11時00分に成田空港に全員集合であったので私は自宅を6時30分に名タクで出掛け7時55分に名古屋空港着。同空港を9時00分にJL54にて出発した。

第2日目　8月26日（木）
リューネブルグ

　ハンブルグ行政裁判所への訪問は午後2時」となったので午前はハンブルグから東北へ55キロメートルのところにあるリューネブルクを観光することとし、バスで出掛ける。約1時間ほど乗って着いた。同市は10世紀のころから塩の生産地として栄えた町で、さまざまな時代の建物が共存し、"建物の博物館"と呼ばれる。
　ドイツの街は小さい都市ほど美しいと言われるが、ここもそうであり、徒歩で廻ることとした。
　まず、市庁舎前のマルクト広場をスタートしてイルメナウ川という小さい川に至り、水道塔、リューナ水車、古いクレーン、カウフハウスなど見て廻る。教会や広場を中心に軒を並べる昔ながらの家々。言われるとおりである。

　（注）　リューネブルク（英語ではリューベック）で2015年に先進7ヵ国（G7）外相会合が開かれた。

　ハンブルグへ戻るためのバスに乗る。

ハンブルグ

　リューネブルクから戻ったそのバスでアルスター湖の周遊道路を湖と湖の先に展開する美しい町の遠景を楽しむ。
　ハンブルグはアルスター湖の周辺に美しい町を形成している。そのアルスター湖に面する一流ホテルであるインスター・コンチネンタルに宿泊できたことは幸であった。
　アルスター湖は周辺は自転車道が完備している。
　昼食はアルスター湖畔の港ウーバーズ・ブリッケで多くの船を見ながら昼食をとる。

ハンブルグ行政裁判所を見学し、説明を受ける（その内容の1部は、12-2「土地整理・収用をめぐるドイツの裁判—独の行政裁判所を見聞して—」を本書に登載した。

つづいてフェーダーソン法律事務所を訪問する。大きな事務所である。1フロアー500坪ぐらいはあるところを全部使用している。ビルの4階にありアルスター湖がすぐ下に望める。弁護士数は名簿というか特意分野説明書によると38人もいる。事務所案内書も立派なものである。

ちょうどアルスター祭りで、夜店がズラリと並んでいて、売ったり聞かせたりしているので、散策してホテルへ帰る。ホテルで全員26人集り夕食会をする。

26名とは次の者である。

弁護士13名

山村恒年	大　阪	大場民男	名古屋
福島啓氏	名古屋	飛田正雄	高　松
湯川二郎	福　井	細川俊彦	富　山
松澤陽明	仙　台	高木貞一	奈　良
村松弘康	札　幌	奥宮京子	一　弁
折田泰宏	京　都	桐山　剛	大　阪
関哲夫	横　浜		

学者5名

村田哲夫		寺田友子
山田二郎		恩地紀代子
比山節男		

その他8名

大場欽子		山田真代
藤澤誠子		葛原由紀
村松久美子		村松康之
渡邊雅昭		竜田幸世

第3日目　8月27日（金）

ハンブルグの行政高等裁判所を見学する。昨日のハンブルグ行政裁判所と同じ建物であった。ナーゲルヴェッグ通りにある。行政裁判所の付近も区画整理による街づくりがされている様子が見受けられた。

11時40分にはブレーメン行のバスの発車予定があり、早々にそこを発つ。

ハンブルグ高等行政裁判所を出発したバスは、ドイツ自慢のアウトバーン1号線を通って12時半、ブレーメン市に着く。

ブレーメン

ブレーメンはグリム童話やCDで見たり聞いたりする「ブレーメンの音楽隊」で有名な町であり、ろば、犬、猫、おんどりの像が見受けられる。前から訪れたいところ、できれば孫を連れて行きたい街であった。

他方、ブレーメンは人口70万人もあるハンブルグに次ぐドイツ第二の貿易港でハンザ同盟以来栄え、1都市ながら（正確には、ヴェーザー川河口部にブレーマーハーベンという外港のあるところ）1つのブレーメン州を形作っているというドイツでは大都会であったのである。

ブレーメン州としての面積は約20haでドイツ最小の州である。

城濠の残っているアムウオール通りを進む。木々と芝生と水が美しい。バスを降りてベッチャ通りを歩く。コーヒー商人（ブレーメン港はヨーロッパで一番大きなコーヒー豆の輸入港でもある）ルートヴィヒ・ロゼリウスが、このあたりの旧家を買い取り、全く新しく造り変えたわずか100メートルほどの狭い通りであり、粋を凝らした家々が並び、そこでは陶芸品などが売られていた。この通りの入口には剣を持った女性の美しいレリーフが飾られている。

マルクト広場に出る。旧市街の中央に位置する広場で、この広場のまわりに、市庁舎、ドームがあるところをドイツではMarktplatzという。Marktは市場のことであるので、この広場で市が立っていたのであろう。ブレーメンのマルクト広場は石造りで、ハンザ同盟時代のゴシック様式のしっかりとした、しかも美しい市庁舎があり、二本の塔をもつ聖ペトリ教会が偉容を誇る。ブレーメンの象徴といわれるローランドの騎士像が剣と楯とを両手に持って大司教のいたドームに向かって立っている。ブレーメン市民の自由を主張している形だそうである。

市庁舎の横には、下から、ろば、犬、猫、鶏の順に重なり立つブレーメン音楽隊の青銅製（みんなが触れることができ

るので黒光りしている）があり、それを入れた記念写真をとろうとする人が多い。

ベンチャー通りには旧家を買い取り、全く新しく造り変え芸術の粋を凝らした家々が並ぶ。

マルクト広場から乗る路面電車は立派なもので、途中の車窓からの住宅は連棟である。車庫の柱は木で日本のようなシャッターはなく開放的でやわらかい。

ブレーメンで一番上等なパークホテルに宿泊する予定になっていたところ、ボクシング大会関係の客が入ったため予約オーバーで、郊外に近いランド・ガットホテルに行き、そこで宿泊する。お詫びのしるしとして部屋には果物セットがあり、夕食を提供されることになった。悪くない。

第4日目 8月28日（土）

終日、自由調査ということである。朝方、ホテルの周辺を散策する。区画整理の視察にきたとき資料提供されたり現地をみせてもらったドイツの典型的な住宅地の詳細計画（都市計画のBプラン）のとおりに緑地を多くとり、色の調和、建物の配列、駐車場にも配慮が行き届いているのを見て感心する。

団員の多くは中心地へ買物とか見物に出掛ける。自分はホテルにこもって書きものをしていたところ、福島啓氏さんから「昼食をとりに行きましょう」という

ことで出掛ける。路面電車を終点まで乗ってみる。郊外へ行くと、新しく建築をしているところが見られた。車庫が木製で造られているのが懐しかった。マルクト広場に戻り、歩く。

夕食はワインだけで600種以上も揃えているといわれる市庁舎の地下にあるレストランのラーツケラーに集合して食事をとる。この食事代も一流ホテルのキャンセルのお詫びとしてホテル側が出してくれるとのことであった。話などで盛り上る。

第5日目　8月22日（日）
メルヘン街道
ブレーメンのホテルを8時半にバスでメルヘン街道1泊2日のオプショナルツアーに出発する。

ビユッケブルグ
ブレーメンを出たバスは、10時35分ビユッケブルグに到着。出発してから2時間経過しているので、トイレ休憩を兼ねてクリーム色で小さな3階建の宮殿に寄る。街道案内図によると有名とあるが、さもありなんと思う。10時50分早々に出発する。

ハーメルン
11時40分ヴェーザー川畔にあるハーメルンのバス駐車場に着く。

今日は日曜日で正午から市民が昔ながらの衣装を身にまとって「ネズミとり男」の伝説の野外劇で観光客を楽しませてくれるということでそこへいそぐ。

この伝説とは、次のことである。

「1284年のこと、ハーメルンの町に、まだら色の上着を着たネズミ捕りの名人という男がやって来たので、ネズミの被害に困っていた町の人々は、ネズミを退治したら大金をお礼として支払という取り決めをその男とした。男が笛を取り出して吹き始めると、あちこちの家からネズミが這い出してきて男の周りに集まり、男は町中のネズミが集まったのを確かめると、笛を吹きながらヴェーザ川まで行き水の中に入り、ネズミたちも彼の後についていって、みんな溺れてしまった。

ネズミがいなくなると町の人々は、こんな簡単なことならば、はした金でよいと言って当初約束したお礼をしない。おこった男は一旦は町を立ち去ったが6月26日聖ヨハネスとパウルスの日に再び現われて笛を吹くと、家々から子どもたちが走り出てきて彼に従って町外れの山に向い、目の悪い子と足の弱い子の二人以外は姿を消してしまった」。というものである。

13世紀ヨーロッパの小さな村で実際に起きた子供の集団失踪事件を手がかりに中世における「差別」を解明する阿部謹也「ハーメルンの笛吹き男」（ちくま文庫）がある。

言葉は通じないが、外国人のわれわれにもよくわかるように演じてくれた。その一場面を撮影した写真（本書では省略）を載せておく。

見おわってからモール（商店街）を歩く。よく出来ている。その裏へ廻って商品の搬入等をどうしているかのわかる道路状況を見る。ヴェーザー川の流れをしばし眺める13時20分発。

ボーデンベルダー

14時に着く。まず、ほら吹き男爵が、うしろ半分がなく、水を飲んでいる馬に乗っている金属製の像を見せられて驚く。

ここは、ヴェーザー河畔のこぢんまりとした温泉観光地で、宮殿、マルクト広場があるということであったが、モールを散策するだけでおわり、次へ向けて出発する。一ドイツマルク（65円）でアイスクリームを買う。一行の多くの人が買った。おいしいものであった。

トレンデンブルグ

16時ちょうどに着く。急な崖を昇ると昔は城であったところをホテルにし、見晴しのいいところをテラスにしたオープン式喫茶店が設けられていた。一時間休憩することとなった。

緑の稜線が見え、その手前は整然と手（機械）が入れられた農地（日本のように四角ではなくながい長方形）が続いている。ドイツの、農地整備法の成果であろうと一人で勝手に想像する。

ホーフガイスマー

17時30分に着く。ホーフガイスマー・ワイン・フェストの横断幕が目を引く。ワインのいける人には魅力的である。少し歩くと白の漆でふちどりされた茶色の建物が目をひく。市庁舎とのことである。可愛らしい。ここがマルクト広場でもある。広場には、レストランなどいろいろな商売を表すマークが、一本の柱、4、5本の腕枝に16もぶら下っているのが興味深かった。早々に時間がなくなってきたのでそこを去る。

カッセル

18時45分にカッセル市の西にあるヨーロッパで最大級を誇るとされるヴィルヘルム丘陵に着く。丘陵の頂きにはドイツでその大きさでは1、2を争うといわれるシュロス城がみる。城壁が夕日に映えて美しい。城といっても上部は平のようで、そこには市のシンボル「ヘラクレス像」が建つ。この城の内部は現在美術館でレンブラントの作品が圧巻とのことであるが、時刻が遅く入れない。

この丘の上から眺めるカッセル市の遠望は印象的であった。城から真直ぐな道というか緑の並木道が東へ向って街の中央を走り、目の下は広大な公園である。池もある。日曜日等には噴水ショーが繰り広げられるとのことであるが、われわれが行った時刻はやっていなかった。カッセルが、かつてヘッセン州（国）の

首府であったことがなるほどと思える。往時の栄華を偲ばせる華麗な建造物が立ち、グリム兄弟が青春をすごした町であり、メルヘン（童話）の題材の収集を始めた記念すべき町であることをも彷彿させる。

丘を下り19時半、夕食のラートケラールに着く。

夕食後、路面電車に二区ほど乗ってモーベンピックホテルに着く。22時15分である。

朝から、これでもかこれでもかというように町を動画でも見るように廻ってきたせいもあり、また時間もたっているので街を出歩く気力も出ず、寝てしまう。

第6日目　8月30日（月）

8時カッセルのホテルを今日もバスで出発。寄りたいところはいろいろあるが、ケルン行政裁判所へ午後2時に着く必要があり、先をいそぐこととなる。

フリッツラー

8時50分にフリッツラーの城壁と塔のある駐車場へ着く。まず堂々たる、しかし古い塔の高さに威圧される。アルトスタット（旧市街）・ドーム（大寺院）の表示板の指し示す方向に歩く。少し歩くとすぐ中心地である。古い可愛いらしい町という街道案内図の紹介がぴったりである。しかも木組みの町でもある。5〜6階もある木組みの家が並んでいる。その通りを少しはずれた道を歩くとペトリ大寺院や城塞のあるところへ出る。木組みの家の柔らかさと石の堅さのコントラストを実感する。この町では街の拡大、人口の増大のないせいで城壁を破壊しないで生活をしているのであろうと思う。観光客にとってはありがたいことである。

マールブルグ

10時30分に平地にある駐車場に着く。わざわざ「平地」と書いたのは、そびえ立つ山の上に、まるで積み木でも積み重ねたような外観を持つ町だからである。着く前からカメラを向けたくなるような風景が連続していたのである。マールブルグは、これまでのヴェーザー川沿のまちと異なり、ヴェーザー川と別れたラーン川のほとりにある。

山の下に、山の上へあがるエレベーターがある。一同それに乗って山の上に出る。少し歩くとマルクト広場に出る。エリザベート教会、方伯の城が近くにある。これらが遠景を素晴らしいものにしていたのであろう。

帰りは、ほとんどの人がエレベーターで降りたが、私と2、3人の者はエレベーターをとりまくように造ってある階段を下る。見下す景色もよい。

11時15分マールブルグを去る。すなわちメルヘン街道におさらばしてケルンに向う。

メルヘン街道の旅を続ける人は元へ

戻って南へ下るとのことである。

　メルヘン街道のまち町は、おとぎ話に充ちているのである。ドイツメルヘン街道共同事業本部発行の「ドイツメルヘン街道」案内図によると街道沿いの町は60もあり、交通公社のポケットガイドでは21である。

　われわれの行程では「メルヘン街道」の1部しか訪ねることができなかったが、メルヘン街道を満喫したという感じである。

ケルン

　ケルンに近づくとケルン大聖堂の尖塔が見えてきた。ゲルン市は人口100万人のやはり大都会である。ケルンは昭和63年の土地法学会の視察旅行の際、ボンで宿泊したので、夜だけ食事と観光に出かけただけで、大聖堂の印象しかない。今日もケルン行政裁判所へ急ぐ途中、街並みを見、ケルン中央駅からバーデンバーデンに向うドイツ国鉄Deutsche Bahnに乗り込むだけに終ってしまった。

　列車はライン川に沿って走り、ローレライの岩のところでは乗客が一斉に窓際によってカメラのシヤッターを切る。

バーデンバーデン

　19時15分バーデンバーデン駅に着く。こんな時間でもまだ明るい。タクシーに乗らずに一般乗合バスに乗ってみる。クルハウス（神殿風白亜の建物）前で下車すると、オイロッペッシャ・ホフという

最高級ホテルである。ここがわれわれが泊まるホテルであり、嬉しかった。

　夏のことでクルハウス前の広場がビヤガーデン風になっていて、生演奏もあり、飲食ができ、楽しそうなので、そこへ出掛けて夕食をする。

　バーデンバーデンには、1988（昭和63）年の土地法学会の視察団旅行と1999（平成11）年7月13日の全国土地区画整理協会の視察団旅行とで来ているが、宿泊先などその都度かわり、感ずるところも異なり、来る度にその街に対する愛着が深まるといえる。

第7日目　8月31日（火）

　終日、自由調査とのこと。

　カールスルーエ（市）にある連邦憲法裁判所を見学に行くこととする。

　バーデンバーデン駅を9時19分発のDBに乗車して、出掛ける。

カール・スルーエ

　これについては区画整理研究会発行の「街路樹」誌に視察記（本書の11）を掲載したので省略する。

　簡単な昼食をおえて、13時32分にコングレス・セントリュームの路面と同じ高さの駅から乗車する。

バーデンバーデン

　発車して間もなくDB（国鉄）の高架線となり、30分ほどでバーデンバーデン駅へ着く。

バーデンバーデンの町なかを妻らと散策する。

7月にはフリートリヒ浴場へ入ったので、今回はカラカラ浴場（大小のプールで趣向がある）に入る。快適である。

出てからも散策して、クルパークというレストランで夕食をとってホテルへ戻る。

第8日目　9月1日（水）
ストラスブルグ

ドイツ西南端とフランス東北端の国境（といっても入国管理が行われているわけではなく、道路標識がフランス語らしい表示に変わるだけ）を越えて少し行くとストラスブルグに入る。ストラスブルグはパリから東に500キロ、グーテンベルグが印刷術を発明したことで知られる一方、中世から今までの交通の要所として繁栄し、「ヨーロッパの十字路」とも言われている。現在はヨーロッパ議会などが置かれている。

西洋史の授業において、「アルザス・ローレンス地方」という地域名を覚えさせられたが、その州都である。

まず、ノートルダム大聖堂の威容に目を見張る。時間がないので内には入らない。

ストラスブルグ行政裁判所見学する。政府委員（論告担当官）制があり、フランスの行政裁判制の複雑性を見るおもいであった。

外へ出て少し歩くと路面電車の軌道の敷設工事がされている。ストラスブルグでは中心市街地から自動車を締め出すかわりに、歩行者の足としてLRT（ライト・レール・トランジット、高速、軽快、低騒音、低振動、低床などを特徴とする高性能電車による都市交システム）を導入して状況を実感した。

美しい中世の町並みがそっくり残されているプティット・フランスに至る。ドイツの影響もある木組みの古い建築がイル川沿いに並ぶ。石畳の道や小さい橋を歩く。カフェで昼食をとり、お茶を飲む。しばし、中世にタイム・スリップしたかの気分にさせられるという表現（松嶋由紀子、ストラスブールの石畳、ケース研究260号221頁）もうなづける。

14時ストラスブルグをバスで出発し、バーゼルを通過し、15時55分国境を経る。

チューリッヒ

17時10分チューリッヒのインター・チェンジに着き、街に入る。わずかな時間であるが、大寺院に驚き、リマト川畔の小高い丘の上からチューリッヒ湖とリマト河岸、それに続く人口70万と書かれている（現地での通訳の説明では36万人に減少しているとのこと）チューリッヒを遠望する。

繁華街には銀行が多い。銀行の国スイス最大の都市であると実感する。

21時30分発のJALでチューリッヒ空港をたつ。

第9日目　9月2日（木）

16時15分成田空港到着。

解散。名古屋グループは18時50分成田空港発19時50分小牧空港着。

帰宅は20時45分であった。

12-2　土地整理・収用をめぐるドイツの裁判
—独の行政裁判所を見聞して—

1　ドイツ建設法典

　私は土地法に興味を有している。なかでも土地区画整理・土地改良（耕地整理）・収用・都市計画・再開発である。区画整理（土地区画整理、土地改良による両者を指す）の淵源はドイツの区画整理といわれ、現に区画整理事業が行われており、日本の実務家等も視察調査団を組んで訪問することが少なくない。私もそれに参加してドイツに行ったことがある。法律家であるので、その根拠法を見たくて入手した。それはドイツ建設法典Baugesetz-buch［BauGB］である。その内容は、後述の事項と関連するので、目次と関連条文を摘記すると次のとおりである。わが国の都市計画法、建築基準法、土地区画整理法、土地収用法、都市再開発法などを一本にしたような感じである。邦訳として、ドイツ土地法制研究会編、成田頼明・田山輝明監訳『ドイツ建設法典［対訳］』（財団法人日本不動産研究所、1993年刊）がある。

　第1編　一般都市建設法
　　第1章　建設基本計画（第1条～第13条）
　　第2章　建設基本計画の保全（第14条～第23条）
　　　　第18条　形質変更禁止の場合の補償
　　　　第21条　土地の分割の認可
　　第3章　建築その他の利用の規制及び補償（第24条～第44条）
　　　　第28条　建築物の設置・変更・用途変更の起業案
　　　　第39条　信頼損害
　　　　第40条　金銭又は買取による補償
　　　　第41条　歩行権、車行権及び導管権の設定並びに植樹義務の場合の補償
　　　　第42条　許容されている利用の変更又は廃止の場合の補償
　　　　第43条　補償及び手続
　　　　第44条　補償義務者、補償請求権の弁済期及び時効消滅
　　第4章　土地整理（第45条～第84条）

第1節　区画整理（第45条〜79条）

第2節　境界整理（第80条〜84条）

第5章　収用（第85条〜第122条）

第6章　土地（第123条〜第135条）

第126条　照明施設等の設置等についての所有者の義務

第2編　特別都市建設法

第1章　都市計画上の都市再開発事業（第136条〜第164条）

第150条　公共供給のための施設の変更に対する補償

第2章　都市計画上の新開発事業（第165条〜第171条）

第3章　保全条例及び都市計画命令（第172条〜第179条）

第4章　社会計画及び激変緩和措置（第180条〜第181条）

第181条　激変緩和措置

第5章　使用賃貸借関係及び用益賃貸借関係（第182条〜第186条）

第6章　農業構造の改善のための事業に関連する都市計画上の事業（第187条〜第191条）

第3編　その他の規定

第1章　価格鑑定（第192条〜第199条）

第2章　一般規定、管轄、行政手続、効力発生要件（第200条〜第216条）

第209条　土地上での準備作業

第210条　手続きの原状復帰

第3章　宅地裁判部での手続（第217条〜第232条）

第217条　裁判所の裁判を求める申請

第218条　従前の状態への手続の原状復帰

第219条　地方裁判所の土地管轄権

第220条　宅地裁判部の構成

第221条　一般手続規定

第222条　関係者

第223条　裁量処分の取消

第224条　事前の占有指定の取消

第225条　事前の執行命令

第226条　判決

第2部　ヨーロッパ

> 第227条　関係者の欠席
> 第228条　手続きの費用
> 第229条　控訴、抗告
> 第230条　上告
> 第231条　協議
> 第232条　宅地裁判部のその他の権限

　どうして建設法典という実体的行政法に、裁判とかその手続・判決について詳細な規定を設けているのか、日本人である私は不思議に思いつつ、立法政策としてこのほうが国民に対し親切であろうとぐらいに思っていた。ちなみに、わが国の前記五法のうち訴訟との関連について規定しているのは、土地収用法133条（損失補償の訴）一箇条のみである。

2　行政裁判所法

　平成11年8月、ドイツのハンブルグ行政裁判所、ハンブルグ高等裁判所、ブレーメン行政裁判所、ケルン行政裁判所、連邦憲法裁判所（在カールスルーエ）を見聞する機会を得た。

　この調査に当っては、最高裁判所事務総局行政局監修『欧米諸国の行政裁判法制について』（法曹会・平成8年刊）を購読しておくように言われた。同書の1頁から14頁においてはドイツ連邦共和国の裁判制度と同国の行政裁判所法の概説がなされ、15頁から76頁にわたっては、行政裁判所法Verwaltungs・gerichts・ordnug［VwGO］邦訳のみが記載されている（1993年8月2日の最終改正までの分）。ドイツ訪問の際、VwGOの外、行政手続法、行政費用法、ドイツ裁判官法などを包むドイツ語のみの本（Beck Texte im dtV　1998版　9、90ドイツマルク）を買い求めた。

3　ドイツの裁判制度

　これらの資料や見聞によると、ドイツは裁判権を、審級制度の外に特別の地位を占める連邦憲法裁判所（前述）を別として、①通常裁判所（民刑事裁判権の外に多数の専門部がある）、②行政裁判所、③財政裁判所、④労働裁判所、⑤社会裁判所に

分属させていて、それぞれ、その最高裁判所以下の裁判所に権限を与えている。

行政裁判でいえば、連邦行政裁判所（日本風に表現すれば最高行政裁判所）、高等行政裁判所、行政裁判所（日本風に表現すれば地方行政裁判所）という審級制度をとる。

したがって、ある事項について、どの系列の裁判所が管轄するかが、まず重要な問題となるのである。

VwGO40条1項第1文は、「行政訴訟は、連邦法律により他の裁判所の管轄が明示的に成立していない限り、憲法上の争訟を除くすべての公法上の争訟に対して与えられる。」と規定する。

BauGB217条1項は次のように規定する。引用されている条項については、前に紹介した。

> 第217条　（第1文）第1編第4章及び第5章並びに第18条、第21条3項、第28条3項及び6項、第39条から第44条まで、第126条2項、第150条2項、第181条、第209条2項又は第210条2項による行政行為は、裁判所の裁判を求める申請によってのみ取り消すことができる。（第2文）第1文の規定は、第1編第5章第2節が適用されるものと定められているこの法典に基づくその他の行政行為、並びに農地整備法第88条7号及び第89条2項に係わる本法第190条による金銭補償の額に関する争訟に準用する。（第3文）裁判所の裁判を求める申請により、行政行為の発出又はその他の給付を命ずる判決並びに確認もまた求めることができる。（第4文）申請については、地方裁判所宅地裁判部が裁判する。

第4文での地方裁判所は①の通常裁判所のことである。

この217条1項が、行政裁判所法VwGO40条1項にいう「他の裁判所の管轄が明示的に成立し」ている「連邦法律」なのであろう。

4　通常裁判と行政裁判との調整

行政行為Verwaltungs-aktsの取消しの裁判を通常裁判所へ、歴史的経過からとはいえ、ゆだねてしまうと通常民事裁判に適用される民事訴訟法には規定されていない次の事項を建設法典BauGBに規定せざるをえなかったのであろう。右欄に行政裁

判所法VwGOの条項を掲記しておく。

	BauGB	VwGO
出訴期間	217条2項	74条
期間不遵守の救済	218条	60条
対象となる行政行為の特定	217条3項	82条
官（庁）の記録の提出	217条4項	99条
土地管轄	219条	52条、83条
証拠調べ	221条2項	95条～98条
併合	221条3項	93条
被告適格、関係者	222条	78条
裁量処分の取消	223条	114条
停止的効力	224条	80条
判決	226条	107条～121条
控訴	229条	124条
上告	230条	132条

　また、通常裁判所の宅地裁判部だけでは心もとないと考えてか建設法典220条は次のように規定して行政裁判所との連携を図っている。

第220条　宅地裁判部の構成

(1)　地方裁判所には、単数又は複数の宅地裁判部を設置する。宅地裁判部は裁判長を含む3名の地方裁判所裁判官及び2名の行政裁判所専任裁判官が出席して裁判する。単独裁判官に関する規定は適用しない。

(2)　前項の行政裁判所の裁判官及びこの者が支障ある場合に必要になる代理の裁判官は、行政裁判に関して権限を有する最上級州行政庁が、3年間の期間でこれを任命する。

6　あとがき

　本稿は当初、旅行記風の軽い読物に仕上げるつもりで書き始めたが、満足できず

書替えている間に、(注) は全部省略しても、こんな重苦しいものになってしまった。御容赦をいただきたい。

　外国法を見る（読むというべきか）には、条文面だけで解釈してはいけないと聞いていた。建設法典だけを見ると裁判の手続まで規定しているので親切だと考えたのは、大いなる誤解であった。裁判権の分属制をとるドイツでは不可欠の規定なのであった。

　法律実務家・弁護士としては、通常裁判所一本のほうが、複数系列の裁判制度よりは、いいというか、楽であると思った。社会の多様化において単一制がいつまでも許されるかどうかは別として。

(中部法曹73号　平成12年5月)

〔追記〕　阿部泰隆「法曹養成における行政法の重要性」自由と正義1998年12月号の68頁に「連邦行政裁判所でも、〔中略〕、土地区画整理、建設法といった専門部を置いている。」とあるが、土地区画整理法を含む連邦法関係は、上記のとおり通常裁判所の管轄である。

第 2 部　ヨーロッパ

13　平成12年欧州土地区画整理等視察団に参加して

2000（平成12）年 7 月

まえがき

　社団法人日本土地区画整理協会（以下「協会」という）が毎年主催する欧州土地区画整理都市開発事情視察団に昨11年度に初参加し街路樹46、47号にその旅行記を掲載させていただいた（以下「前稿」という。本書では、「**11欧州土地区画整理・都市再開発整理・都市再開発事情視察団に参加して**」の文章である）。本年度も平成12年 7 月 9 日（日）から同月23日（日）（予定は22日までであったが後述の飛行機のエンジントラブルのため 1 日延びた）までの15日間参加したので、その報告を書かせていただく。昨年とダブる視察箇所もあったので、そこは省略か簡略にさせていただいて、昨年度の報告のように 2 回にわたらずに、 1 回で完結とするつもりである。

　参加者は次のとおり12名で募集入員20名に達しなかった。土地区画整理事業、あるいは地方公共団体の財政が厳しいことを反映しているのであろうか。

野本　　昇　　足利市役所[団長]
桑野　喜徳　　㈶福岡土地区画整理協
　　　　　　　会・福岡

中尾　英文　　㈶区画整理促進機構
瀬古　邦彦　　丸栄コンクリート工業
　　　　　　　㈱
吉野　　孝　　㈱都市開発技術サービ
　　　　　　　ス
岩田　　龍　　昭和㈱
砂川　正信　　㈱サーベイリサーチセ
　　　　　　　ンター
酒井　英典　　㈳日本交通計画協会
大場　民男　　弁護士
下田　公一　　㈳日本土地区画整理協
　　　　　　　会　専務理事
梶田　順一　　㈳日本土地区画整理協
　　　　　　　会（春日井市役所から
　　　　　　　出向）
竹野　安雄　　㈱日本旅行〔添乗員〕

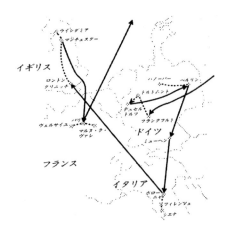

13 欧州土地区画整理等視察と観光

行程は図のとおりで、ドイツ（フランクフルト、ドルトムント、ベルリン、ハノーバー）、イタリア（ボローニャ、フィレンツェ、シエナ）、イギリス（ロンドン、マンチェスター、湖水地方）、フランス（パリ、マルヌ・ラ・ヴァレ、ヴェルサイユ）の4か国であった。

前日　7月8日（土）

昨年度視察団が偶然に出発日前の7月8日（土）の午後に熱海で同窓会を開くということで出席することとし、トランクは宅急便で成田空港気付の自分宛に3日前に出発便等を記入して送る。そして、成田空港近くのホテルに前泊する。

第1日目　7月9日（日）

出発当日トランクを宅急便会社の成田空港出発カウンターと同一階の店舗にとりにいく。あった。当り前のことだが始めてのことで心配していたが手元にきてほっとする。

集合時刻の10時45分には空港4階の特別待合室に全員揃い結団式と名刺の交換を行う。

13時出発予定を少し遅れてJL-407便は飛び立つ。各自の座席前面に7インチ液晶画面が備えつけてあり、映画、TV、ゲーム、機外カメラ、ナビゲーションを見ることができるようになっている。帰りの飛行機も同じB-747型機で あった。機外カメラ下方で後述する怖い状況を見てしまうことになる。

フランクフルト　Frankfurt

午後6時に（日本との時差7時間）フランクフルト空港に到着。同空港はフランクフルトの市街地からみると西南に位置し、今回の宿泊ホテルであるホリデイインはマイン河南のザクセンハウゼンのすぐ南であったので街のなかを通らずにホテルへ着く。長時間のフライトのあとは早くホテルへ着いて一浴びして眠るに越したことはないのである。

第2日目　7月10日（月）

ホテルの東に南墓地Sud・friedhofとあるので桑野氏を誘って出掛ける。緑いっぱいの墓地である。新しいのも所々に交って、花もある。

8時30分ホテルを出発してフランクフルト市役所への公式訪問をする。ここでの説明と現地視察は昨年とほぼ同様で街路樹47号2頁に掲載し、協会の今年度の報告書に報告分を提出したので省略する。同誌47号3頁に「フランクフルトという地名がドイツにはもう1か所あるが、そこがどこかは聞きそこねたし、地図等で探したがわからない」と記載したが、そこはドイツの東の国境近くのフランクフルト・アンデアオーデルであった。

現地視察後、説明役の土地整理部長

ユッケル・カイザー氏とわれわれ一同・昼を会食する。昨年と同じ場所で店名はStoch〔コウノトリ〕である。昨年の視察記にはBindingとしたが誤りである。同じ場所へ行ったり、同じ店で食事をしたりすると、だんだんとその街に情が湧くものである。

　午後はライン下りをする。ただ下るのではなく、右岸、左岸と寄港しつつであり、小さいまちのたたずまいがよく観察できた。

第3日目　7月11日（火）

ドルトムント　Dortmund

　ドルトムントという地名はこれまで聞いたことがなかったが、行ってきてからドイツの地図を見るとライン川から東へ分岐している支流ルール川北側にちゃんと書いてある。ルール工業地帯ということも聞いたことがある。フランクフルトの北北東へ220kmの地点である。フランクフルトのホテルを8時30分に出発したバスは3時間後の11時30分にドルトムント市に到着する。大衆レストランHovelsで昼食をとってドルトムント市都市計画局を訪問する。

　市の概要、市の都市計画全般、特にBプラン、M・T・C（Multi-Themen-Center 多目的センター）、工場跡地開発計画、都市交通計画のそれぞれについて、各担当者から詳細な説明があった。

デュッセルドルフ　Dusseldorf

　ドルトムントの西南60kmのところにこの街である。ドイツ最大、欧州でも3番目に大きい日本人コミュニティがあるが、8時15分発の飛行機の出発に間に合うようにバスでいそぐ。

ベルリン　Berlin

　ルフトハンザ機は1時05分の飛行でベルリン市の西のテーゲルTegel空港に着く。そのままベルリン市の内を通って東寄りといえるラジソンSASベルリンホテルに20時頃に着く。

第4日目　7月12日（水）

　ホテル前の広い道路がブランデンブルク門へ至る通りであるので桑野さんと一緒にそちらの方向である東へ歩く。始めての都会は勝手が違うが人通りも少なく途中まで門の望める所まで行って帰る。

　ベルリンには現在中央駅がなく（造成中）、ハノーバーへ行くのに、動物園前駅からドイツ鉄道の特急ICE乗るため8時30分に出発したが折からイランのハタミ大統領の来独とラッシュアワーが重なり、当初予定の9時21分発には間に合わず、1時間あとの列車に乗る。

ハノーバー　Hannover　万博Expo

　1時間20分でハノーバーのラーツエンLaatzen駅へ着く。ゆったりとした車内であった。駅から会場へはスカイウォークskywalk（動く歩道）約300mで会場入口へ着く。

　交通の便は最高である。会場内で昼食（韓国料理）をとって、西パビリオン地区から廻る。再生紙だけで建てられた日本館に入る。その他行列のないか、少ないパビリオンに入るが、記録をしてこなかった。感激とか驚嘆するものには行き当たらなかった（そういうパビリオンは長い行列があって入れなかったせいもあろう）。17時15分に下車した駅へ集合してベルリンへ戻る。

第5日目　7月13日（木）
再度ベルリン

　ホテル出発前に路面電車（Uバーン）に乗ってみる。乗車券の買い方がわからない、小学生が教えてくれる。2区乗車して下車して歩いて帰る。

　ブランデンブルク門、ベルリンの壁、ペルガモン博物館、ポツダム広場、インホメーション・ボックスなどをみて廻る。ポツダム広場の周辺はソニーセンターなど大工事中であった。

　16時20分ベルリン・テーゲル空港を発つ。

ミューヘン　Munchen

　17時25分に着いて、19時05分発のルフトハンザ機に乗り継ぎのみ。

ボローニャ　Bologna

　20時10分ボローニャ空港へ降りたつ。始めてのまちである。イタリアのやや北の中央部にある古い街である。

第6日目　7月14日（金）
シエナ　Shiena

　ボローニャから南へ約150kmの古都である。平成4年10月の土地区画整理士会の視察旅行について来たなつかしいまちである。ドォーモ（大聖堂）を遠望した上、その近くに寄ってなかへ入る。カンポ広場に立つ。前とかわっていない。坂の上り下りも楽しい。

フィレンツェ　Firenze

　ボローニャとシエナの中間、シエナから60kmのところにある美しい街である。3回目であるが見あきない。まずはウフィッィ美術館に入る。「ヴィーナスの誕生」など名画が並んでいる。美術館から眺めるだけでおわっていたヴェッキオ橋まで歩き、橋のなかほどまで行く。これだけ有効に店舗として使っているものだと感心する。花の聖母教会などを見て

回る。バスを遠くに置いておくことになっているためか花の聖母教会など全景が見える高台のミケランジェロ広場へは寄らずにボローニャへの帰途につく。

　交通の便は最高である。会場内で昼食（韓国料理）をとって、西パビリオン地区から廻る。再生紙だけで建てられた日本館に入る。その他行列のないか、少ないパビリオンに入るが、記録をしてこなかった。感激とか驚嘆するものには行き当たらなかった（そういうパビリオンは長い行列があって入れなかったせいもあろう）。17時15分に下車した駅へ集合してベルリンへ戻る。

第7日目　7月15日（土）
再度ボローニャ

　まず町の南の丘から町を見わたす。赤やオレンジ色の屋根瓦の建物が立ち並ぶなかにあって高い塔やビルが散見される。町をとり囲んでいた城壁をとりこわした環状道路を通って町の北にある鉄道駅のあたりからインディペンデンツァ通りをまっすぐ南へ歩く。土曜日のせいか人が多い。柱廊（回廊・アーケード）が続く。歩行者・客の歩くところを増加しつつも、入口増のため居住空間を減らさないため建物の1階部分の道路面を5mほど通行（歩道）に供しうるようにしたとのことである。マジョーレ広場に至り市庁舎、教会、宮殿がある。世界最古の法学部のあったボローニャ大学を見学する。医学部の解剖教室も見学する。ボローニャの斜塔、下町の住宅再生、ローコスト庶民住宅計画を実施された地区も歩いて視察する。

　町の北東に当る新市街地フィエラFiera地区に赴く。国際見本市、コンペティションセンター、州議会庁舎、企業オフィス等の近代ビルが建ち並ぶ。古い街と新しい街との両面を持つのに感心する。

　15時50分ボローニャ空港を飛び立つ。

ロンドン　London

　16時55分ロンドン南方のオルリーHoreley空港へ飛行機は着く。これまではロンドン西方のヒースローHeathrow空港着であったので変っていて喜しい。昨年ゴルフをしたCroydonという地名の所も通過してバスはロンドン市に入る。

　日本食をとりたいということでモルトン通りの嵯峨で日本食とした。

第8日目　7月16日（日）
グリニッチ　Greenwich

　9時にロンドン西寄りのフォラムホテルを出てセントポール寺院で写真をとったりしてグリニッチに行く。昨年はドックランドから遠望しただけに喜しい。グリニッチ展望台の子午線をまたぐ。右足

は東半球、左足は西半球にあることになる。グレート・ロンドン２市34区のうち東方の１区で人口は21万人とのこと。広い公園もある。

帰りに、出来上がったミレニアムドームを外からみるのみとし内に入らずに、ドックランドを少し見学する。

夕食は中華街（どこの国にも立派な中華街がある。ロンドンもそうである）で中華料理をいただく。食後、私と桑野、吉野氏の３人でピカデリー、ナイツブリッジ、プロンプトン、クロムウェルの大道路を歩いて帰る。約１時間。

第９日目　７月17日（月）

午前８時53分ロンドン（ユーストン駅だったか記録していない）を英国鉄道の特急Virgin号に乗って出発する。

マンチェスター　Manchnester

午前11時35分にマンチェスター駅に着く。

マンチェスター市役所を公式訪問し、説明を受け、中心市街地を歩き、再開発中の工事現場、再開発できたショッピング街など見て廻る。工業都市からの脱皮・再生の意気込みが感じられた。

夕食はサッカー場を見たあと郊外でイギリス料理をとる。住宅街になじんだレストランと見受けた。

第10日目　７月18日（火）

湖水地方　Lake District

８時45分に出たバスは10時35分にハヴァースウエイトHaverthwaiteに着く。そこから小さな山林列車に乗って、20分ほどで、ウィダミアWindermere湖のレイクサイドLakesideに着く。そこから観光汽船に乗る。多くの観光客が乗り込む。ボウネスBownessで下船がちょうど12時。小高い丘の上のベルスフィールドBelsfieldホテルで昼食をすませる。

ピーター・ラビットの作者ビアトリクス・ポヌーが住んでいた家ヒルトップHill Top、ワーズワースの家や事務所（弁護士であったのだ）であった記念館を見てまわる。ちょっと現世を離れた気持になる。

帰りはバスだけでマンチェスターへ戻る。

第11日目　７月19日（水）

９時15分エアフランス機でパリへ向う。

パリ　Paris

11時35分ドゴール空港へ着く。

シャルル・ドゴール空港はパリの東北に位置することもあって、そのバスでパリ東部のマルヌ・ラ・ヴァレMarne la Valleeというニュータウン（といっても1965年当時のことで現在は古くなってい

る）を視察に行く。大円型のビルに住宅が造られているのにはビックリした。しかし、ここは移民などの貧しい人々の住宅地であった。団員の1人が当日の報告書執筆当番であり案内の遠藤氏の指示もあってエレベーターを撮影に行って一行からはずれたところ、首にかけたカメラのひったくりにあった。中国青年の助けがあって大事に至らなかったが、こういうところの視察は慎重でなければならないのだ。

つづいてベルシーBercy地区を視察する。ワイン倉庫が多数存在していたところを再開発したマルヌ・ラ・ヴァレとは全く雰囲気が異なり、大蔵省の大新庁舎、多目的スポーツセンター、ショッピング街がある。夜はムーラン・ルージュで夕食付きショーを見る。

第12日目　7月20日（木）
ラ・デファンス　La Defence地区

パリ市の西部のラ・デファンスLa Defence地区を視察に行く。昨年は登らなかったグランドアルシュGrande Archeに昇る、100m以上はあろうか。35階のオフィスでもあるが、中抜きしてあり、第2の凱旋門とも言われる。

つづいて、鉄道駅を改造したオルセー美術館を視察する。この最上階から見るモンマルトの丘のサクレクール寺院も美しい。

ベルシー地区のビストロ・ロマンで昼食をとる。昨日この地区でとりそこなった写真をとる。ウェーターのエプロン権droit exploitationを聞く。パリでは店先の屋根のないテーブルで食事をしている風景がみられるが、パリ市に1年に6000フランを払っていて、その人はお客からプラスαの料金をもらうとのこと、すなわち同じものを飲食しても外のほうが高いとのことであった。

バトー・ムッシュ（船）でセーヌ川

夕方は、船バトー・ムッシュの船上からセーヌ川沿岸地域の視察をする。

夕食は、セーヌ川から南のモンパルナスの高層ビルの最上階のル・シール・ド・パリ・Le Ciel de Parisでとる。この屋上から展望できるパリの景色はいつものそれと角度が全く異なり素晴しかった。眼下にはモンパルナス墓地も見えた。

第13日目　7月21日（金）

ヴェルサイユ宮殿とヴェルサイユの都市計画とその成果を視察する。

シャンゼリーゼ通りのレストランで昼食をとり、食後凱旋門まで歩き、あと桑野、瀬古、私は1区間を地下鉄に乗り宿泊先のメリディアンホテルの最寄駅ポルテ・マロットで下車しホテルへ向かう。その時、見知らぬ男が桑野氏に写真をとってくれと身振りで頼み、われわれがそこに静止すると他の男2人が警官を

装って瀬古氏を挟んでパスポートを出すように言い、瀬古氏が出そうとする。私は昨年の同種の手口にかかりかけたことを思い出し、ホテルへ行こうと瀬古氏の背中を押す。男たちは少しわめいていたが消えてしまい難なきを得た。日本のパスポートは50万円位の値打ちがあり、日本人の泊るホテル近くではこういうことがあると去年聞いていて、その目に会い、街路樹47号9頁に「ホテルへの帰り道、少々の事件に会うが」とボカして書いておいたところ、またしてもパリで同種の事件が発生しようとした。パリはいい所だが、こわい所でもある。

15時30分ホテルを立て、シャルル・ドゴール空港からJAL406便で19時00分発で成田へ向かった。

飛行機エンジン故障でパリへ戻る

ここで普通ならば無事帰国と書くところだがさにあらず、3時間ほどフライトしたところで機長のアナウンスがあり、第一エンジン故障のためパリへ引返すこと、途中余分の燃料を放出するので火の類は決して用いないこととのこと、席前のナビゲーションから真黒の夜空に真白に写る燃料の放出を見ながら大丈夫かしらと心配になる。夜中にパリに戻る。

第14日目　7月22日（土）

JAL（券はエールフランス）の手配したホテル（われわれはソフィテルホテル）に乗客500人は分宿し、昼食をとったあと、16時30分修理ができたとして昨日と同じ機体で同じ席で出発する。

第15日目　7月23日（日）

同じ機体でのフライトには大いに不満であったが、翌翌日の25日にドゴール空港を飛立ったコンコルド墜落、乗客全員死亡のニュースを目にして、1日おくれ（幸いに翌日が日曜日であって仕事には影響がなかった）程度ですんだ事故であったことを嬉んだ。

街路樹50号　2000（平成12）年9月

第2部　ヨーロッパ

14　ドイツ大小の都市をめぐる(1)

2001(平成13)年3月発表

はじめに

アーバン・アドバンス誌（名古屋都市センター刊）19号までの「海外便り」は、2稿を除き、海外に居住している方々が居住している街・都市・地域ないし国についてレポートしておられるものである。

日本に居住していて海外視察に参加したに過ぎない筆者のごときは本欄の執筆者不適格と言える。しかし、土地制度とか都市計画、都市開発、区画整理についてヨーロッパの大小の都市を何回か視察し、ドイツだけでも6回めぐってくると、なにがしかの報告をすることができるのではないかと思うようになる。執筆依頼を機に、法律家、弁護士である者が都市についての専門誌である本誌に寄稿することは、おこがましいが、思いきって書くことにした。ご容赦いただきたい。

ドイツの地図に訪問した都市（メルヘン街道沿いの小都市は省く）とその都市の所在する州名を記載すると図1のようになる。都市名の脇の数字は訪問回数である。1回だけの都市については数字は記載しない。

北から順に印象深い大小都市について

図1

紹介をさせていただく。

何故ドイツを採り上げるか。

第1に本誌の海外便りにドイツの都市のレポートがないので重複しないであろうこと。第2に大学で第2外国語としてドイツ語を選択しドイツに親近感があること、第3にわが国が明治時代にドイツ法を模倣して立法していて法律面でも親近感がもてること、現に後述の都市開発について網羅している「建設法典」を理解しうること、第4に土地区画整理・耕地整理・土地改良（ドイツでは農地整備という）における換地処分の手法は、ド

イツと日本にしかないように思われること等からである。

アーバン・アドバンス誌の寄稿に当たってはグラビア頁等に写真の提供を求められたが、あいにく写真は趣味ではなく、視察に出掛けても撮る枚数は少なく下手である。いい写真のないことをいたく反省している次第である。

ハンブルク　Hamburg

ハンブル市は1市でハンブルク州を形成し人口170万人、面積755haのドイツ第2の都市である。エルベ川本流に面し、ドイツ最大の港をもち貿易で栄える都市である。街の真ん中にアルスター湖がある。写真1－1の手前がハンブル港、右上写真1－2がアルスター湖である。都市の開発も港の周辺を中心に行われている。
（写真1－1はその模型である）

写真1-1

1892年という古い時期に区画整理による換地が行われた。行政裁判所の付近も区画整理による街づくりがされている様子が見受けられた。私がドイツの「建設法典Baugesetzbuch」を買うようになったのは、ハンブルク市役所において都市開発の説明を聞いた時に、各担当官が白の表紙に赤くBauGBと印刷された本を持っていて、よく読んであるせいか、手あかがつき、色エンピツで線が引かれているのを目にしたからである。

建設法典は、わが国の「都市計画法」「建築基準法」「土地区画整理法」「土地収用法」「都市再開法」「不動産の鑑定評価に関する法律」「行政事件訴訟法」などを一本にしたような法律である。財団法人日本不動産研究所からの邦訳が『ド

写真1-2

写真1-3

イツ建設法典［対訳］』として出版されており、これはドイツの都市開発を理解するには欠くべからざるものである。

ノインシュタット、ラールシュテイツ、ファイケンベルダー、ランゲンベック、ファーブルクの5地区で土地区画整理が行われている。

写真1－2はアルスター湖である。その周辺はよく整備された自転車道がある。

写真1－3は横断歩道橋であるが、横に昇り降り用のエスカレーターが露天下で設置されている。ドイツの街づくりは人に優しいと言われるがその一例である。

ベルリン　Berlin

東西ドイツ統一に伴うベルリンへの首都移転事業が急ピッチで進められている。開発の中心地であるポツダム広場にある真っ赤なインフォメーションセンター「インフォボックス」からその工事現場を写したのが写真2－1、2－2である。他方、ベルリンは緑の多い街である。写真2－2の奥にも森が見られるし、

写真2－2

写真2－3

写真2－4

ブランデンブルク門の遠景を撮ると写真2－4には木々が多い。路面電車（Uバーン）も都心を走っている（写真2－3）。

乗ってみたが、相当の高速で走る。車輛が通行できないように、軌道を高くしてあるし、駅もそれなりの装置がしてあるのが見受けられる。

写真2－1

14 ドイツ大小の都市をめぐる

人口346万人、面積889haでドイツ最大の都市である。ベルリン市でベルリン州を形成している点はハンブルクと同じである。

ブレーメン　Bremen

ブレーメン市は1市で（正確には、ヴェーザー川河口部のブレーマーハーベンという外港のあるところ）1つのブレーメン州を形作っている人口70万人のハンブルクに次ぐドイツ第2の貿易港である。面積は約20haのドイツ最小の州である。

グリム童話の「ブレーメン音楽隊」で有名な町であり、ろば、犬、猫、おんどりの像が見受けられる（写真3-1）。ベッチャー通りには旧家を買い取り、全く新しく造り変え芸術の粋を凝らした家々（例えば写真3-2）が並ぶ。マルクト広場は市庁舎、巨人ロラント像が立ち絵となる（写真3-3）。

写真3-2

写真3-3

マルクト広場から乗る路面電車は立派なもので（写真3-4はその終着駅のホームで写したもの）、途中の車窓からの住宅は連棟である。車庫の柱は木で日本のようなシャッターはなく開放的でやわらかい（写真3-5）

写真3-1

第2部　ヨーロッパ

写真3−4

写真3−5

リューネブルク

10世紀のころから塩の生産地として栄えた。ドイツの街は小さい都市ほど美しいと言われるが、ここもそうであり、さまざまな時代の建物が共存し、「建物の博物館」と呼ばれる。写真4は市庁舎前

写真4

の建物を写したものである。

ハノーバー

ハノーバーは今や2000年万博開催の都市として日本では有名である。写真5−1は万博会場駅として開設されたラーツエン駅とを結ぶ動く歩道長さ340メートルの一部である。スチールとガラスでできており、雨の日でも濡れずに会場へ行け、眺望もよくスカイ・ウォークと呼ばれる。

写真5−2は再生紙で造られた日本館とそこへの入場者の行列を写したものである。

写真5−1

写真5−2

14 ドイツ大小の都市をめぐる

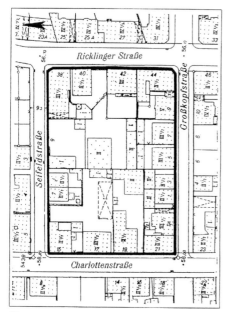

図2

写真5-3

写真5-4

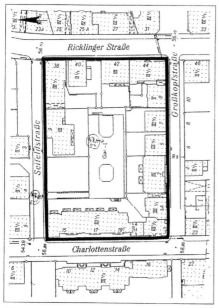

図3

　ハノーバー市は土地区画整理事業が古くから盛んなところである。図2の従前地とその地上建物を図3の換地と建物に変換したことを示すものである。図2では1階、2階建てが多いが図3ではほとんど3階建てとされている。ドイツでは土地と建物とを詳細計画によって同時に造り直すのである。図3の中央は小公園として環境の改善を図っている。小公園を撮影したのが写真5-3である。図3のA点から写してある。後方には詳細計画図の階数、形状の建物が見受けられる。小公園の下はこのブロックに属する人の地下駐車場である。写真5-4は地下駐車場への出入り口を写したものである。

ハーメルン

「ハーメルンの笛吹き男」(写真6-1)として世界中に知られている。今でも毎日曜日、市民(大人・子供・男女)が当時さながらの衣装を身にまとってネズミとり男の伝説の野外劇を行い、文字通り黒山(金髪の人が多いのでこの日本的表現はまずいか)の観光客を楽しませてくれる。

木骨組の美しい家並みの家が多く、表通りは車両通行禁止で観光客等の散策、喫茶等に供されている(写真6-2)。商品、飲食物の搬入はどのようにされて

写真6-3

いるのかと裏通りに入ってみるとしっかりした車輌の出入り口、荷降場がある(写真6-3)のを見て安心する。

ドルトムント

人口59万、周辺地域を含めると350万人の鉄鋼・機械工業の都市であるととも

写真6-1

写真7-1

写真6-2

写真7-2

に学術・文化・スポーツも盛んな都市である。旧市街地の再開発が盛んに行われている。

旧市街地に接する中央駅（写真7－1）をUFO型の駅（写真7－2）とし、多目的センター・Multi-Themen-Center（M.T.C）に2006年までにしたいとのことであった。まだ着手されていないが、今後訪独するときは是非行ってみたい。

自転車置場に装置されているのを見たので撮影した（写真7－3）。この方式だと路上に散らばらずに歩行者に迷惑をかけることもなかろうと思った。

写真7－3

カッセル

写真8はカッセル市の西にあるヴィルヘルム・スーエ丘陵公園から市内を撮影したものである。夕刻7時で遠くに焦点を合わせれば近くは暗くて写らず、近くの薄暗い人工池に焦点を向けると遠方が露出過度になってしまったので2枚の写真を1枚風にしたものである。

写真8

陵の上から真っ直ぐな道というか緑の並木道が東へ向かって街の中央を走り、目の下は広大なヴィルヘルム・スーエ公園である。日曜日には公園の池で噴水ショーが繰り広げられるとのことである。

丘を下り街のなかをバスで走るが、往時の栄華を偲ばせる建造物が立ち、カッセルがかつてヘッセン州（国）の首府であったことがあるなと思えた。

街には路面電車が走り、夕食のレストランと宿泊のホテルの間を、2区間ほどであるが乗ってみる。スピードもあり、公共交通機関も整備されているようだった。日は落ち写真は取り損ねた。

フリッツラー

1250年の歴史を持ったドーム（塔・大寺院）と城壁のある古い街である。旧市街（アルトスタット）に入ると4〜6階

である木組みの家が見事に並んで（写真9）生活が行われている。街の外壁と塔は頑丈な石であるのに、ここは木である。アルプス以北の中、西部ヨーロッパのゲルマン文化圏は「木の文化」であると言われているのを実感し、ほっとする。

ると思う。帰国後、マールブルクで世界宗教大会開催とか、ドイツの哲学者ハイデガーとハンナとの出会いがマールブルク大学とか、この街は人をひきつけるところがある。

写真9

写真10

マールブルク

メルヘン街道を北からこの街へ接近したのであるが、到着するより前からカメラを向けたくなるような山上に塔などが立ち美しい風景が連続している。積み木を積み重ねたような外観を持つ。平地の駐車場に着き、山の上に上がるエレベーターに乗る。これは有料でなく、道路の一部となっている感じである。

カメラチャンスは上記のように多いのに、人物の入っていない写真は、エレベーターをとりまくように造ってある階段を徒歩で下る途中でとった平凡な写真10のみである。

落ち着いた街の感じはつかめてもらえ

フランクフルト

日本で単純にフランクフルトというがドイツではフランクフルト・アム・マイン（マイン河沿いのフランクフルト）と呼ばれる。ドイツの東端ポーランドとの国境近くのフランクフルト・アン・デア・オーデル（オーデル河沿いのフランクフルト）と区別するためであるが、本稿で

写真11-1

14 ドイツ大小の都市をめぐる

は図1に記したヘッセン州に所在するフランクフルトを単にフランクフルトという。

フランクフルトには人口65万人、市域249km²でドイツ5番目の都市であるが、ヨーロッパで1、2を争うフランクフルト空港があり、日本からの飛行便はほとんど同空港に到着し、高層ビルが多い（写真11-1）のでドイツで1番目の都市のように思えてならない。ベルリンもまだ及ばない感じである。ドレスナー銀行ビル300m、メッセタワー258mなどである。

フランクフルト市土地整理部部長ミューラー・エッケル氏にフランクフルトに高層ビルが多いのはドイツの一般的傾向に反するのではないかと尋ねたところ、当初は高層ビルに市民の反対があったが、近代デザイナーの優れたデザイン

図4

写真11-2

写真11-3

写真11-4

写真11-5

によるビルに建築許可がおり、それを手始めに個性豊かなデザインのよい高層ビルが建ち、市民感情も高層ビルの建築に受容的になってきたとのことである。機能一点張りのような日本のビルと比べると美しいビルが多いように見えた。

図4はフランクフルトと都市開発プロジェクトの場所を示す図面である。右下のRATHAUS（市役所）とあるところ付近が旧市街である。2004年完成をめざして、①と④の事業が進行中である。換地手法をベースとしながら地上建物を築造していくのがドイツ方式である。写真11-2が①の地区の事業前の状態であり、写真11-3が事業中の状況である。手前中央の赤い屋根の住宅に近寄って生活臭があるところで撮影したのが写真11-4である。

④の場所はフランクフルト中央駅に近い場所で工場が主にあった（図5）を取り壊し、オフィス街と住宅にする計画である（図6）。1999年の状況は写真11-5である。

カールスルーエ

1715年にこの地方の支配者カール・ウィルヘルム辺境伯が、バルタザル・ノイマンの設計で「人工都市」を作ろうとしたのが始まりで、王宮（カールスルーエ館―シュロス・城と呼ぶほどでなく平地に建てられている）を中心にして放射線状に22本の大通りが造られており、その南は碁盤の目のような道路が整然と縦横に走っている特徴的な街である。現地の地図はそれを歴然と表していて、この寄稿文に紹介することを楽しみにしていたのに見当たらない。残念である。

当市にはドイツ憲法裁判所（写真12-1）がある。横から写したものだが正面

図5

図6

写真12-1

14 ドイツ大小の都市をめぐる

写真12-2

から写すと幅広いのにかわらず、ガラス張りが多く、周囲も開放的でニュース車（赤地に白地でNEWSとある車）がだいたい横付けになっているとのことであった。

カールスルーエは環境保全、ビオトープ（生物保護場ともいうべきか）が整備されているのでも有名である。写真12-2は手前のブーラッパBulach地区（写真にもその文字が写っている）と向こうの地区とが4車線のバイパス道路が通って住宅街を分断することになったところ、分断され離れ離れとなったためバイパス道路の上に緑地帯を作り、トンネル構造にして生物の生息環境の維持を図っているのである。写真12-2の中央の緑がそれである。

以上　アーバン・アドバンス　21号
平成13年3月刊

第2部　ヨーロッパ

14　ドイツ大小の都市をめぐる(2)

2004（平成16）年3月発表

はしがき

　アーバン・アドバンス誌21号2001（平成13）年3月刊に「ドイツ大小の都市をめぐる」を掲載させていただいた。北から順に書いてきて途中で切れてしまった。今回はその続きである南部地方を書かせていただく。と言っても行程と筆の勢いで南のカールスルーエも前稿で書いているので、一部北へ戻ることとなる。地図は前記21号のものを参照されたい。

ケルン　Keln

　ケルンはライン川沿いの人口100万人の大都市である。ドイツ最大のゴシック大聖堂が眺められる（写真K1）。街のどこからでも見られる（写真K2）。ケルン行政裁判所（写真K3）を視察する。ボンで宿泊したときはケルンへ食事に来たことがある。ボンから北、十数キロでドイツ鉄道で20分で着く。

写真K2

写真K3

ボン　Bonn

　ドイツ西部を流れるライン河畔のドイツの旧都市であった人口15万人の小都市である。1988（昭和63）年に訪れた。ほんとに小さな町で同じ時に訪れたフランクフルトに見劣りし、その後に赴いたベルリンと較べるべきものがなかった。大学とベートーベンの生まれた所というだけであった。写真として掲示するものもない（天候が悪く、また人物が入っていることもある）。しかし、この「ドイツ大小の都市をめぐる」から外すには忍び

写真K1

がたい町である。首都として不適当だからこそ暫定首都として選ばれたボンへの哀愁がそうさせるのだろうか。

ヴィースバーデン　Wiesbaden

フランクフルトの西方40kmの所にある人口27万人の都市である。ヘッセン州の州都である。ヘッセン州の大都市フランクフルトが当然州都と思っていたのであるが大はずれである。従って、都市計画、土地収用、地区詳細計画などの調査は、ここヴィースバーデンのヘッセン州政府でしたのである。

バーデン=温泉とあるとおり、後述のバーデンバーデンにつぐ温泉保養地であり、ライン河とタウナス山地の中間に位置し、まちのなかも緑の多い美しい町と感じた。

ハイデルベルグ　Heidelberg

フランクフルトの南約100km、ライン川の支流ネッカー川の川畔にある街である。人口が何人か案内書に書かれていないし説明もなかったがドイツの地図の扱いからみて数万人か。ドイツで一番古い大学ハイデルベルグ大学の学生が2万7000人とは書かれている。

ハイデルベルグ城が有名である。ネッカー川に架かる「古い橋」の愛称で呼ば

写真 H2

写真 H3

写真 H1

写真 H4

れるカール・テオドール橋の上に立って城を背景に撮影したのが写真H1である。ネッカー川はよく氾濫するとのこと、その水位を橋桁に刻している。それを写したのが写真H2である。

14世紀にできたゴシック様式の聖霊教会が写真H3である。

今述べた所はネッカー川の南側にある。北側にある哲学者の道という散歩道が有名である。いつか行ってみたいと思っていたところ3回目のハイデルベルグ訪問でやっと叶えた。写真H4である。道自体は何の変哲もない散歩道である。しかし、景色の開ける展望所から眺めるハイデルベルグの風景は素晴らしい。観光用のパンフレットの写真はここから撮影しているのであろう。戯曲「アルト・ハイデルベルグ」が生まれたことを実感できるものである。

バーデンバーデン　Baden baden

Badenバーデンはドイツ語で温泉のことであるのでバーデンバーデンは温泉のなかの温泉という意味となる。現に世界的に名高い温泉保養地である。しかし日本の温泉地のように湯煙があがっているわけではない。高級別荘地の感がある（写真B1、2）。

カラカラ浴場へも入ってみたが大小の

写真 B2

写真 B3

写真 B1

写真 B4

14 ドイツ大小の都市をめぐる

プールのある健康そのものである（写真B3。左の建物は屋内プールであり、右は屋外プールである）。温泉の町から欧州を代表する文化都市を目指しているとのことである。欧州で2番目の収容能力を持つフェスト・シュピール・ハウス（写真B4）もある。

バーデンバーデンは3回も行ったが実にいい所である。名古屋人にとっては、オリンピック誘致のIOC決議にソウルに敗れたという古い記憶を打ち消せばであるが。

フライブルク　Freiburg

フライブルクはドイツ南西端の都市である。西へ30km行くとフランスに入り、南へ70km行くとスイスのバーゼルに着く。人口20万人、近隣16町村を含めると60万人である。

車の都心乗り入れ制限で日本でも有名になっている。例えば毎日新聞平成13年12月19日号、写真F1は同紙からの借用である。車の乗り入れを制限するかわり路面電車を活用している。写真F2がそれである。4両ぐらい連結している。狭い道路で人も大勢いる。そういうなかを走るのでスピードが出ているように感ずる。乗車したキップ（切符）が写真F3である。DM=ドイツマルク表示である。

写真F2

写真F3

写真F1

写真F4

141

が、現在はユーロ表示になっていよう。ドイツやイタリアの鉄道は改札口がなくキップが回収されてしまわないのが嬉しい。記念に残るからである。打刻時刻と車中改札（ほとんどないが）とでチェックしているのであろう。

「この街は中心部から自動車が閉め出されており、美しい自然に恵まれ、木々の緑を眺めながらレストランのテラスで飲食できます」との橋爪隆神戸大学助教授のフライブルク大学通信（法学教室252号7頁）を写真F4は捉えているのであろうか。

シュツットガルト　Stuttgart

ドイツ最南東端の州であるバーデン・ヴュルデンベルク州の州都で人口60万人である。

メルセデス・ベンツの本社がある。今年は三菱自動車への出資拒否などの報道の都度テレビに写し出されたので本社の塔が写真S1である。その塔の少し前に屋根のないエスカレーターがある（写真S2）。日本では屋根のないエスカレーターはほとんど見ないので撮影した。

ベンツ本社の敷地内に自動車博物館がある。歴代のベンツ車が展示してある。日本語で「天皇陛下旧御料車」と日本人向けのPRにも抜け目はない。博物館の内を撮影するのは自由であるが、博物館から外に向けて、すなわちベンツ社を写そうとしたら監視員が飛んできて制止された。企業秘密を守るということであろう。

広々とした宮殿広場へ行く。中央に高さ70mの記念塔が立ち、東西に新・旧の

写真S1

写真S3

写真S2

写真S4

宮殿がある（写真S3）。広場の中から道路へ出る自動車に対しては、高さ50cm位の石柱が地中に潜って通行可となり、道路から広場へ入ろうとする自動車には感応せず石柱が立ったままとなっていて入らせない装置があった。広場の美観を損なわず、自動車の入りを制し、出るを助けるという機能をはたしている。心にくいばかりの工夫と感じた。

シュツットガルト市役所の人に教えられた書店buchhausに出向いてドイツの建設法典（これはわが国の都市計画法、建築基準法、土地区画整理法、土地収用法、都市再開発法などが含まれている、本誌21号71頁でも触れた）を買う。3階建てのなかなかの書店である（写真S4）。ドイツ語もできないので書いてもらったメモを示して目的を達する。本の現物と領収書をくれるだけで包装も袋入れもしない。ゴミを発生させないようにするためか、年1800労働時間を達成したドイツでは余分の労働で時間を使わないようにしているのか、わからないがさっぱりしている。

ちなみに、シュツットガルト市での区画整理では面積式の換地設計をしているとのことであった。

チュービンゲン　Tubingen

シュツットガルトから40km南へ下ったところがチュービンゲンである。中心市街地にはバスが入れないので徒歩となる。入り口に当るネッカー川の橋を渡るのであるが、ここから見る街並みが美しい（写真T1）。街の中は石畳である（写真T2）。車の出入りをできないようにしてあるのもうなずける。

ゆるやかな坂を登るとチュービン城の

写真T1

写真T2

写真T3

写真T4

写真T5

城門（写真T3）へ着く。城門前からのチュービンゲンの見晴らしは写真T4である。降りて町のなかを歩くが1491年建築の家を保存（生活もしている）しており、古きを尊ぶところは日本とは異なると感ずる。

チュービンゲンを更に南へ下るとホーエンツオレルン城が小高い丘の上に見える（写真T5）。ドイツを代表する2つの名城の1つがミュンヘン南のノイシュベンシュタイン城で、他の1つがこの城といわれる。さもありなんと思う。

アウクスブルク　Augsburg

ローマ皇帝アウグストゥスの名を冠したドイツ最古の都市といわれる。市制2000年を祝ったという古い町である。ミュンヘンの視察を終えて、西北約60kgのこの町に夕刻に着いて、夕食後市内の一部を一廻りする。路端に止めてある二輪車の90パーセント以上日本製であるのを見て感心する（但し1983年5月のこと）。

翌日10時には出発してしまったので、いい写真はとれずにおわる。今思うと残念である。

ミュンヘン　Munchen

ドイツ最南西端の州であるバイエルン州の州都で人口は130万人、面積310平方キロメートル、南ドイツの文化・商工業・交通の中心地である。

高層建築を嫌う低層建築主義の都市計画をもっている。写真M1、M2はミュンヘン市役所（といっても人形塔のある観光名所の新市庁舎（写真M3）ではなく、新市庁舎から少し南のブルーメン通りに所在するもの）の土地管理部のある10階の窓から撮影したものであるが、高く写っているのは教会（フラウエン教会、

14 ドイツ大小の都市をめぐる

写真M1

写真M2

写真M3

写真M4

写真M5

写真M6

サンクトミヒヤエル教会）ぐらいである。

　高層建築をつくらせないという象徴的出来事はヘリティデパートの取り壊しである。同デパートが16階建てを建築したところ、教会の尖塔が見えなくなるなど市民の反対が強く取り壊させ5階建てにさせたというものである。建ぺい率をゆるめ容量的には高層のときと同じか少し大きくしたが取り壊し費用や新築費用の何割かを賠償したとのことである。議会建築諮問委員会の仲介もあって苦労したとのことであった。強制しえたのかどうか、強制しえたとしたらその法的根拠を質問したが、通訳が悪いのか質問が伝わらず要を得なかった。

　ミュンヘンも他のヨーロッパの街、例えばローマ、パリのように、当初、城壁で囲まれた地区が中心市街地をなしている。ミュンヘンのそれは直径約2kmである。城壁を壊した跡地を環状道路（リンク）としている。そのなかの道路は直線が少ない。リンク外、なかでも北側は桝型の街区を形成している。ミュンヘンは土地整理（土地区画整理もその重要な一種）が盛んであるので、同事業によって整備されたものと思われる。

　観光地としてはニューフエンブルク城（写真M4）がそれである。

　ビールの町として名高くオクトバー・フェスト（十月祭）には世界中から人々が集まると言われる。平成4年訪独の際には、ちょうどその時季にぶつかり、会場のテレージエンヴィーゼへ行ったが本当によく賑っていた（夜景のためと撮影技術未熟なため写真を掲示できないのは残念である）。

　フェルリーナ団地を視察する。建物、池、公園などが程よく配置されて美しい団地である（写真M5、6）。

（以上　アーバン・アドバンス　33号　2004年3月　名古屋都市センター発行）

15　シチリア、コルシカ観光

2002（平成14）年7月15日〜25日

2002（平成14）年7月16日（火）から同月26日（金）の11日間、財団法人交通事故紛争処理センターの2002年海外視察旅行（参加者12名、添乗員1名）に参加して、シチリア、コルシカ（経由都市としてパリ、ニース、ジェノバ等）へ行ってきたので書かせていただく。

前日　7月15日（火）

16時35分名古屋空港発国内線で成田へ行き前泊する。台風が刻々関東地方に向かっており、明日の出発が心配である。

第1日目　7月16日

10時に成田空港第1ターミナル4階に集合し小会議室で結団会を催して搭乗手続。

アリタリア航空12時30分発であるが台風の影響で空港の離発着が混乱しており1時間遅れの13時30分に離陸する。前泊せずに当日早朝名古屋発の航空便、新幹線で成田へ来る予定にしていたら陸空とも台風でダイヤが乱れたので間に合わなかったかもしれない。

出発は遅れたがミラノのマルペンサ空港には予定通り18時50分（現地時間。以下同じ）に到着する。所要12時間20分。

早速1万円を両替する。ユーロになっており、レート124円12銭で80.60ユーロであるところ手数料4.5%を引かれ手元に77ユーロが渡される。イタリヤといえばかつてのツアーでは何万リラを渡されて価値感が狂ったが、これならほぼドル感覚で1ユーロ120〜130円のつもりで使えばいいと思う。早速、空港でパスタ類と飲み物を買って夕食とする。

ミラノ（コルペンサ）空港を21時10分に発ってシチリアの州都パルレモ Palermo（パレルモと書いてある案内書もある）空港へ22時50分に着く。ホテル着23時40分。

シチリア

第2日目　7月17日
モンレアーレ

パレルモ観光の前にパレルモ西南約8km、標高300mのモンレアーレの観光に行く。入口の壁にトリスケレス（三本脚）というメデューサの首から三本脚のついた奇妙な像・マークがとりつけられているのを見る。三本脚はシチリアの地形（三つの岬）と風土（春、夏、冬。秋がない）を表しているとのことである。

ドゥオーモを見て、その横のベネディ

クト修道院に入る。アーチ型柱廊が中庭をぐるりと回るように作ってある。

パルレモ

パルレモへ戻り、ノルマン王宮(アラブ人が造り、ノルモン人が手を加えた。現在は州議会場)、パラティーナ礼拝堂、マルトラーナ教会・サンカタルド教会(アラブ・ノルマン様式の赤いドームとシュロが印象的)、カテドラーレ(大聖堂)と廻り、裁判所へ行くが警戒厳重で入れそうにない。マッシモ劇場、ポリテアマ劇場とバスと徒歩で廻る。

地中海のほぼ中心にシチリア島があるため古代ギリシヤから近世にかけて、フェニキア、サラセン、ローマ、アラブ、ノルマン、ドイツ、フランス、スペインなど次々とシチリアを支配し、その都度、それぞれの文化を残したと言われるが、パルレモにもその一端が表われていると言える。

パレルモと縁の深い日本人としては、清原王(1861年生)がいる。パルレモ出身の彫刻家ヴィンチェンツォ・ラグーザ王となった。この人物について早川義郎(12期・同期の裁判官)の『ラグーザ王伝を検証する』が詳しくかつ有益である。

第3日目　7月18日(木)
セジエスタ

宿泊したジョリーホテルをあとにしてパルレモから西南40km位のセジエスタへ高速道路で向かう。ちょうど10年前の1992年に反マフィアの象徴的人物であったファルコーネ判事が爆殺された現場を通る。

セジエスタはかつて栄えたが今はバルバロ山麓にギリシア神殿(前5世紀、アルテミス神殿が正式名)とギリシア劇場を残すのみである。神殿は溝がついていない丸柱のままの力強い36本が建っている。劇場は半円形の野外劇場で大きい。劇場の客席からみる山と谷間のパノラマはすばらしい。この造りがギリシヤ人のものであるとのこと。シチリアの強烈な陽光の下にまぶしい。

帰国後、法学教室No.263、平成14年8月号6頁に木庭顕東京大学教授の「現代日本法のカタバシス」の内容としてアルテミス神殿が掲載されているではないか。感激。

アグリジェント

方向を東南にとって、アグリジェントに向かう。ギリシヤの詩人が世界で最も美しいとうたいあげた町とのこと、バスからの遠景も美しい。この町の南部「神殿の谷」にギリシヤの遺跡があるのである。神殿はいずれも小高い丘の上にあり、なぜ神殿の「谷」と言われるか不可解である。

東から、ジエノーネ、ラチニア(ヘラ)

神殿、コンコルディア神殿（アテネのアクロポリスの丘上にあるパルテノン神殿—行ったことはないがよく写真に出てくる—もかくあるのだろうと感じ入った）、エルコレ（ヘラクレス）神殿、ジョーヴェ・オリンピコ（ゼウス）神殿、巨大な人像柱（ただし仰向けで寝像）を見て感心する。

夕食は庭園風のレストラン"レ・カプリーチェ"でイタリヤ料理をとる。

レストランの帰路、神殿がライトアップされていて正に神秘的な夜景であった。

第4日目　7月19日（金）
ピアッツア・アルメリーナ

アグリジェントを発って約100km東に当たるピアッツア・アルメリーナへ向かう。農地が延々と続く。シチリアは広い、日本の四国より少し大きく、地中海では最大の島である。シチリアにいる間は島だとは思えない。面積は25.700km²、人口約520万人である。

18世紀のはじめにはシチリアは世界最大のトマト産地になった（宮崎正勝・モノの世界史）との記述もうなずける。

ピアッツア・アルメリーナの西南6kmのカサーレにあるローマ皇帝別荘（文化上の世界遺産である）の観光である。この別荘は12世紀まで人が住み利用されていたが、その後に起こった山崩れによって埋まり19世紀になって発掘され徐々に全容が明らかになってきているものである。ポンペイと同様、永い眠りから覚めた歴史的文化遺産である。

狩りの様子やビキニを着た10人娘のモザイク画など正に目を見はるものがあった。

ピアッツア・アルメリーナの市街地の高台で聖堂の見える所に立つ。聖堂に至るまでギッシリ民家が建っている。

野村　卯（名古屋家裁調停委員）の「私と作品」（名古屋家事調停会報39号27頁）掲載の「ピアッツア・アルメリーナの町の遠景」の作品を私が撮影してきた写真を見較べると正しく同じ風景と見受けられた。絵心を充実させるためここまで来られたことに感服するものである。

ピアッツア・アルメリーナの東南20kmのカルタジローネの観光に向かう。イスラム支配の時代から盛んであった陶器（マヨルカ焼き）の産地である。美しい陶器を並べて売っている店が多い。サンタ・マリア・デル・モンテの大階段を見にいくが、一段毎にデザインの違う陶器で装飾されている。

カルタジローネをバスで15時50分にたって18時にタオルミーナに着くが大型バスは街に入れないということで小型バスに乗り替える。山に海がせまっている風光明媚な観光地だからであろうと期待する。

メッシーナ門からウンベント一世通り

を散策する。いい通りで大賑わいである。ここは一般車は通行禁止である。

第5日目　7月20日（土）
タオルミーナ

　タオルミーナはシチリア東部でイオニア海に面したリゾート地。南西に活火山エトナ山（標高3350m）を仰ぎ、そのエトナを背景に美しい海岸線とまばゆいビーチが広がるシチリアで最も洗練された観光地である。

　朝、目覚めてホテルから眺めるとその一部が望見された。

　ギリシヤ劇場の遺跡に行く。屋根などはなく上段の観客席からエトナ山がゆるやかなスロープを描き、海が広がり正に絶景である。佐々木清（文・絵）の『南イタリア　シチリア紀行』（2002年8月8日発行）88頁は「古代ギリシア劇場から望む雄大なパノラマ」の章があるが「初冬の11月で小糠雨は下界の風景を薄いベールで包み込んでいる」とあり残念だったと思う。野上弥生子は昭和13年にタオルミーナからエトナ山に登っている（欧米の旅・岩波文庫（上）482頁）。うらやましい。

シラクーサ

　タオルミーナから南へ約100kmのところにあるシラクーサに向かう。途中、明日飛行機に乗るカターニアを通過する。

　シラクーサはシチリアの三つの尖端の一角、シチリア東岸に位置し、イオニア海に面した都市である。マツダレーナ半島とオルティジア島（二本の橋で結ばれている）にまたがって街は建設された。

　港の駐車場にバスをとめ、橋を渡ってオルティジア島に足を入れ、ドゥオモ広場に至り、ドゥオモ・サンタ・マリア・デッレ・コロンネ教会、アレトゥーザの泉を見る。市役所municipioも広場横にたたずんでいた。旧市街地そのものであり、「ここはローマかと思わせる」（佐々木・前掲書101頁）ものであった。

　海岸通りへ出る。明るく太陽が照り（しかし名古屋ほど暑くない、乾燥しているせいか）、ローマとはちがいシチリアである。海辺のリストランテ・ピッツエリアの1つであろう、ランブラで昼食を景色を楽しみながらとる。

　島から半島へ戻りシラクーサ市内ではあるが少し北のギリシヤ劇場、天国の石切り場、ディオニュオスの耳（洞窟で音響効果があり盗み聴きができたことからこう言われる）、ローマの円形闘技場を見る。ギリシヤのおおらかさとローマの残忍さを見せつけられた感じがする。

　タオルミーナに戻り、グランドホテル・ミラマーレでシチリア最後の晩餐をとる。

第6日目　7月21日（日）

　ホテルを8時45分に出てカターニヤ空

港へ10時ちょうどに到着。11時40分、同空港を飛び立つ。快晴、海岸線、家々、そしてエトナ山、他方を見ればイタリア本島。機上からいろんな景色をみてきたが、これほど美しく素晴らしいところはなかったように思う。

〈あとがき〉

シチリアと言えば「マフィアの島」という連想しかなかった（シチリアへ行ってきたと話すと多くの人がマフィアの島？と反応するので私だけではないようだ）が、累積した文化と民族の交流（抗争）と農業と観光の地域であった。同行の人たちとの友誼を深め、本当に行ってきてよかったと思う。

〈以上　名古屋家事調停会報43号（2003.1）〉

シチリア行程図

参加者

上野朝子	大場民男	岡田　潤
岡田淳子	沖野　威	川口雄市
檜山公夫	檜山敬子	守永　宗

吉岡　進　　小川篤子　　渡辺眞一
木村（添乗員）

コルシカ

前号で「シチリア・コルシカ旅行」という題で書かせていただいたが、「シチリア」だけで紙数がつきてしまったので、続編として後半の旅行についてペンをとることにした。

「シチリア・コルシカ旅行」であれば、シチリア島からコルシカ島へ地中海を船または飛行機で直接に行くものと当初は考えていたが、さにあらずで、シチリアからローマへ出て、パリで宿泊までして、コルシカへ飛ぶという行程であった（図面参照）。

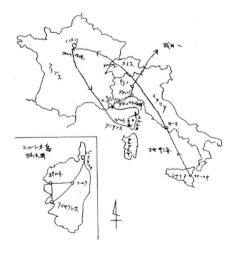

第6日目　平成14年7月21日〉

シチリアのカターニヤ空港を飛び立っ

た飛行機は1時間ちょっとのフライトで12時50分ローマ空港着。パリ行き航空便の出発まで時間があるので空港のカフェテリア"Autogrill"で各自お好みの昼食をとる。私は野菜のピッツァを注文する。

15時10分ローマ空港を発つ。途中アルプスの山々を下に見る。

17時15分パリ北東のシャルル・ドゴール空港へ着く。コンコルド広場の少し北の小じんまりしたホテル・カストグリネが今夜の宿泊先である。

パリへ入ると一挙に現代へ戻ったという感じである。シチリアは、ひなびていたと言えようか。

夕食は各自でとることとし、われわれ数名はホテル近くに「サッポロ」という屋号のラーメン屋があるというので、そこでラーメンをとる。連日のイタリア料理であったので日本的なものを簡単に食べたくなったせいであろう。オペラ座まで散歩してホテルへ帰る。

第7日目 7月22日

ホテルで朝食をとって、筋向いにあるエリーゼ宮を一廻りする。角々に衛兵が立っており安心である。

8時15分ホテルを出てパリ南にあるオルリー空港へ向う。北東からパリへ入り南から出るということはパリを多く見ることができて喜しい。9時10分オルリー空港着。

いよいよコルシカ（島）へ向う。

コルシカ島は面積8722平方キロメートルでシチリア島、サルデニヤ島に次ぎ地中海で3番目に大きな島である。

人口は、1987年版交通公社のポケットガイド『フランス』129頁では約30万人、長谷川秀樹『コルシカの形成と変容』三元社2002年版9頁では約27万人、2002年4月12日の毎日新聞では26万人で、人口減少の島であろうか。

ジェノバ共和国の支配を受けていたこともあるが、フランス領になったのは1769年である。フランスからの独立派と反対派の抗争が続く島とのことであるが、われわれ観光客で通訳がジェノバから来た人の一行には、その空気は伝わってこなかった。

コルシカ島の主要都市は**アジヤクシオ**である。そのアジヤクシオ空港に12時30分に着く。アジヤクシオの街は、アジヤクシオ湾の東に空港があり西が市街地になっていて、途中にわれわれが宿泊するホテル・カンポデルオロがある。空港名も正式には同名である。

ホテルへトランクを預け、市街地のレストラン"レスタミネ"で仔牛のシチュウを中心とした昼食をとる。

まず、ガレ広場で騎馬に乗っているナポレオン像とそれをとり囲んでいる4人の兄弟の立像を見る。アジヤクシオはナポレオン（1769生、1821年52才没）が生

まれた町なのである。ナポレオンの生家、ナポレオン記念館（市庁舎の２階）、大聖堂を見て廻った後、ガーデナル・フェッシュ通り（商店街）を散策する。裁判所も発見してその前で記念撮影をする。

海岸べりのレストラン、ドゥ・フランスで魚料理の夕食をとる。

夕食後、フォッシュ宮殿前へ行き、ホテルに戻る。

第8日目　7月23日

ホテルで朝食をすませ、コルシカ鉄道に乗るべく始発へアジャクシオ駅へ向かう。

同駅を8時45分に発つ。列車は山をのぼっていく。コルシカ島は「海に浮かぶ山」と呼ばれ、平野はほとんどなく、島の北西から南東にかけては2000メートル級の山々が連なり、島全体の平均標高は568メートルに達する。コルシカ島が山がちなのは、アルプス山脈の延長線上に位置しており、アルプス山脈の南西端は南フランスのコート・ダジュールで急激に海に落ち込み、その南で再び隆起して海上に姿を現し、コルシカ島ができたとの記述（講談社『世界遺産』第2巻ヨーロッパ234頁）を実感する。

11時08分**コルテ**駅に着く。

コルテは島中部の古都である。まず、ラ・レストニカで、マスを中心にした昼食をとる。

コルシカ島の海は魚の楽園とのことで魚料理が多いのであろう。

コルテのまち中は、山に囲まれた城砦（要塞）と古い町並みが残っている。独立の志ガフオリやパオリの立像が偉容を誇る。

一方ではプチ・トラン（小機関車）が観光ルートを走っていて、それに乗ってみる。

また、新しい大学もある。

15時10分コルテをバスに乗って発つ（バスは列車とは別に来ていてくれたのである）。

コルシカ島西海岸の**ボルト岬**まで行くのである。ボルト岬は、ジロラタ岬、スカンドウ、自然保護区と共に1983年に世界遺産（自然遺産）に登録されているのである。

コルシカ島西岸はリアス式海岸であり、深い谷が複雑に入り組み、ボルト湾が内陸深くまで食い込む付近は、1200メートルもの高さに達する赤紫色の岸壁に囲まれ、正に絶景である。

ボルト湾の岩の上にジェノバの塔が立っているのは愛嬌である。

20時50分にやっとアジャクシオに戻り、ラ・ラドでムール貝のワイン蒸しの夕食をとる。

第9日目　7月24日

8時ちょうどアジャクシオのホテルをバスで発ってコルシカ島の北東バスティ

ア港へ向う。

途中ボコナノ、ヴィツアボーナ、コルテを通る。ここまでは昨日は鉄道で来たところである。鉄道と道路とが立体的ではあるが行き交う。山のなかである。

11時30分バスティア港に着く。平地へ降り立ち日影もないので暑い。

コルシカ・フェリーに乗り込む。ジャノバ湾をわたって、**ニース**に渡るのである。12時10分出港、コルシカさようならである。ニースはフランスであるのでフランスさようならとはいえない。

昼食はフェリー内でサンドウィッチですませる。

16時40分ニース港着。

ニースは**リヴィエラ**の女王と呼ばれコート・ダジュールの中心都市である。山々を背に天使の湾を抱く地勢が温暖な気候をもたらし、高級リゾート地として世界各国の観光客を惹きつけ、海岸通りは美しい風光を楽しむ人々で賑わうと言われる（前記交通公社ガイド118頁）。一度来たいと思っていだところである。

マナセ広場、英国人の散歩道などをバスでざっと見てまわり、高速道路へ乗る。

途中、モンテ・カルロ、モナコ、マントンを上から望んで、イタリアへ入る。

ここからイタリア、リヴィエラといわれ、ジャノバまでを西リヴィエラという。

サンレモ、サヴォナなどの海岸線と家々を望見しながら、いつか来たいと思う。途中のアルベンガで休憩する。

19時50分ジャノバのシェラトンホテルに到着する。レストラン・ナポレオンでお別れ会を兼ねて遅い夕食をとる。

食後、**コロンブスの家**を見物する。

第10日目　7月25日

9時15分にホテルを出て少し高台から港がよく見える。かつて、地中海の覇権を握った。都市国家の顔が見える。今でもイタリアでは第1の港湾都市とのことである。

高速道路の途中、モンテ・ローザの山並みが見えかくれしながらミラノのマルペンサ空港へ向う。11時50分着。またまたこの空港で昼食をとる。少しは注文などに慣れてくる。

予定ピッタリの14時35分出発。追い風で予定時刻より小1時間早く成田空港着。

穏やかシチリア、峻厳なコルシカという対照的な印象をもって帰国した。

（名古屋家事調停会報　第44号45頁）

追記

平成15年7月21日の新聞は、「仏コルシカ島独立運動が先鋭化　武装組織、休戦を放棄」の見出しのもと、コルシカ民族解放戦線が約2年半に及ぶ休戦の放棄を宣言したことを報道しました。休戦中の旅行中であったわけでした。

16　スロベニア・クロアチア紀行

2005（平成17）年7月16日～26日

まえがき

　スロベニア、クロアチアは、旧ユーゴスラヴィア（以下「ユーゴ」という）の北西部にあって、1991年6月25日にユーゴから独立宣言をした国である。1980年に「ユーゴ建国の父」といわれるチトー死亡後の混乱、相次ぐ独立、内戦はユーゴを多民族国家、モザイク国家の悲劇として私達の注目をひいていた（注1）。

(注1)　2005年6月になっても、「終わらぬ民族浄化・セルビア・モンテネグロ（木村元彦著、集英社新書）が発行される状況であるが、セルビア・モンテネグロ、ボスニア・ヘルツゴヴィナとスロバキア、クロアチアとは地理的にも歴史的にも全く違う国らしいことを実感できた。

　7月16日から26日まで「財団法人交通事故紛争処理センターのスロベニア・クロアチア海外視察ツアー」に参加し、「アルプスの瞳」といわれるブレッド湖等美しい自然の風景と中世の香りの残るスロベニアと「アドリア海の真珠」と表現されるドブロクニクのあるクロアチアを楽しみ、ときには内戦の残滓を目の当りにし、またチトーの生地を訪問し、長年もやもやしていたものが地理的には、すっきりしたのでこの旅行記を書くこととした。

第1日目　7月16日（土）
成田→ミュンヘン

　10時成田国際空港第2旅客ターミナルビルへ集合。参加者13名（弁護士7名—司法研修所10期から18期6名と研修所前教官1名—と家族、付添、センター関係者）である。これまではどこのツアーでも集合前、遅くても集合時には「参加者名簿」の配布があったが、今度は個人情報保護法の施行により配布しないとのこと。個人情報保護法の名目のもと配布されてしかるべきものがされないという実感をもっていたが、ここでもそうかという感想を強くする。

　航空券の入手とトランクを預けおえて、空港の銀行でユーロに交換する。スロベニア、クロアチアでは日本円の交換はむつかしいのではないかという予想からである。1万円で70ユーロ、交換レート142.01円であった（計9940円、おつり60円）。実際に行ってみると両国でも日本円の交換レートの表示があり、交換可能であった。

　12時10分ルフトハンザ機成田空港を予定通り離陸。ミュンヘン空港、着陸態勢

のアナウンスを聞いて腕時計を7時間遅らせて現地時間に合わせる。サマータイムでないときは8時間遅らせるのである。17時30分着く。この間12時間20分である。

　ミュンヘン空港で約3時間待ち。「SOLVENIJA, HRVATSKA, BOSNA I HERCEGOVINA, SRBIJ A I CRNAGORA, MAKEDONIJA・SHQIPERA」（ドイツ語表示ではSLOWENIEN, KROATIEN, BOSNIEN-HERZGOWINA, SERBIEN UND MONTENEGRO, MAKEDONIEN・ALBANIEN）を買う。クロアチア語でのクロアチアの国名は、フルバッカHrvatskaということを知る。地図は7.5ユーロ、日本円だと1ユーロ142円として1065円。

　アドリア航空に乗り換えミュンヘン空港を20時15分に発つ。

スロベニア

　50分の飛行機でスロベニアの首都**リュブリナ**の北方23キロのブルニーク国際空港に着地。

　宿泊予定のグランド・ユニオンホテルへは21時55分に着く。なかなか立派な部屋であった。「地球の歩き方中欧」（以下「歩き方」として引用する）に4星評価がされていたが、さもありなんと思う。

　ホテルでスロベニア通貨トラールに交換する。1トラールは約0.5円であった。EUには加盟済であるが、EUの通貨国には未だなっていないとのことである。

第2日目　7月17日（日）
リュブリナ

　宿泊したホテルはリュブリナ市の中心部にあり、観光の中心地であるプレシェーレン広場、三本橋にごく近いので朝食後、出発集合前に少し散策する。実にこじんまりとしたいい街である。

　9時バスでホテルを出発する。ホテルの北、2街区ほどの一角に裁判所があるということで出向く。四階建ての石造り風の建物。スロベニア文字で三段の表示がしてあり、最高裁判所から地方裁判所まで入っているような気がする。

　南へ進路をとって、丘の上のリュブリナ城へバスのまま行く。1144年に封建領主スパンハイム男爵によって建築されたが、ハプスブルム家の当地方への勢力拡大に従い14世紀には同家に継承され、その後刑務所に使用されていたこともあるが、1905年にリュブリナ市に買収され現在に至っている。

　城壁からは帝政ローマ時代からの古い歴史を持つレンガ色に染まる旧市街を一望でき、その先には街を囲む山々が見える。

　コングレス広場でバスを降りる。正面は大学の広場である。リュブリナ川に

沿って歩く。花々が美しい。前述のプレシェーレン広場、三本橋に至る。ここからピンク色のフランシスコ教会と宿泊ホテルであるユニオンホテルが間近に見える。

　三本橋を南へわたると大聖堂に至る。日曜日なので礼拝者で中は一杯。ミサ中なのであろう。同教会正面入口の重々しい扉には、下から順にキリストとスロベニアの歴史がわかるように彫刻されている。渋い造りであるが1996年に当地を訪れたローマ法皇パウロ二世の像があるので新しい扉である。法皇の像の下に小銃らしきものを持った大勢の兵士の像がある。これは独立宣言の直後から始まった独立戦争の戦士を画いたものと思われた。

　千田善・ユーゴ紛争・講談社現代新書（以下「紛争」として引用する）85頁は次のように書いている。

　「ユーゴ連邦軍戦車部隊は、独立式典終了からわずか5時間後の午前3時に出動し、夜明けまでにスロベニア北と西の国境線に達し、空港を制圧できると考えていた。連邦軍の主力を占めるセルビア人たちは、勤勉だが性格の穏和なスロベニア人を「本質的弱虫民族」と常日頃から馬鹿にしていた。そして「戦車さえ出せば、驚いて独立を断念するだろう」と甘く見ていたからである。思わぬ抵抗と反撃にあって驚いた。

　スロベニアがアルプスのふもとに位置し、丘陵・山岳地域が多いことも、戦車の作戦には不利だった。丘陵や森林を縫うように走る幹線道路がバスやトラックの即席バリケードで封鎖されると、戦車部隊は迂回できず、立ち往生させられた。スロベニア政府は、大量の自動小銃や対戦車砲などをひそかに密輸入し、独自の準備をしていた

　スロベニア独立戦争はユーゴ連邦軍側の完敗に終わった（10日戦争）。スロベニアを実質上も独立させ、旧ユーゴを崩壊させたのは結果的に連邦側の武力介入そのものだった。」

　大聖堂をあとにして市庁舎、ナルシストの泉、青空市場などを見て解散。1時間のフリータイム。

　昼食はスロベニアの伝統料理店のソコルでとる。

ブレッド湖

　13時、リュブリナ北53キロにあるブレッド湖に向う。アルプスに近いことを実感する。途中、スロベニアの国家絞章や国旗にその姿がデザインされているトリグラウ山（2864m、ユリアン・アルプスの最高峰）を望見する。

　14時すこしすぎにブレッド湖に着く。絵のように美しいという使い古された表現が陳腐に響かずと「歩き方」252頁にあるが正にそのとおりである。湖は南北2.1キロ、東西1.4キロ、周囲6キロで湖

の北岸にブレッド城が、湖のなかに聖マリア教会が建つブレッド島がある。エメラルドグリーンに輝く湖の岸辺は大勢の人が来て遊んでいる。泳いでいる人もいる。水着（水泳パンツ）を持ってきていれば湖に入りたいと思った。

15～6人乗りの小舟（船頭さんの手こぎボート）でブレッド島（小島）へ渡る。鐘を鳴らすと願いがかなうという鐘を鳴らす。

湖から100mの高さの断崖に建つブレッド城を徒歩で昇る。城のベランダからみるブレッド湖とその周辺の景色、眺めは素晴しい。

1990年にはボート競技世界選手権会場であった（紛争79頁）。

16時45分ホテル着。18時45分から夕食に出掛ける。エリックの家という店名でスロベニアの伝統的前菜（チーズをパンでロールしたもの）、シカ肉、赤キャベツとパスタ、ブルーベリーのパフェ（アイス）であった。

第3日目　7月18日（月）
ポストイナ鍾乳洞

8時30分出発。リュブリナから西南120キロの**ポストイナ鐘乳洞**に向う。9時20分着。日本語の案内書入手。ヨーロッパ最大で最も美しい鍾乳洞と言われる所だけあって年間80万人の観光客を集めている。日本人観光客も来ているのであろう（この日も会わなかったが）。

10時に入洞する。まずはトロッコに乗り2キロ走る。「英語」「仏語」「独語」「伊語」のガイドの表札あり。われわれは「英語」の所へ並ぶ。日本語のガイドはない。洞窟は約27キロあるとのことだが、そのなかの1キロ程を歩く。自然の力による不思議な形をした大小様々の鍾乳石の造形美に圧倒される。鍾乳石の切れ目がなく土が見えない。山口県の秋芳台の鍾乳洞も大きいが、こちらのほうがはるかに美しい。真っ白で細く鍾乳石には「スパゲティ」などの名が付けられている。

十分に堪能して、再びトロッコに乗って出入り口に戻る。11時30分。洞中は八度で三枚着ていたが寒気がした。その時、どうも風邪をひいたらしい。熱はないが。

出入口に近いレストランJAMAで昼食をとる。パスタスープ、ローストビーフ（ライス付き）など。12時50分出発。

ポストイナ鍾乳洞から南へ約35キロでスロベニアとクロアチアの国境に13時45分達する。RUPAという地名である。

この途中で砲撃されて壊された家が二、三見えた。その他多くは改築、新築されているようであったが、大砲の小さいのが一基、錆ついたまま放置されていた。戦争の跡が少し見受けられた。その他は平和そのもので治安もよいようであったが。

国境には検問所が、高速道路上の料金

所と同じように並んでいる。国境通過はツアー客にとって、少し緊張する場面である。パスポートをガイドに預ける。ガイドがバスを降りて国境警備員の所へ行く。戻ってくる。OKとのこと。警備員がバスに乗ってきての顔の見較べ、尋問はないとのこと。旅券へはノースタンプとのこと。少し残念。

クロアチア

クロアチアへ入国する

両替をする。1ユーロ＝7.13クーナであった（注2）。

(注2) クーナ（KUNA）は、てん（貂。イタチに似た獣、毛皮を珍重）の毛皮からきたとのこと。持ち帰った1クーナ硬貨には正しく、てんが飛んでいる絵が入っていた。

一週間前に開通したばかりの高速道路を約20キロ走って、クロアチア最大の港町リエカに着く。港や街が一望できるトルサットの丘へ昇る。トルサット城があるとのことであったがちょっとした屋敷風の建物であった。時間がないとのことで街へは降りずに次（東）へ向って15時に出発する。カルロバックを右折して南下する。

途中、地図上ツランという地名の所の店でトイレストップをする。その店の裏側には、ドクロの絵の入った「地雷注意」の立看板があった。添乗員大町さんの話によると前に来たときには数本立ってい たとのこと。今は1本だけ。地雷の撤去がすすんだのであろう。こういうところでもクロアチア戦争の跡が見られた。17時出発。

18時15分ゼゼロホテルに到着する。このホテルはプリトピッツェ湖郡国立公園の中心にあり、美しい自然に囲まれた全室バルコニー付の部屋であるが、ロッジ風は免れぬ。

夕食はホテルでとることとする。野菜スープ、タラのフライなどである。

第4日目　7月19日（火）

プリトビッツェ湖群国立公園の入口（受付）はホテルから程近い所てあるが9時にバスで出発。すごい雷雨とどしゃぶりがきたので公園入口の建物で30分ほど待つ。青空になって晴れる。

この国立公園は、大小16の湖の間を92ヵ所の滝が流れ落ち、その景観を求めて多くの観光客が訪れるとのこと。歩き方、観光の仕方としては、上から下る方法と下の方から登る方法があるが、われわれは下から滝を見上げつつ登る。このほうが迫力を感ずる。湖には名前が付いているが滝には名前がない。流れや湖にはレッド・テイルという尾とエラが赤い魚ばかりが目につく。マスの卵を食い荒らし生態系を壊したようだ。

10時30分公園で一番広いコザック湖の船着場へたどりつく。しばらく待って船

に乗ってホテル付近まで戻る。公園全体で200キロ平方メートルと広い。

　1979年にユネスコの世界遺産に登録された。しかし1991年のクロアチア独立戦争時にはセルビア側の管理下におかれ、一時は「危機にさらされている世界遺産リスト」に登録されたが、現在はクロアチアに戻り、危機リストから除外され、美しい湖郡の姿を見せている。

　12時、林の坂道を歩いてホテルへ入る。昼食はリッカコッカというレストランでとる。子牛の丸焼きを炉の上で廻しながらしているのは圧巻であった。それを主に昼食が出た。

　13時20分出発。16時08分には高速道路へ出る。地図上未開通区間であったところが開通しており、予定より一時間も早く17時10分にスプリットのホテル・マルジャンに着く。高速のないときは、アドリア海沿いの国道を渋滞のなかを走ったそうであるが、今回は山頂に近いとこに造られた高速道路で走行車もほとんどいない状況で走るので目的地へ着く効率はいいが、憧れのアドリア海はスプリットへ降りる所で少し見られただけであったのが淋しかった（しかし、この点は、この後の行程でしっかアドリア海に接することになるので、そう感ずることはなかったのである）（注3）。

（注3）　このあたりを「ダルマチア地方」という。白地黒斑点のある犬（101匹ワンチャンで有名な）ダルメシアンの原産地である。

　ホテル・マルジャンは、市内でひときわ高い白いホテルとの紹介であったが、筒状部分の四階以上はクロアチア戦争で破壊されており使用していないとのこと。三階以下の台状部分でのみの営業であった。三階以下では近代的雰囲気である。

　夕食はホテルで19時からということ。少し時間があるので睡眠をとりたいと思ったが寝過ごしが心配、これからは小型の眼覚し時計をもってこようと思う。夕食はハムの前菜魚のパン粉付きフライ、アップルパイ等。

　食事を終えて海岸通りを港まで散策する。スプリットはアドリア海最大の港町と言われるだけのことはあって、大中小の客船の窓々に光りがあり、まばゆいほどの美しさである。港の通りには客船の人か地元の人かわからない大勢の人が出て、屋外のテーブルに席をとり飲食などしており景観である。21時30分ホテルへ戻る。

第5日目　7月20日（水）

　スプリットは人口25万人の商業都市、港町、フェリーの拠点であるである他に、歴史の町、ユネスコの世界遺産の町でもある。ローマ皇帝ディオクレティアヌス（245～313）が300年頃に造ったディオ

クレティアヌス宮殿（世界遺産）がある。

それらを見るため9時にホテルを出発する。500mくらいの所にある。海に面した南（正）門側約150m、奥行役200mの長方形の宮殿跡地である。正門から地下殿に入る。人々が生活していて宮殿から連想する威厳はない。地下を抜けて広場へ出て、大聖堂に入る。大聖堂といっても当初はキリスト教を弾圧したディオクレティアヌス帝の霊廟として造られ、その後ドミニウス聖人のための教会となった。ヨーロッパの石造りの文化は用途を変えて使用するところが面白い。

青空の果物、野菜等の市場を歩いたり、大きな傘の下でコーヒーを注文したりする。ちなみにコーヒー6クーナ（1クーナ約20円として120円）、ペットボトルの水3クーナ（60円）であった。

昼食は海辺の砂浜に設けられたレストラン・スミカでいかすみリゾット、黒鯛のグリルなどをとる。

海水浴客が多い。靴を脱いで足をアドリア海の水につける。ここでも水泳パンツを持ってきておれば泳げたのにと思う。

13時30分バスで出発、スプリットの西方約20キロ古都**トロギール**に14時05分着。バスから降りて、まず橋を渡る。もともとはクロアチア本土と陸続きだったが、敵の侵略に備え水路を造ったとのこと。その水路（約20m）を渡るので毒る。

紀元前385年頃にギリシアの植民地として建設された歴史ある沿岸都市で、ユネスコの世界遺産として登録されている。町にはかつての建築が多く残り、一三世紀に建築された聖ロブロ教会はロマネスク様式とゴシック様式の調和した美しい教会で、内部には絵画、彫刻など中世の美術品が並んでいた。トロギール全体が納った絵はがき一枚2.5クーナを買う。

15時40分トロギールを出発し、16時30分ホテル着。夕食はついていないので、私以外は添乗員に付いて外へ出たが、私は体調を整えるため一人残ってホテルのレストランでとる。ここから港を目の前にして夕陽を受けた客船、フエリーが出たり入ったりしながらの夕食は贅沢なものであった。

第6日目　7月21日（木）

午前8時スプリットをバスで出発。アドリア海を右手に見ながらリアス式海岸を南下する。もう高速道路はない。始めての観光客にとってはこのほうが望ましい。続々にいろんな島も見える。10時30分プロッチェへ到着し、トイレストップ。

11時35分ボスニア・ヘルツゴヴィナの国境に達する。国境の検問所らしいものは見当らない。ここから約10キロのみがボスニア・ヘルツゴヴィナ国がアドリア海に面している。ヘルツゴヴィナの町である**ネウム**の免税店に入る。

再びクロアチア国に入り（手続があるわけではない）11時50分**ストン**村のレストラン・バッカスに着。小さい半島のつけ根にある村で防衛上の拠点であったのか、1333年から15.6年にわたって造られた長壁要塞がある。一行のうち数人が登りに行く。

昼食は海鮮パスタなどである。アドリア海をへだててであるがイタリアと面しているので料理もイタリア風のものが多いように思う。14時30分出発。

山の中腹等を走行していたバスがドブロニクに入るため下りかけた所で目的地のドブロニクの柿色の屋根が美しく見えるまさにアドリア海の真珠と呼ばれるドブロニク（旧市街）が見え始めた。一同バスを下車して遠景を背景として写真をとる。感激。

15時50分ヒルトン・インペリア・ドブロニクへ着く。

20時からホテルで夕食、フォアグラのソテイ、牛フィレ肉のステーキなどアメリカ風。室内ではなく中二階ベランダ風の傘立ての下でいただく。気温は31度（温度計を持ってくるといいと思う）だが湿気が少なくそよ風があり気持いい。

食後は来年のツアー先をどこにするか相談をする。

第7日目　7月22（金）

ドブロニク市街地の後背地（北側）のスルジ山へライトバン（バスは入れない）2台で9時出発。1991年の戦争前は市内から山頂までケーブルカーがあったが、戦争で破壊された。修復のめどはたっていない。

ドブロニクはクロアチアの最南端に位置し、アドリア海沿岸の町である。八世紀頃にアドリア海に突き出た町を囲む城壁が造られた城塞都市というべき旧市街地（ユネスコの世界遺産である）と町の拡張とともに西へ広がった新市街地とがある。スルジ山の上からは新旧の美しい市街地が、その先にはコバルトブルーに染まるアドリア海が広がるのを一望でき最高の眺めである。「アドリア海の真珠」と呼ばれる由縁であろう。

白い十字架が建てられていたが前記の戦争で壊されたがこちらは建て直されたとのことである。

山をおりて新市街に入り、裁判所へ寄る。日本の中都市の簡易裁判所程度の外観である。

ドブロニク旧市街は南北約400m、東西約500mの小さい街に頑丈な城壁をめぐらせている。西側のピレ門が陸地から来る人の出入口である。この門から東に真っ直ぐな幅約20mのプラッア通りが200m程続き、ルジャ広場に達し、そこを更に行くと旧港の岸壁である。中央に芯が貫いている感じである。長い年月を経て磨かれたように光る路面（大理石の）

が印象的てある。

フランチェスコ会修道会、聖ヴラホ教会、スポンザ宮殿（古文書館となっている）、旧総督邸、大聖堂と見て廻る。ドブロニクが中世に貿易都市として繁栄していた時代に買い求めたであろう数々の財宝が大聖堂には保存されている。建物回廊についてバロック様式、ロマネスク様式など説明がある。いつかはきちんと勉強したい。

港から１時間クルーズに出る。スルジ山、旧市街（白い壁とオレンジの屋根）、新市街の素敵なホテルや家が次々と見える。港沖に停泊しているクルージング船の大きいことも実感できる。沖合のロクルム島も一周する。海水浴客が多い。同島の東側（旧市街から見れば島の裏側）ヌーディスト・ビーチであった。

昼食はレストラン・ラグーサで海鮮のものを食べる。

午後、フリータイム。

夕食は港に面したレストラン・ロカンダの二階でムール貝の海鮮リゾット、いか焼きなどから好きなものを注文する。おいしかった。

第８日目　７月23日（土）

午前は、フリータイムというか自由研修。旧市街を取り囲む城壁1940ｍを歩くこととする。

８時45分ホテルを出る。城壁まで10分程度。

ピレ門の脇の入口で入場券（30クーナ＝600円）を買って遊歩道へ出る。遊歩道の幅は狭い。だいたい１ｍ位しかない。所によっては６ｍ幅もあるが、平坦な道もあるが、高低が多い。高い所から壁の内を見ればオレンジ色の瓦屋根、外側を見ればアドリア海の青と見あきない。遅く出発したわれらの組は、方向を南の海側にとる。北に方向をとって山側にそって先行した組と擦れ違う。10時50分ホテルへ戻る。

11時30分ドブロニクのホテルを出発。海岸沿いの道路を南東へ約20キロでドブロニク空港へ12時過ぎに着く。トランクを航空会社へ預け入れ後、空港のレストランで軽食。

14時15分、グロアチア航空でドブロニク空港—山際の小空港—を飛び立つ。

一時間弱の飛行で15時10分ザグレブ国際空港に着く。空港から市の中心部へは北西に約17キロ。16時45分にウェスティン・ザグレブホテルに着く。ウェスティンの名は名古屋にもありウェスティン・ナゴヤキャッスルとして名古屋城の辺で経営しているので同一系統か尋ねようと思ったがやめた。そびえ立つグレーの近代的ホテルであった。

ザグレブはクロアチアの首都で人口120万人。13世紀頃から発展をしてきた

町で900年の歴史を有する。面積は不明。トラム（路面電車）が17系統も走っている。この旅行で路面電車のある街に来たのは初めてである。それに乗って街の中心地である共和国広場へ行くこととする。キオスクで切符を買う。6.5クーナ（130円）である。車内で買うと8クーナとのこと。乗車して、まず車内に設置されている改札機に入れて刻印する。17時51分。45分有効とのこと。二輌編成で相当な高速で走る。これらの点はトラムを走らせている西ヨーロッパの都会と同じである。ホテルへは数人で歩いて帰る。約2キロ、30分。

サグレブを「小ウィーン」と書いている案内がある。歴史がある都会という点ではそうかも知れないが、街の形ではそうではない。ウィーンは円環（円形の城壁）のなかで街が造られ現在でもその形跡がある。しかし、ザグレブは前述の共和国広場を通って東西に走るイリツア通りを境にして北側の旧市街のアッパータウン（上町）と南側の新市街（下町）とに截然と区分されている。市街地は19世紀末に行われた都市計画によって形が整えられた大小の通りが走っている。道路の角々には東西の何道路、南北の何道路と表示されており、地図を見ていれば、自分たちの居場所がわかり、道に迷うことはない。

ホテルへ帰ってホテルで夕食。ビュッフェ方式。

寝るまでには時間があるので、4人でもう一度共和国広場へ行くこととする。トラムに乗る。打刻21時05分。広場中央に設けられた舞台の上で各地方から集まった舞踏団が踊っているのが見られた。その帰りが失敗。トラムが環状線になっていると思って、同一路線の反対方向行きが来たのでそれに乗ったら、そうでなく淋しい終着駅。まだ終電ではなかったので同一路線に乗車して（刻印22時15分）、ホテルへ帰る。治安は大丈夫なようで危険とか不安を感ずることはなかったが。

第9日目　7月24日（日）

9時にホテルをバスで出発。公園（名称不明）の横の裁判所へ行く。クロアチア語は読めないが、最高裁判所まで入っているとのことであった。この辺りはきれいな花が咲いており、気温、湿度等が計測できる気象観測塔（有名な建築家ヘルマン・ボレ設計とのこと）がある。

ケーブルカーでアッパータウン（上町）へのぼる。降りた所から下町全体の素晴らしい景色が展望できる。

聖マルコ教会へ行く。その屋根には、クロアチア王国、ダルマチア地方、スラヴォニア地方（現クロアチア国の北西部）を表す紋章が色あざやかに表現されている。この三地方がクロアチアの固有の領

土と考えられていて1991年に名実ともに独立を実現したことになる。屋根の右（東）側にはザグレブ市の紋章がカラーの屋根瓦で見事に造られている。

聖母マリアの礼拝堂、石の門と呼ばれる城門、青果市場を抜ける。

ザグレブのシンボルでもある大聖堂に達する。ここ数年、補修工事が続けられており、このときも、工事用の網が一部にかかっていた。聖母マリアの噴水、金色の塔もすぐ隣にある。

大聖堂前の広場には、国際民族フェスティバルがあるということで、ヨーロッパ各地、クロアチアの各地から舞踏団が集まってきている。眼が覚める衣装である。昨晩の共和国広場での踊りは、その前夜祭の一部であったかもしれない。

商店街は日曜日のため閉店しており、ガラス戸越しに見るだけ。ネクタイ店あり。英語ではnecktieであるが、伊語ではcravatta、独語ではkrawatte、すなわちクロアチアのこととのこと。クロアチアの若い軍人が恋人から贈られたネクタイを首にして（それまではそういう飾りはなかった）戦地に赴いたところ、友軍の伊、独軍の兵士からそれは何かと尋ねられたのを何国人と問われたと勘違いして、クロアチア人と答えたところ、それがクロバッタというネクタイの語源になったとのことである。

下町へ降りミマラ美術館へ入る。ここは世界的に有名な美術品収集家のミマラ夫妻が、古代の美術品から偉大な画家ラファエロ、ベラスケス、ルーベンス、レンブラントまでの絵画等3750点以上を収集し、それを寄贈されて造られたとのこと。地上3階、地下1階の建物であるが、展示室が40室あり見事である。丁寧に見れば半日以上かかるであろうが、早足で45分で一廻りする。

近くに黄一色の堂々たる外観の国立劇場がある。

昼食は大聖堂近くのカテトラウスでポークカツレツなど。

14時大聖堂前出発。**トラコスチャンへ**向かう。トラコスチャンはサグレブ北方へ約80キロ地点でスロベニア国境近くの村である。そこには、ドラスコヴィッチ家所有の城があり、その城はクロアチア内で最もロマンチックで一番奇麗な城といわれている。国境近くで渋滞があって15時20分に城の下の駐車場に着く。25部屋を見る。部屋の窓から望む下方の庭園や遠望は素晴らしい。16時30分同所発。

しばらく南下し、19世紀のクロアチアの法律家で政治家・作家であるアントン・ミハノヴィックの大きな記念碑前で下車。

そこから西方に向い、チトー元ユーゴスラヴィア大統領（1898－1980、87才で死去）の生家のある**クムロベツ**村へ向かう。17時40分着。同村の入口近くにはチトーの銅像が基礎台約0.5m、像本体約

2mがこじんまりと建てられている。

(注) ユーゴスラヴィアは複雑な国だった。チトーという稀な指導者のもとで統一を保ったが、「7つの国境、6つの共和国、5つの民族、4つの言語、3つの集落、2つの文字、1つの国家」と呼ばれて複雑な国は1980年チトーが亡くなると結束が緩んで分裂をし始めた。

その他、100年前の村の状態をそのまま保存しているとのこと。チトーの家もそうだし、農家、木工屋、ワイン屋、カジ屋、パン屋等当時の人達の生活を見ることができた。18時40分同村出発。

帰りのバスのなかでガイドのドミニクさんにチトーの評価を聞く。自分の家は医師であったが、チトーは共産主義者で弾圧したから嫌いだ、とはっきり言う。帰国してから手にした「紛争」182頁には、「故郷のクロアチアでも、チトーは『共産主義者』『クロアチアを弾圧した独裁者』として嫌われている。セルビアの首都ベオグラード市当局は、生地クムロベッ村への墓の移転を非公式に打診したが、クロアチア当局は受け入れを拒否したという。」と記述しているのを読んでユーゴスラヴィアの統一と維持をしたこのチトー像が崩れていく感じである。

19時40分ザグレブに戻る。

夕食はレストラン・カプトルカ・クレット、海鮮スパゲティ、マスのグリルなど。夕食後、共和国広場での民族舞踏を楽しんでホテルへ帰る。

第10日目 7月25日（日）

5時30分モーニングコールで起き、ボストンバック（スーツケース）を部屋の前に出し、朝食帰りの朝食用バスケットを持ってホテル前へ集合し、6時30分出発。7時にザグレブ空港へ着き、出国手続。9時05分同空港をクロアチア航空機はフランクフルト空港へ向かい、同空港でルフトハンザ機に乗り換え（三時間待ち）成田へ向かう。

機中、隣席の日本人から「自分はユーゴスラヴィアに長く住んでいるが、同国の誕生（20世紀初め）までは、当時としては超大国のハプスブルク帝国とオスマン帝国に分割支配されていた。スロベニア、クロアチアはハプスブルク帝国の支配であり、両国の都市はウィーンに似ているし、食物もオーストリア、ドイツ風の質素である。その他はオスマン帝国支配下で食物はぜいたくである。トルコのイスタンブールを訪れるとよい。」と言われる。

食物は食べ較べていないのでわからないが、都はウィーンに似ていたように思える。まだ治安が悪いボスニア・ヘルツェゴピナ、セルビア・モンテネグロ、マケドニアを訪問するのはむつかしいが、トルコのイスタンブールは、近いうち訪れたいと思った。

翌26日午前7時40分予定どおり成田空

港へ着く。10時発の中部国際空港行に乗り換え、名古屋へ戻った。

参加者

大場民男　　岡田　潤　　岡田淳子
川口雄市　　川合　　　　瀧谷　滉
小山田一彦　渡辺真一　　吉岡　進
守永　宗　　大町雅敏（添乗員）

第2部　ヨーロッパ

17　アイルランド、スコットランドでのゴルフと観光

2005(平成17)年10月3日〜13日

旅行のいきさつ

　この両国行きの企画・実施は、愛知県土地区画整理研究会の会員であり、同会の機関誌街路樹の編集委員でもあった道本修氏（当年70才、私と同じ）による。同氏は「老人三人組・豪州自動車旅行顛末記」（区画整理士会報No.112。2005年1月号16頁）の著作があり、旅行社に頼らずに旅行した苦労と成果が記されている。同会報を送ってきた書幹に「私の関心は専らアイルランド、スコットランドに向いております」とあり、その後、程なく電話等があり、その話に賛同し乗ったことから始まる。平成17年8月に古希を迎え、肉体的に健康であり、財政的にも余裕のある今の時期に行かないとチャンスがなくなるのではないかとの思いが私にはあった。

　その後の道本氏のルートの選定・航空券の予約、ホテルの手配、ゴルフ場の確保、レンタカーの借受予約など並々ならぬ御苦労があった。

　帰国後1週聞後に同氏から送られてきた「シニアゴルファー顛末記：程程の旅」（注）に詳しい。おおいに感謝する次第である。

　（注）　これは『区画整理きんき』第25号に「程程の旅－シニアゴルフ縁世紀」として掲載された。以下引用。又は参照してもらいたいときは「M記」という。

参加者

道本　修　土地区画整理士、コンサルタント

大場民男　弁護士、名古屋中村ライオンズクラブ会員

高坂英夫　64才、建築防水工事会会社社長、名古屋中村ライオンズクラブ会員

同氏の奥さん

M氏、72才、船舶電機製作会社会長

S氏、74才、機械工事の会社会長

Y氏、64才、自動車等販売会社代表取締役

第1日目　10月3日（日）
名古屋〜仁川〜フランクフルト〜ダブリンの各空港

　午前7時30分・参加者7名は中部国際空港3階の国際線出発フロアの航空会社の受付に集合し、スーツケース、ゴルフバッグをダブリンまで、直送してもらうように預け、出国手続きを終え、9時30分予定通り飛び立ち、11時30分仁川空港着。12時40分ソウル発、12時20分乗って

現地時間17時00分フランクフルト空港着、この間は平穏な滑り出しであった。

しかし、フランクフルト空港での乗り換えTransferはたいへんであった。私の平成11年6月にフランクフルト乗り換えハンブルク行きのときは夜明けに着いてハンブルク行きの乗り場を聞く人がなくて乗り遅れるところであったが、今度は17時のことであるので尋ねる人は沢山いて、それぞれ答えてくれるのであるが最後の人を除いて正しくなく、ターミナル1へ行ったり、ターミナル2へ向かったり、19時50分発ダブリン行きの搭乗に遂に間に合わなかった。今夜はフランクフルト空港の待合室で一泊かと覚悟した。

しかし、救い神があらわれて（M記に詳しい）ダブリン行き最終便のルフトハンザ航空に乗り込むことができた。他の乗客は既に着席しており、われわれ7人を待ってくれていたらしい。20時30分発が20分ほどの遅れでフランクフルトを飛び立つ。2時間10分のフライトでダブリン国際空港へ着く。

アシアナ航空便で先に着いているはずわれわれ7人分のスーツケース、ゴルフバッグがどこかにまとめて置いてあると思って尋ね、探すがどこにも見当たらない。パッケージClaimに申し込む。荷物の形、大きさ、色など詳細を個票（荷物の手配書）に記入する。小さな空港なので探してくれればいいのに、そういう動きは全くない。見つかったらホテルへ連絡して届けるとのことであった。

予約してあった空港内のグレート・ソウザンホテルへ入ったのは、23時05分。就寝24時20分。長い長い一日がおわった。

アイルランドの概要

アイルランド島は、イングランドの西にあり、その総面積は約84,500平方キロメートルで北海道とはほぼ同じ大きさであり、南北約450km（東京—大阪間とほぼ同じ）、東西約300km（東京—名古屋とほぼ同じ）である。32の県があり北6県はアイルランドという別の国となっている。

アイルランド島の総人口は約560万人、うち390万人がアイルランド人、170万人が北アイルランド人である。

日本との時差は、日本より遅いこと9時間（マイナス9時間）である。

緯度はモスクワ、樺太より北であるが島の西側を流れる暖流の影響で、おどかされていたような寒さはない。

通貨はユーロである。イングランド、スコットランド、北アイルランドがポンドであるのとは違うのである。イギリス連合王国United of Kingdomの一つと思っていたが、独立国なのであった。

首都はダブリンである。

第2日目　10月4日（火）
ダブリン

　当初の予定は、空港ホテルから西方約20KmにあるPGA National Irelandゴルフへ行って、そこでゴルフをする予定であったが、荷物がまだ届かない。貸しクラブ、シューズでするか、予約をキャンセルするか同ゴルフクラブへ道本氏が電話をするが通じない。クローズしたに違いないと考えて、今夜から泊まるホテルに向かうこととする。この日プレイできなかったことは結果的に幸いであったと言えよう。長時間のフライトとフランクフルト空港での走り廻りで疲れていたであろう体でゴルフをしていたら、体調をくずしたであろうと思われる。

　予約してあったレンタカー、9人乗りワゴン車に乗り込み、Y氏運転で南に12Kmのダブリン市街地へ向かう。道路は全島で日本と同じ左側通行であり違和感、ヒヤリ感はない。通動ラッシュ、道路のトンネル工事による渋滞と市街に入ってからは一方交通の多いことで迷いつつ、HARCOURT通り70番地（通りと番地がわかって地図があれば行きつけることを実感）のHarrington Hallホテルへたどりつく。このホテルとManor House（「邸」というべきか）の由来については、M記が詳しい。

　11時にホテルを出てダブリン市街地を歩くこととする。

　ダブリンは、人口106万人、アイルランドの約4分の1が集まっている。面積の記載は案内書、インターネットにはないが、東のダブリン湾を囲んで、北はハウス丘陵、南はダルキー岬とウィッロウ山脈、西はルカンまでとすると南北30Km、東西30Kmの90平方キロメートルであり、その真ん中をギネスの水源リフィー川が流れている。

　バーナード・ショー、オスカーワイルドなど世界的に著名の作家を多く輩出した文学の町である。

　われわれのホテルのハーコート通りを北へ行くとクラフトンストリートであり、リフィー川を渡るとオコンネルストリートがありと観光の中心地である。オコンネルストリートから市内観光バスがほぼ10分毎に出ているので乗る。12時間以内なら乗り降り自由な券であるが初めての街などでどこで降りるかの選択はできないので、乗ったまま一廻りする。12.50ユーロ（約2000円）であった。

　乗降できるバス停は、トリニティ、カレッジ、ナッソ、ストリート、国立美術館、歴史博物館、セント・スティーブン公園、テンプル・バー、ダブリン城、クライスト・チャーチ大聖堂、聖パトリックス大聖堂、ギネス・ストア・ハウス（ギネスブックのギネスビールの工場）、近代美術館、公園通り、ダブリン動物園、国立博物館、ジェイムソン・ウイスキー

などである。ダブリン城は城自体及び城からの遠景・近景が素晴らしかった。

日本語による説明はないので配布のパンフレットによる。

高層建物はない。休日でもないのに人が多く来ていて賑やかである。市の西部方面は緑が多い。自転車道、歩行者ジョギング道も整備されている。好ましい都会である。

不明であったゴルフバッグ等の荷物がホテルに着いたとの知らせもあり、15時にホテルへ戻る。

荷を解いて落ち着いてから、19時ホテルを出て夕食にいく。

この時刻、街はますます賑やかである。

イタリアン料理Pacinosへ入る。

21時45分私はホテルへ戻る。

第3日目　10月5日（水）

全員6時45分起床、地下1階の食堂へ行く。アイリッシュ・ブレックファーストと呼ばれるアイルランドの伝統的なスタイルの朝食がでる。ベーコン、ソーセージ、卵（目玉焼き、スクランブル、ゆで卵などの注文に応じてくれる）、きのこ、トマトなどが中皿に盛られて運ばれてくる。日本で食べ慣れているものではある。主食はもちろんパンである。

ヨーロピアンクラブ　Tlhe European Club

今日は、ダブリン南方約60Kmにある The European Clubでのアイルランドでの初ゴルフである。PGAでプレイできなくなってから道本氏が予約しておいてくれたところである。

10時30分スタートということで8時30分にY氏運転でホテルを出発するが、市街から抜け出ず道が混雑し、遅れることとなり、スタート時刻を遅らせてもらうように国際用にしてきたK氏の携帯電話で頼むと快くO.Kとのことであった。

市街地を出て、ひたすらN11の国道を走り、左折の地名を見すごさないように注意するという神経を使う。

街路樹47号の拙稿「欧州土地区画整理等事情視察団に参加して」のある1日をロンドン郊外でゴルフをしたが、このときは運転手付きの自動車で行ったので何の心配もなかった。今度のプライベート・ツアーではすべてを中心となる人がしなくてはならず、緊張と喜びが交錯する。そこがプライベートツアーの企画・実行者の苦と喜びかもしれない。

1番ホールに立つ。どこがフェアウェーかどうかわからぬぐらいブッシュが生い茂っている（少し誇張が強いか）。第1打がブッシュに入る。ロストである。「名にし負う」屈指のリンクスランドである」（M記）のとおりである。

後半の海寄りのホールは雄大で景観も素晴らしくフェアウエイも広く、グリーンもよく手入れされている。多少慣れてきたせいもあろう。

このゴルフ場の有名度、格付度は、後記のゴルフ・ダイジェストによると61位とのことである。

帰路も迷って（道路が本当に多いのである）19時にホテルへ着く。

夕食は中華料理店でとる。

第4日目　10月6日（木）
ドルイズ・グレンゴルフクラブDruid Glen G.Cでのゴルフ

このゴルフ場は昨日のゴルフ場より10Km位手前にあるので行くのは容易のはずなのに、昨日の混雑した道を避けたところ一方通行が多く、N11の国道に出られず遠廻りしていくことになってしまった。着いたと思ったら、そこは「マリオットドルイズグレンホテル＆カントリークラブ」の広大な敷地の一部であった。

やっと１番ホールに立つ。ここは「ヨーロッパのオーガスタ」と呼ばれるだけあって実に美しい。ラフに当るところも日本風に刈られていて生い茂るブッシュも見当たらない。絵に描いたようなコースが次々にあらわれるという感じである。Park（公園）Courseという。昨日のようなコースはLink Couseという。

池も多く、バンカーが待ち受け、ラフの深い所もあり、易しいわけではない。イギリスにもこういうゴルフ場もあるのだと知って安心する。

18時にホテルへ戻る。

第5日目　10月7日（金）
路面電車ルアスLUASに乗る

ホテル前の通りを最新デザインの路面電車ルアスLUAS（何の略称かは不明）が走っている。ホテル出発前に乗ることにする。2004年9月に開業したばかりである。

LineAの終点Sandyfordまで乗ろうとして乗車券発売機の前でウロウロしていたら教えてくれた人がいた。2ユーロ（約320円）であった。軌道も車輌も新しい。市街地ではそれほどスピードを出さないが郊外に出ると相当のスピードを出すが、振動も少なく快適である。5～6分間隔で走っている。ビルの下を平面で貫通するなど思い切った工事がされている。

帰国した10月14日の新聞は、「パリに市電68年ぶりに復活、大気汚染緩和の切り札」とある。いろんな街で路面電車が復活、新設されているがダブリンでは、その他にLineB、LineCも開業したようである。

わが国では平成17年5月に「都市鉄道等利便増進法」が公布され、8月から施行されているが路面電車のことについてはわからない。

ホテルでの勘定（1泊105ユーロ、3泊で315ユーロ）をすませ、10時にホテルを出る。

13時10分ダブリン空港を立ち、14時10分にスコットランドのエジンバラ空港に着く（時差なし）。

スコットランドの概要
グレートブリテン島北部の地方である。イングランドとの抗争の後、1707年にグレートブリテン王国を構成した。

人口は500万人余である。面積は7万8756平方キロメートルで、緯度はやはり北海道と同じである。使用通貨はポンドである。

エジンバラは、その主都であるが、首都ではない。

エジンバラ
エジンバラ空港からホテルまでは、運転手付きの車を予約してあったので迎えに来ていたが、ゴルフバッグなどの荷物が全部は乗らず、もう少し大きい車を寄こすように道本氏が交渉し、来させて、それに乗り込む。

空港から東へ10kmほどで、15時30分にThe Knigt Residenceに着く。エジンバラ城の少し南400mのロケーションがよい。

このナイト・レジデンスは5つ星アパートである。

ハワイなどでいうコンドミニアムである。

道本氏と私とは7棟5階の2Bed-rooms、K氏夫婦は15棟4階の2Bed-rooms、M、S、Y氏は同階の3Bed-roomsに入る。Bed-rooms毎にダブルベッドが備えられ、シャワー・トイレが付き、別にバスルーム、リビングルーム、フルキッチンセット、パン、ジュース、コーヒーなどととのっている。つまりベットルームは各自専用、その他は共用する仕組みで、気の合う仲間同士や家族連れにもってこいというわけである。ホテルのスイート、又はプレジデシャル・スィートクラスに匹敵する（M記）。全自動洗濯機もある。

18時夕食のためホテルを出る。

エジンバラ（スコットランド）ではユーロが通用せず、ポンドへの両替をし損なったので、銀行等を探すが閉店していた。高台から見るエジンバラの夜景は美しかった。

カード払いのきくレストラン金龍閣酒楼（また中華）で腹ごしらえをする。

第6日目　10月8日（土）
エジンバラ観光
エジンバラは旧スコットランド王国の首都であったが、現在はスコットランドの主要都市である。人口は30万人位。面積はCity Center Zoneの7区（Old Town、New Town、South、South west、West、North west、North east）で言えば東西4.5km、南北4.5kmのほぼ円形なので約16平方キロメートル

の街である。

　10時30分にSouth west北端のレジデンスを出て、エジンバラ城へ向かう。岩山の上に頑丈な城が建っている。天然の要塞という言葉がピタリと当たる。New Townの一角でポンドへの両替をする。日本円が通用しない国では現地通貨を持っていないと何かと不便であった。ここで不便を解消する。

　市内観光バスに乗る。シニア料金7.5ポンド（約1000円）。イヤホンに日本語の解説もあるのがありがたい。

　鉄道駅をスタートして、プリンセス通り（old town、new town）を走り、エジンバラ城→スコット・モニュメント→カメラ・オブスキュラ→グランドストーンズ→聖ジャイルズ大聖堂→子供史博物館→ジョン・ノックスの家→ホリルードハウス宮殿→ホリルード公園などを廻って出発点に戻る。

　2階建バスの上に座り天井がないので寒かったが堪能できた。

　エジンバラ城など歴史的建造物が集まっているオールドタウンと18世紀以降に都市計画的に造られたニュータウンが見事な対比を見せていたのが印象的であった。

　1831年創業のジエナーズ百貨店5階建に入る。日本のように各階にトイレがあるのではなく、トイレに行くには上下階を右往左往する始末である。中央は吹き抜け構造で売り場は少ない。

　エジンバラ城に登る。ここもシニア料金7.5ポンド。晴れていて明日渡るフォース湾がまじかに望める。

　エジンバラ城の地下室は1757年から1814年まで50年余にわたり捕虜を収容する牢として使われていて、その展示は迫力があった。城を降りてレジデンスに帰る。4時。

第7日目　10月9日（日）
キングスバーンズ Kingsbarns ゴルフクラブでのゴルフ

　このコースはエジンバラから北東約60kmのところにある。

　8時35分レジデンスを運転手付き車で出たが道を間違えスタート時刻に遅刻し第1組のスタートを遅らせてもらう。

　このコースはGolf Digest誌のアメリカを除いたナンバーワン・コースの投票によるOld Courseのトップ100コースの20位である。ちなみに1番はセント・アントリュース（オールド）で、広野（神戸）が24位、東京G.C（小金井）40位である。Dunhil Links Championship開催コースとして知られて（M記）、海辺のコースである。

　リンクスコースであるが、今日はキャディがつき、その助言を得て、それほど苦労せずに廻れた。後半はパーが3つも

とれたが大タタキのホールもあり、あがってみればいつもと大差なし。ゴルフをしたという実感である。

ゴルフ評論家永井淳が「日本ではほとんどお目にかかれないリンクス・タイプのコースの魅力に取り付かれて、毎年2、3週間アイルランドやスコットランドへの遠征を繰り返していると平成17年6月9日毎日新聞夕刊に書いている。

リンクスコースでは、よい飛球と失敗した打球の差が大きく（日本の御座敷ゴルフではOBボールでなければリカバーがしやすいが、リンクスではそうはいかない。ロストボールとなる。そのかわりOB杭はほとんど見当たらない）、その気持が少し理解できた。

キャディから直接にCaddie Feeを1bag毎に45ポンド、それにExellent Service20ポンド合計55ポンド（約8800円）を請求された。日本ではゴルフ場に払い、そこからキャディにわたるのと大違いである。キャディは独立の営業なのである。ボールをよく見、コースもグリーンもよく知っているはずである。

18時15分レジデンスへ帰着する。

第8日目　10月10日（月）
セント・アンドリュース　St.Andrews

いよいよ憧れのセント・アンドリュースである。8人乗りマイクロバスを借り受けることができ9時レジデンスをY氏の運転で出発する。昨日のプロの運転手でも間違えたルートをとることはやめて国道M90をできるだけ北上し（途中フォース湾をまたぐ巨大なフォース鉄橋を渡り）、A90にのりCupar経由してST.AND-REWSに入るルートを選択する。日本同様「右ハンドル、左側通行」であるが、交差点にはほとんど信号がなく、ロータリー式の時計廻りであるので次の進行方向を探るのに神経を使う。
［追記］　この「環状交差点」は「ラウンドアバウト」と言われ、信号滅灯下でも円滑な交通処理を実現するものとし期待されている。

1時間半位で北海に面した美しい町セント・アンドリューズに着く。

オールドコースのプレイには、事前予約とプレイ前日の午後1時までの前申込み、2時決定、午後4時公表のBallottがある。

事前予約は前年9月に決定しているので、Ballottに当選することが現在、オールドコースでプレイできる唯一の方法である。

バレットの公表結果はインターネット、電話でも知ることができるが、せっかくだからBallottの結果表を見に行こうということで出向いてきたわけである。

来てよかった。ここはゴルフだけの町ではなく、スコットランド初の大学、セ

ント・アンドリュース大学があり、町の名の由来となった聖アンドリューはイエス・キリストの使徒のひとりで4世紀にギリシアの修道士が彼の遺骨を運んできたいわれのあるセント・アンドリューズ大聖堂がある（但し16世紀の宗教改革によって壮大な建物のほとんどが破壊された）聖堂の壁や尖塔の一部から、当時の面影を偲ぶのである。

　北海を見下ろす岩壁にたたずむセント・アンドリューズ城もある。

　ゴルフ好きにはたまらない英国ゴルフ博物館Golf Museumや、Tom Morrisのゴルフショップがある。

　コースの脇は一般道であり、18番コースに沿って道に歩くとコースの安全を確かめて早く歩けと掲示してある。入ってもいいわけである。

　せっかくだから18番と1番とを横切ってみる。

　附近とゴルフ場とが溶け込んでいる状態である。

　日曜日はゴルフプレイは閉鎖して、公園のごとく開放している意味が了解できた。

　17番のグリーン横の一般道を通っていたら、グリーンに乗り損ねたボールが一般道を通って民家のコンクリート壁に当たって止まった。どうするかと思ったらプレイヤーはコンクリート壁に向かって球を軽く打ったのである。ボールは壁に当たり反動でグリーンに乗った。

　特徴あるセント・アンドリュースの建物やコースを背景に写真をとる。4時Ballotの結果を見にいく。掲示板のA4の紙にスタート時刻と当選者の名が記載されていた。

　われわれのグループの1組は当たり、1組の名はなくはずれた。

　こういう場合は2組ともオールド・コースではプレイしないと約束してあったので明日のここでのプレーは、諦めることとして、帰路につく。

　17時30分レジデンスに戻る。

第9日目　10月11日（火）
ノースベルウィック　North Berwick Golf Club

　セント・アンドリュースの抽選漏れを予測して予約したあった上記ゴルフクラブに向かって9時半に出発する。エジンバラから東方40km位にある。フォース湾を渡る必要はない。前述の100選では86位に入っている。

　ここの駐車場は一般道である。そのすぐ横からゴルフ場のコースである。メンバーらしき人はここで着替え、手押しの1人用手引きカートを組立てるのにはおどろいた。ここでも附近とゴルフ場とは一体であると感じた。

　ゴルフ発祥の原点をみるような気がした。

先行の私達4人にはキャディが1人づつ付いた。6番位までは調子よく、オーナーをとれていたが、雨はひどくなり横なぐりとなる。雨カッパの上だけ着て下のズボンのカッパを穿いてこなかったため、ズボぬれで体が冷えてきてからはショットにならず、フェーウェイに石垣が造ってあったりして難しい。点を数えることもできない位、打って惨々な目にあってあがる。

18時にレジデンスに着く。

第10日目　10月12日（水）

いよいよ帰国である。9時半レジデンスを出発。

エジンバラ空港13時25分発（2時間55分かかって）、フランクフルト空港16時20分着。

フランクフルトでの2度の失敗は許されないので、道本氏も慎重。空港職員に乗換えを尋ねると、Termimal-2へ行けという。先日それで失敗したと告げると他の職員がInfoの表示のあるコンピューターに触れ、Bording gate38を示し、ここへ行くようにと教えてくれた。そこへ行くとフランクフルト〜ソウル間の搭乗券を発行してくれて、無事19：00フランクフルト空港を発つ。

第11日目　10月13日（木）

12時余の機内時間を経て昼の12時03分に予定より30分弱早くに仁川空港に着く。

7時間の乗継時間、私は静岡県土地区画整理協会での講演録の校正に当たる。

他の6人は「寄港地上陸許可」制度を利用して日本語パンフにあったSpa Tourに出掛けた。

19時40分ソウルを発ち21時20分中部国際空港に全員無事、元気に婦ってきた。

18　ブルガリア、ルーマニア、ポーランド観光

付記　オーストリア・ウィーン

2006(平成18)年7月15日～26日

　東欧のうちブルガリア、ルーマニア、ポーランドの3ヵ国を、平成18年7月15日から26日まで交通事故処理センター欧州旅行部会で行ってきた。それを日記形式で書くと、いつものように長文になりそうなので、その形式をとらず、感想を記することとする。

1　**ブルガリア**は、ソフィア（首都、2泊）、リラ、カザンルク、ヴェリコ・クルノヴォ（1泊）を廻った。

　ブルガリアに入ると、日本人にとって馴染みの薄いキリル文字のブルガリア式（例えばHはX）が用いられていて判読しづらい。

　ソフィアでは、まず中心地にある裁判所へ行く。

　裁判所は修復中で工事幕が張られていた。そうでない部分から観察すると、ずいぶん大きく立派な建物であった。周辺に弁護士事務所、公証人事務所が集いているようであった。

　裁判所の近くの聖ペトロ地下教会、聖ゲオルギ教会、アレクサンダル・ネフスキー寺院を見る。行政官庁、旧共産党本部（現在は議員会館とか）の前を見て歩く。

　リラはソフィアより南方60kmにある僧院がある所である。歴史的なイコン（聖体画）や壁画など東方正教会の芸術に充ちていた。世界遺産である。

　カザンルクは「バラの谷」と言われ、バラから抽出される油などを原料としての商品が数々製造され日本へも輸出されているとのことであった。シーズンにはバラ見物に訪れる日本人観光客も多いとのこと。われわれが訪れた時は、シーズンを過ぎていた。

　ヴェリコ・リルノヴォは、かってのブルガリアの首都であった川沿いの街で、建物、城など素敵であった。朝、山あいの道を散策し素敵な街を川向うから見分する。

　ブルガリアはブルガリア・ヨーグルトといわれるように、ヨーグルトはスープ始めあらゆる形で食事に供される。日本がブルガリアからヨーグルト製法などを伝授受けた逸話なども聞く。

2　**ルーマニア**は、ブラショフ（1泊）、シギショアラ、プラン、シナイア、ブカレスト（首都、1泊）と廻った。

　ルーマニアには陸路で国境を越えて入国するが、イタリアなどのラテン系文字

の表示にかわり、キリル文字から解放されてホッとする。

ルーマニアは、他のヨーロッパの国々とは違って、ラテン民族の国で、ローマからの移民によって築かれた国とのことである。ローマニアがルーマニアになったのだそうだ。

1976年のオリンピックの体操競技で10点満点の優勝をしたコマネチに似た美人の女性が多く見られた。現に通訳のカトリネルさんもそうであった。

ブラショフはルーマニア人とドイツ人ともに居住しているが、ドイツ人居住区は門壁によって囲まれている。そこが観光名所になっている。

正教会のニコラス教会とプロテスタント教会の黒の教会などを見る。これまでのキリスト教会では正教会（本堂に椅子やパイプオルガンがない）を見たことはなかったようである。

シギショアラでは、ルーマニアの宝石と称され、世界遺産でもある歴史地区内の時計塔、山上教会を見る。

ブランでは、吸血鬼ドラキュラの名を持つ王の居城であったブラン城に登る。外敵を撃退するなど地元では評判のいい王であったようで、ドラキュラと結びつかなかった。

シナイアは、夏・冬のリゾート地で、綺麗な建物等が多かった。少し登ってシナイア修道院を見学した後、ドイツ出身

18　ブルガリア、ルーマニア、ポーランド観光

のカロル一世のルーマニア王室の夏の離宮・ペレシュ城に入る。部屋も多く、その各室に絵画、彫刻、美術品、武器など展示品や飾りは、立派で充実している。パリのヴェルサイユの小型を見るような感じがした。これらはすべて私費で賄ったというからすごい。しかし、その財をなした源に対しては答えがなかった。

ブカレストはルーマニアの首都であり、「バルカン半島の小パリ」といわれる。緑や公園も多いことに感心する。

しかし、車の大渋滞にぶつかることが多く、また駐車が無秩序で雑然としていた。道路等の容量に比し車が多すぎる感じである。

街の中心に建造された「国民の館」という巨大建物に入り、市街を展望できるバルコニーへも昇る。建造時の大統領チャフチェスクにより計画され、実行された。建築途中の1989年の東欧革命のなかで体制崩壊したが建築はいまも続行されているとのこと。極めて大きく、世界第2の建物とのこと。周辺の古くて低い建物も壊され、中高層建物が立てられ、道路も計画的に配置されている。都市計画に興味のある者にとっては羨ましい景観である。しかし、建物の内部はすべて大理石で造られ贅沢であるが、前述のペレシュ城のような温み、親近感はない。

革命広場では、アテネ音楽堂、共和国宮殿、旧共産党本部などを見る。

チャフチェスク大統領がヘリコプターで逃亡を図った捕まり銃殺されたことは、当時生々しく報道されたが、遠い国の出来事と思っていたが、こうして、現地に立てるというのは一つの感慨である。

3　ポーランドへは、ウイーン空港を経由してクラコフから入る。

ポーランドは、クラコフ（2泊）・オシフィエンチム、ヴィエリチカ、ワルシャワ（首都、1泊）と廻る。

クラコフはポーランド南部の都会であり、16世紀まではポーランドの首都であった。

まずは世界遺産クラコフ歴史地区に至る。

バルカンという円筒状の砦から始る城壁で囲まれた旧市街観光に入る。中央市場市場、聖マリア教会、織物会館、旧市庁舎、ヤギユウオ大学、ヴァヴュル城などを廻る。

ヨーロッパの城郭都市（多くがそうである）は、城郭の一部を記念に残し、他は取り払い跡地を公園、緑地にしている。クラコフもそうで緑が多くなりながら開放的でよい。

夕食後、ホテルから津田聰夫、渡辺眞一弁護士と連立って散策する。

オシフィエンチムーアウシュヴィッツ強制収容所
クラコフから西方へ70kmの所にこれがある。アウシュヴィッツという地名は存在しない。ドイツ軍が収容所名にしたとのことである。人類の負の遺産として、世界遺産に登録されている。

中谷剛氏（同地域に永年居住）の懇切な説明を受ける。収容所と称するが入所する前に労働に適さない者は選別されて150万が殺されたことである。生々しい写真パネルや現物（靴など）を見て、考えさせられることが多かった。

ヴィエリチカはクラコフから東へ70kmの所にあり、そこの岩塩採掘坑跡が世界遺産に登録されており、そこを視察する。深さ65〜135mあり、坑が縦横にあるとのことであるが観光用に整備された一部を見る。採掘の様子や彫刻、礼拝堂などが岩塩で造られている。気温は14度とのこと。

ワルシャへはクラコフからポーランド国鉄（PKP）の特別列車で2時間45分かかって着く。クラコフから約300kmと地図上計測された。ポーランドの国の90%は平地であるとのこと、その1/3は農地（現在は民有とのこと）、1/3は林地（現在でも国有とのこと）、1/3が宅地等とのことである。超長方形の農地（作物によって色が異る）が延々と続くのは見事という他ない。

ワルシャワは、近代的な高層ビルが目立つ。急に現代社会に戻った感じである。ブルガリア、ルーマニヤを経てやってき

たが、北へ来るほど裕福だと感じた。

　ショパン像のある公園、ショパン博物館、コペルニクス像、聖アンナ教会、旧王宮などを見物して、ワルシャワの旧市街に至る。

　旧市街は、城門、城壁、濠によって囲まれた約1000㎡のほぼ円形の街である。中は広場を囲み商店街、住居があり、たいへんな賑い方である。ワルシャワは第二次世界大戦においてドイツ軍により徹底的に破壊されたにもかかわらず、「壁のひびの1本まで忠実に」復元されたと聞きおよんでいたが、復元はこの旧市街という限定された部分であることを知る。全市街を復元するなどありえないと思っていたことが氷解する。殊に新市街の高層化を見ると復元などありえないからである。

　日本でも中心市街地の活性化が言われて久しいが施策も成果も上げていない。日本では中心市街地と言っても駅界隈とか商店街とか人によってイメージが定まらない。いずれも明治以降昭和に形成されたものに過ぎないからである。

　しかるに、ワルシャワに限らず、ヨーロッパの街では何百年の歴史を有する旧市街を有し、市民のすべてがそれを認識している。ワルシャワ市民が一致して旧市街を復元・復興させるのもそのあらわれといえよう。

　キューリー夫人生家（現在キューリー夫人博物館）などを経て裁判所へ行く。表側は絵ガラス貼り、裏側はブルー色の壁材の1枚づつに正義を示すはかり（秤）のデザインがなされ目を奪うがごとき偉容の建物であった。

　夕食後、前記2弁護士と旧市街を目指しながら、アップライトされた建物に寄ったり、無名戦士の墓の衛兵交替を見ながら街を歩く。

　4　訪問したブルガリア、ルーマニア、ポーランドの3ヵ国は、歴史も言語も自然も国情も風景もそれぞれ異にし有意義であった。すべての関係者に大いに感謝しなければならない。

付記

　上記の海外旅行は、7月25日㈫午前8時40分に成田へ着き、成田から中部国際空港との連絡もよく、同日から就務の予定を入れておきました。

　ところが、ウィーン発のオーストラリア航空は、理由をはっきり説明ぜず、予約便の運航をとりやめました。そのため添乗員が日本への帰国便を手配した結果、参加者15名のうち名古屋からの参加者5名については、ウィーンからフランクフルトへ飛びフランクフルトからはルフトハンザ機で中部国際空港直航することとなりました。そのため、同空港への到着は26日㈬午前になり、関係者に御迷

第2部　ヨーロッパ

惑をおかけしました。
　一方では、航空会社が手配した外のホテルでの食事を味わい、食事後・空港駅からウィーン中央駅への地下鉄とウィーン中心か1ら空港への空港直行鉄道に乗るなどの予定外の行程を楽しみました。

参加者
上野　精　　上野朝子　　水野正信
水野浩子　　岡田　潤　　岡田淳子
瀧谷　滉　　瀧谷とよみ　大場民男
藤原政治　　津田聰夫　　渡邉眞一
川口雄市　　守永　宗
大町雅敏（添乗員）

19　チェコ、ドイツ観光
「ベルリンの壁崩壊20周年のプラハ、ドレスデン、ベルリンを行く」

2009（平成21）年8月7日〜13日

　私は、海外旅行が多いほうですが海外都市とか海外の法律制度の視察という名目の駆足ツアーで出かけることがほとんどでした。今回は夏休み期間を利用した家族旅行を妻と娘夫婦と孫と私の5人でゆったりとしてきました。

前泊　8月7日（金）
　関西国際空港を8月8日（土）の午前10時20分発ルフトハンザ・ドイツ航空に乗るため大阪難波のスイスホテルに妻と前泊しました。

第1日目　8月8日（土）
　出発日の予定は、次のとおりでした。
関西国際空港　10：20
ルフトハンザ・ドイツ航空　0741便
フランクフルト国際空港　15：30着
フランクフルト国際空港　17：40
ルフトハンザ・ドイツ航空　3264便
プラハ・ルズィネ空港　18：45着
同空港から送迎車にて
　　　　　　フォーシーズンホテルへ

　関空10：20に間に合うように大阪のスイスホテルを7時15分で出て、7：30分発難波発の列車に乗り関西国際空港に8時30分に着く。わが夫婦、娘夫婦と孫合計5人が集合する。
　10時20発の飛行機は15時30分フランクフルトに着き、そこで乗換えて18時45分にプラハ・ルズィネ空港に到着しました。
　宿泊予約してあるフォーシーズンホテルの迎えの車でホテルに21時25分に入りました。
　夕食はホテル近くのレストランでとりました。

チェコ
プラハ
　プラハはチェコ共和国の首都で人口120万都市です。
　20年前の1989年にチェコスロヴァキアは共産党1党独裁の歴史に幕が下り、同時にチェコ人とスロヴァキア人との異民族の対立に決着がつきチェコ共和国とスロヴァキア共和国は分裂したのです。

第2日目　8月9日（日）
　ホテル・フォーシーズンは、チェコを南北に悠々と流れドナウ川に注ぐモルダウ河の河畔で、プラハの観光名所であるカレル橋に近くにありました。
　早速、歩いて散策しました。

プラハ城にものぼりました。見あきない美しい町です。
　4月5日オバマ米大統領が「核なき世界」をめざす方針を訴え、後にノーベル平和賞を受賞した演説の場所であろうところも歩きました。

第3日目　8月10日（月）

　ホテルに出たり入ったりしながらプラハの街を楽しみました。
　夕食はホテルでとりました。夜景のプラハ城を望むことがきる席でした。

第4日目　8月11日（火）
ドイツ

　プラハを10時40分に発車した国際列車EC378号はモルダウ河に沿って2時間06分後の12時46分にドレスデン中央駅に到着しました。
　途中ドイツとの国境を通過したのですが、全く意識しませんでした。

ドレスデン

　ドレスデンはドイツの東南端でチェコと接する地点にあります。それでも2時間余かかったのは主な駅に停車したからです。
　景色を楽しむ者としては主な駅に停車してくれるこのような列車が望ましく思いました。
　ドレスデンは人口50万人の古都です。

第2次世界大戦末期の1945年2月に教会を包む無差別空爆で美しい町並みの8割が破壊されたと言われています。
　ホテルはドレスデン城、ツヴィガー宮殿などの近くで、エレベ川も至近距離にあり、早速、歩き廻ることにしました。空爆被害から復旧した旧市街地がエルベ川に臨む美しい都市景観を備えています。
　「ドレスデン・エルベ渓谷」として世界遺産リストに載っていたことがうなずけました。しかし、ここから約4キロ離れた、エルベ渓谷に建設中の橋が、文化的景観を損ねるとされ世界遺産から6月に抹消されました。だからといってこの辺りの景観が見落りする訳ではありません。
　近代的な路面電車が縦横に運転されており、乗車してみました。

第5日目　8月12日（水）
ベルリン

　ドレスデンからベルリンへはやはり国際列車に乗って8月12日の15時18分中央駅に着きました。2時間14分かかりました。
　ベルリンは、言うまでもなく現在はドイツの首都で人口は、約340万人です。
　ホテルはブランデンブルグ門の東隣のホテルアドロンケンピンスキーでしたので、早速出歩くこととしました。
　ブランデンブルグ門は18世紀にアテネ

の神殿をモチーフに頂上に勝利の女神を乗せた４頭立の２輪馬車を戴いた高さ20メートル、幅61メートルです。この門を中心に1961年東ドイツは鉄条網による壁を一晩で作りあげ市民を東側に閉じ込めました。やがて鉄条網は高さ４メートル、全長約160キロメートルのコンクリート製の壁と監視塔が設置されました。

　20年前の1989年11月09日人々がベルリンの壁を破壊し始めました。その１年後、東ドイツは西ドイツに編入され、ドイツはひとつに統一されたのです。その20周年の祝い（Divided no more）と８月15日からベルリンで開幕する陸上の世界選手権（マラソンを含む）を控えて賑わっていました。特にホテル前の広い道路には、青色トラックの小型版が敷設され、店舗も出てたいへんな人出でした。

　　　　（以上　名14青色だより153号）

第６日目　８月13日（水）

　妻子らは、ベルリンの商店街等で買物などに出掛けました。

　私はポツダム条約（日本の降伏もの）締結のポツダム市が近いので１人列車に乗ってポツダムを往復しました。

第７日目　８月14日（金）

　Hotel Adlon Kempinskiを９：00に送迎車で出発。ベルリン・テーゲル空港発　９：35到着。12：05同空港をルフトハンザ・ドイツ航空0183便飛び立ち、13：15フランクフルト国際空港着。

　14：30同空港をルフトハンザ・ドイツ航空0740便で日本へ向かいました。

　　　　　　　　　　　　（以上、追記）

第 2 部　ヨーロッパ

第3部

アジア・オセアニア

第3部　アジア・オセアニア

20　トルコ観光

イスタンブール、イズミール、ペルガマ、エフエンス、パムッカレ、ヒエラポリス、コンヤ、カッパドキア

2007(平成19)年7月13日〜22日

　交通事故紛争処理センター欧州旅行同好会の主催によるツアーである。トルコ行きには同好会のある者からは、トルコは欧州ではないので催行すべきでないとの意見が出たが、トルコはアジアとヨーロッパの2つの大陸にまたがる国であるから、そのような意見に従うまでもなかろうということで決行された。参加者は、次のとおり11名であった。

　上野　精　　名古屋
　岡田　潤　　東京本部、同婦人
　小山田　純一　東京本部
　大場　民男　　名古屋
　水野　正信　　名古屋、同夫人
　渡邉　眞一　　東京本部
　津田　聰夫　　福岡、同夫人
　大町　雅敏　　添乗員　日通旅行社

　純欧州にこだわる人は不参加であった。旅行記を書いていなかったので、日程表のみの記載となる。

第1日目　7月13日（金）

　集合はこの日の午前10時50分成田空港第1旅客ターミナルビル4階出発ロビー南ウイング［K］カウンター15番「交通事故紛争処理センター　トルコ視察旅行」看板前であった。

　そこで、名古屋勢4人はJL054で08：45発、成田空港10：00着で赴きトルコ航空のゲートで合流した。

　成　　田　発　12：50　TK051
　イスタンブール着　19：20　乗継ぎ
　イスタンブール発　21：00　TK342
　イズミール着　22：00　日本との時差7時間

着後、専用バスでサーマルプリンセスホテルへ。
　ホテル着　22：30　　就床　24：00

第2日目　7月14日（土）

　イズミールのホテル発　8：30専用バスでイズミール空港へT君を迎えに行く。
　ペルガモン王朝の首都であったペルガマ観光に行く。
　アクロポリス遺跡入場、古代の病院跡アスクレピオンで下車観光
　観光後、イズミールへ戻る。片道100km往復200km。ホテル着17：00

第3日目　7月15日（日）

　イズミールのホテルを8：30に専用バスで出発。100km先のエフェソスへ向う。
　世界遺産エフェソスの遺跡観光である。考古学博物館入場、ローマ劇場下車、神

殿下車、聖母マリアの家入場
専用バスで200km先のパムッカレへ向う。
スパホテル　コロッセア　サーマル
16：30に到着
就床　22：00

(パムッカレ泊)

第4日目　7月16日（月）
パムッカレのホテルを8：00に専用バスで出発。
世界遺産パムッカレとヒエラポリスの遺跡見学
白く輝く石灰棚の素晴らしい風景に感激
13：45　出発
広大なアナトリア高原を400kmにわたってドライブし、セルジュク王古都コンヤへ向う。
17：30　リクソス　ホテル　コンヤへ到着

(コンヤ泊)

第5日目　7月17日（火）
9：00　コンヤのホテルを専用バスで出発し、コンヤ市内視察。
イスラム神秘主義の旋舞教団の祖メブラーナ廟入場、次にインジェ・ミナーレ博物館入場
シルクロードの隊商宿キャラバンサライで下車し立寄る。
220km先のカッパドキア地方へ向う。
15：50　カッパドキアのアタマン　カヤ　ホテル（洞窟ホテル）へ着く。

夕食を終えて、夕陽を見にいく。素晴らしく美しかった。

(カッパドキア泊)

第6日目　7月18日（水）
9：00から終日　専用バスで世界遺産カッパドキア地方視察。
奇岩が広がるギョレメ下車、カイマクルの地下都市跡下車、ウチヒサール下車、岩窟教会入場
大自然が作り出した造形美を十分に堪能した

(カッパドキア泊)

第7日目　7月19日（木）
7：45　カッパドキアのホテルを専用バスでカイセリ空港へ行く。
10：55　TK261でカイセリ発　空路、イスタンブールへ
12：15　イスタンブール空港着
昼食をとってから、世界遺産イスタンブール歴史地区視察
ブルーモスク入場、アヤソフィア聖堂入場、素晴らしい。
16：20　ホテル　リッツ　カールトン　イスタンブール着

(イスタンブール泊)

第8日目　7月20日（金）
8：30から昨日に続いて世界遺産イスタンブール歴史地区視察を専用バスで行う。

多くの財宝を所蔵するトプカピ宮殿入場、ハーレム入場、地下宮殿入場、グランドバザールなどエキゾチックな町に感銘。
午後　ボスポラス海峡視察
クルーズ船乗船
海峡をまたぐ巨大な橋で日本の力で造られていることに嬉しく思う。地下鉄も工事中とのこと。

（イスタンブール泊）

第9日目　7月21日（土）

8：45　専用バスでイスタンブール市内視察
オスマン帝国時代に建てられたスレイマニエモスク入場。豪華なインテリアで有名なドルマバフチェ宮殿入場して見学、モザイクで有名なカーリエ博物館
14：20　空港着
17：20　TK050でイスタンブール発　空路、帰国の途へ

（機中泊）

第10日目　7月22日（日）

11：00　成田空港着　解散

21　スリランカへの救急車等の贈呈奉仕と観光

1997(平成9)年10月2日～6日

　私は、平成9年7月1日から平成10年6月まで、名古屋中村ライオンズクラブの会長をしておりました。ライオンズクラブは奉仕活動の団体ですので、その一環として当クラブと縁のありましたスリランカに救急車・医療器などの贈呈奉仕に行ってきました。
　その時のことを記します。
参加者は次のとおりです（20名）
L大場民男　LL大場欽子　L斎藤靖人
L鈴木和彦　LL鈴木八栄子　L大藪城正
L坪井貞憲　L中川法恵　L高野隆喜
L石原勝美　L拓殖藤秋　L中村幸夫
L舟羽正道　L小栗一樹　L高坂英夫
L渡辺一央　L萩本健二
岡雅俊様　中西哲玄様　中西紀子様
　奉仕活動の趣旨は次のようなことです。
　スリランカはインドの南東に位置する島（旧セイロン島）。熱帯性気候で年間の平均気温25℃～30℃。人口1900万人、コロンボの人口65万人。
　80％を越える多数派で仏教徒であるシンハラ人の優先政策に反発しているのが、ヒンズー教徒タミール人（17％）である。シンハラ人とタミール人の民族抗争の影響により、日本の戦後と同じ様に生活が厳しい。当然にこうした問題が経済の立ち遅れや物質不足につながり、国民の生活は厳しさからなかなかぬけ出せない。こうした厳しい状況の中で現地のスリランカコロンポフォートLCの皆さんは、私共が想像もつかない程ボランティアやいろいろな施設を作り頑張っておられます。
　日本のライオンズクラブによる外国でのアクティビティは、その国情や国民性等、いろいろ難しい問題があり大変ですが、この度の私共の救急車及び医療器等の贈呈が人助けとなれば幸いです。
　又、この救急車及び医療器が、スリランカで1人でも多くの人命救助の活躍を期待してやみません。

第1日目　10月2日（木）

　スリランカへの日本からの直行便は福岡から出ていますので、まず福岡へ飛び、そこから約8時間でスリランカの首都コロンボへ到着しました。

名古屋　11：10発
　　　　国内線　全日空　NH225
福岡　12：25着
福岡空港にて出国手続き後、
福岡　15：30発
　　　　エアランカ航空　UL457

コロンボ　20：30発（現地時間）

コロンボ税関も順調に済ませ、出迎えはフォートLC会長ウィッキー、ダグラス、他

旅行社により、コロンボ市内のヒルトンホテルに到着。

すぐにフォートLCメンバーと滞在中の打合わせをしました。

第2日目　10月3日（金）

9：30発　フォートLCが予定された救急車、医療器の贈呈先のNCCスポーツクラブに10：00到着。現地のキャンディダンスを先頭に盛大な歓迎を受け、厚生大臣、日本大使代理一等書記官　金井要氏、306Cガバナー、サウケダナの会長（ドクター）等、150名程に出迎えられました。

8月25日に名古屋港から船積みした救急車（名古屋市消防局の使用期限満了のものの払下を受け修理塗装したものです）が英姿をもって置かれていたことにホッとし感激しました（日本では中古車ですが現地では9年間も待望され最も素敵な救急車なのです）。

掲載を省略した写真はその救急車をバックに贈呈のカギを渡している状態を写したものです。前掲の150名程参列のなかで式典が行われました。晴れがましい気持ちがしました。妻も同席ですがのでびっくりしていたいと思います。

式典は順調に進行し12：00終了しました。

14：30には大統領記念病院に医療器（血液分析）贈呈のセレモニーに出荷し、大統領官邸訪問、17：00に終了。

一時ホテルに戻り、19：30予定のフォートLCの歓迎パーティ兼フォートLCの例会参加と交流を深めてました。

第3日目　10月4日（土）

8：00ホテル出発

8：40コロンボサウスホスピタルスクール（生徒420名）着

校内に生徒全員が出迎え、生徒達による鼓笛隊で大歓迎を受け、我々は学校を見学し、生徒にノート2000冊を贈呈しました。

コロンボ観光をした後、スリランカ第二の都市であるキャンディに行き市内観光後、キャンディのホテルへ入りました。

夕刻、有名仏教寺院「仏歯寺」の夕礼拝を見学しました。

第4日目　10月5日（日）

改めて仏歯寺を見学しました。

12：30迄にキャンディ組のメンバー17人とコロンボ市内に残った3人はヒルトンホテルにて全員合流し昼食をとりました。

その後、コロンボ市内観光とショッピング後、ホテルへ戻りました。　コロンボ泊

第5日目　10月6日（月）

3：30起床
4：30ホテルチェックアウト
コロンボから空港へ
今回の観光の目玉、モリディブへ出発です。（モリディブについては本書22に掲載しています）

追記　2008（平成10）年5月

　帰国後間もなくの10月15日、コロンボの我々が宿泊したホテルのとなりのホテル駐車場で市街戦があり8人死亡、邦人6人負傷との報道がされ、あけて1月25日は前述した仏歯寺で自爆テロ事件が発注11人が死亡、20人以上が負傷した、との報道に接し、いい時期に奉仕活動を了えたことに安堵している状態です。

　現在は、会長職から解放されてすでに半年が経ち、フルに弁護士業務に励んでおります。

追記　2015（平成27）年7月17日
日経新聞

　スリランカ人口約2千万人で、国土は北海道の約0.8倍。26年にわたり続いた内戦が終結した2009年以降、経済成長の波に乗った。14年の対スリランカ外国直接投資額は16億1630万㌦（約1990億円）と直近5年間で3倍に急伸。中国からの投資が全体の4割を占め、港湾などのインフラ整備が進んだ。

21　スリランカへの救急車等の贈呈奉仕と観光

　スリランカは今や南アジアの「物流ハブ」として存在感を高めている。

22 モルディブ

1997(平成9)年10月6日～9日

モリディブはインド洋に浮かぶ小さくて美しい島1800からなります。インド半島の先端からみて、東がスリランカで西がモルディブです。両国は距離的には比較的に近いと言えます。

第1日目（スリランカ旅行の続きですから、それから数えると第5日目）10月6日（月）

午前6：00　空港専用島着

ジェットボートにて宿泊オリベリ島へ1時間かかって到着。あいにくの雲、小雨でした。

終日：自由行動

第2日目　10月7日（火）

4：30起床　インド洋の水平線　東から朝日が昇るのを見つめ美しい光景に満足感。午前中は島めぐり、原住民の生活等を見聞。透明な海、そして美しいサンゴ、はてしなく続く海との間に浮かぶ砂浜がとても印象的でした。

浅瀬で少しもぐるだけで熱帯魚が無数に泳いでいます。

ダイビングは世界的に有名で最高の遊びのようです。

第3日目　10月8日（水）

各自ゆっくりと朝目覚め、朝食もすませ、10：30フロントに集合。

11：00　ジェットボートにて首都マーレーへ向う、オリベリ島さようなら。
　マーレーでは、約2時間程自由行動

14：30に空港に入り、16：55UL102でマーレー発、19：20コロンボ着

21：10　UL456で一路、福岡へ

当然機中泊

第4日目　10月9日（木）

8：10　福岡空港着

同空港にて入国審査後、9：55福岡発のNH224に乗り継いで、名古屋へ。

11：05　名古屋着

コロンボでのアクティビティも無事に終え、たのしい旅の思い出を残し、だれ1人病気もなく元気に予定通り帰国でき感激でした。

23 ベトナム旅行
―ハロン湾とハノイ、ホーチミンの旅

2005(平成17)年11月23日～30日

平成17年11月23日から30日まで私は名古屋大学時代のアルバイト団体「学文研」の仲間と「アンコールワット・ハロン湾とハノイ、ホーチミン8日間の旅」に参加しました。
参加者は次の15名でした。
坂野久夫　杉浦洋一　坂野辰　山田太郎　後藤孝男　斎藤礼三　大場民男　丹羽高利　神谷保　後藤桂一　後藤てい子　堀内一誠　堀内規子　井伊重雄　水野鐘男

本稿では、アンコールワット（カンボジア）は本書22に書くこととします。

第1日目　11月23日（水）

11：00　名古屋発　VN969で空路、ホーチミンへ。（約6時間20分）
15：20　ホーチミン着
　　　　到着後、乗り継ぎ
17：00　ホーチミン発
　　　　VN740でハノイへ。（約2時間）
19：00　ハノイ着
20：30　ホテル　ヒルトンハノイオペラに到着。

（ハノイ泊）

第2日目　11月24日（木）

8：00　ホテル出発し、日帰りハロン湾観光に行く。
　途中、バッチャン村（バッチャン焼きで有名）と民芸品ショッピングに立ち寄り
12：30　ハロン湾到着
ハロン湾クルーズ（約3時間30分）
　数々の奇岩が海から突き出るベトナム随一の名勝地と言われる景色。
　船内で海鮮料理の昼食を済ませる。途中で鍾乳洞観光もあり
17：10　ハノイのホテルへ戻る。夕食の北部ベトナム料理であった。

（ハノイ泊）

第3日目　11月25日（金）

8：05　ホテル出発し、ハノイ市内観光へ出掛ける。
　ホーチミン廟、一桂寺、文廟、旧市街、ホアンキエム湖周辺散策
11：30　プチフランス料理の昼食
15：15　VN843でハノイ空港発、カンボジアのシェムリアップへ。

（シェムリアップ泊）

〔4日目、5日目、6日目後半は本書24のカンボジア観光の頁を御覧下さい〕

第6日目　11月28日（月）

14:50　シェムリアップからホーチミン着。
到着後、ホーチミン市内観光
　統一会堂、中央郵便局、サイゴン大教会、ドンコイ通りを散策
夕食：南部ベトナム料理
21:00　エンプレスアンコールホテル到着

　　　　　　　　（ホーチミン泊）

第7日目　11月29日（火）

08:30　ホテル出発。
専用車にてミトーへ。
10:50　ミトー到着。メコン川クルーズ（約90分）。
昼食は、船内でミトー料理
　メコン川はラオス、カンボジア、ベトナムを貫流する大河です。
　途中、タイソン島に立ち寄り、南国フルーツ試食や、ミニジャングルクルーズを体験
16:40　ホテル着
18:30　ホテル出発で空港へ。
21:00　空港着

　　　　　　　　（機中泊）

第8日目　11月30日（水）

00:05　VN-968でホーチミン発
空路、中部国際空港へ。（約5時間10分）
07:15　名古屋着　解散

24 カンボジア観光

2005（平成17）年11月25日～28日

　外国を旅行するとその国への関心が一挙に高まります。今回の旅行もそうでした。

　現在、日本はベトナム国に対し法律の整備、法律担当者の人材養成を支援しています。

　ベトナムは社会主義国家であります（赤地に星の入った旗が街中に立っていることから実感しました）が、市場経済政策を採用しましたし、カンボジアはポルポト政権により従前の法制度が完全に破壊され、新しい法制度と人材を必要としています。

　他方、日本はアジアの国ですが、欧米の法制度を継承しつつ独自の文化を失うことなく経済発展を遂げた成功例と考えられていること等々の理由で依頼されたものです。

　その関係で多くの日本の法律家がベトナム国に赴き法制度整備支援活動に携わっています。

第3日目（本書23のベトナム旅行から継承で）　11月25日（金）

18：00　空港
18：10　エンプレスアンコールホテル着

夕食：クメール料理
19：30　入室。テレビのチャンネル53局もあり、おどろく。

（シェムリアップ泊）

第4日目　11月26日（土）

8：20　ホテル

まず、アンコール王朝最初の王都ロリュオスの遺跡の観光（約2時間）、プリアコー、バコン、ロレイ
13：15　世界遺産アンコールワット観光

次々の遺跡の建造物に圧倒される。

　カンボジアへ行ってきたと言えば、アンコールワットですが、そこはアンコール遺跡群のほんの一部です。

　遺跡群の外構はもちろん建築物の内部の彫刻など実に素晴らしいものがあり、アジア人として誇りうるものであると感じました。

（シェムリアップ泊）

第5日目　11月27日（日）

8：20　ホテル出発

大きな都を意味するアンコールトムの観光（約2時間30分）

南大門、バイヨン、バプーオン、ピミ

ヤナカス、象のテラス、東メボン、スラスランなど。

トンレサップ湖クルーズ

トンレサップ湖は東南アジア最大の湖です。

ベトナム国では11月上旬から5月中旬まで乾期で、5月下旬から10月下旬までは雨期です。

乾期と雨期とでは、水位差が10メートルを超えるとのことです。

乾期では膨大な利用可能な土地が現れ、そこで農業が営まれたり、郊外レストランなどの商業施設が営業されてますが、雨期にはすべてが水没します。

日本では想像もつかない現象です。日本では「土地及びその定着物は不動産とする。」と規定しています（民法第85条）。水没し、川、海、湖、沼となったところは、原則として公有水面となります（公有水面埋立法1条）。

土地の定着物の代表例は、建物ですから、日本では不動産として扱われます。しかし、両国では水位の増減によって建物も移動させますから、不動産というより動産に近くなります。

トンレサップ湖を船に乗ってのクルーズを体験し、説明を聞き、状況を見分すると、なるほどと実感しました。

夕食：クメール料理

20：50　ホテル到着。

（シェムリアップ泊）

第6日目　11月28日（月）

9：30　シェムリアップのホテル出発。アンコール遺跡群観光

プリヤカーン、ニャックポアン

12：30　VN-826シェムリアップ発空路ホーチミンへ。

〔本書23のベトナム旅行6日目へ続く〕

25　フィリピン観光　―マニラ瞥見

2006(平成18)年10月2日～5日

第1日目　10月2日（火）

　大薮城正、堀江泰史と私のライオンクラブ名古屋中村3人でフィリピンで出掛けた参加者の堀江氏がお寺の子であり、寺の執事をしているため、土・日は行けないことでオールウイークデーのではとなったが、他の人は参加しがたいと同感した。私も参加するのには予定の変更などで苦労したからである。

　中部国際空港発　　09時30分

　マニラ着　現地時刻12時35分

　マニラ空港までは4時間。ヨーロッパへ行くのに比べると近いのがいい。時差が1時あったが苦にならない。旅行社の現地案内人にホテルへ送り込んでもらってからは自由。参加者大薮氏の知人の車で、市内中心部のリサール公園、城壁都市跡イントラムロスなどを簡単に一巡する。夕食は500席もある大きな店構えのアリストクラットというレストランでとる。

　ヘリテイジホテル泊

第2日目　10月3日（火）

　マニラには4つほどのゴルフ場があるが、その一つのビリヤモールゴルフ場へ行く、宿泊しているヘリテイジ・ホテルからは20分位で行けた。男ばかりのキャディが屯ろしている。プレイヤー一人に一人のキャディが付く。台風ミレニオ（15号）が通過したばかりで倒木などの跡片付けがまだ完全ではなく荒れている。フィリピンでのこの台風被害は大きかったようである。

　私のスコアはそれほど悪くなかったが暑い。水をいくら飲んでもすぐ欲しくなる。外国ではへばってはいけないと自重してハーフで私はプレーを終えることとした。日本から持ってきた校正の仕事もあったせいもあるが。

　泊まったホテルは南北の大通りに（ロハス通り）、東西の大通り（エドッサ通り）の交差点の東南角の交通の要所にあるが、交差点には信号がなく、車輛の交通量は著しく多くて大通りを渡ることは危険であり、こわい。大通りを渡らなくてもよいホテル南にあるマクドナルド店で夕食をとるはめになってしまった。日本よりゆったりよした部屋造りがしてあったのは幸いであった。

　ホテルの地下に有名な「カジノ・フィリピーノ」があり、H氏がやるというのでルーレット、ブラックジャック、バカラなどを途中まで見学する。成果はとん

とんのようであった。

第3日目　10月4日（水）

　ホテル西方約1.5キロの所にモール・オブ・アジアが造られ開店したと言われ、その一部が望見されたので出掛ける。埋立地の両端、海岸通りに建築されていた。面積を調べ損なったが実に広い。各種の店の他に映画館も数館あるようである。アジア一番と宣伝するのもなるほどと思われた。昼食もこのなかのイタリア・レストラン、モンコックでとる。
　そこからの帰りは、フィリピンを代表する独自の乗り物ジプニーに乗る。米軍の使っていたジープを15人ほど乗れる乗合バス風に改造したものだが、15人どころかギューギュー詰めに乗る。7.5ペソ（1ペソ2円として15円）が基本。運転手に直接払う。庶民の乗り物である。運転過激である。
　夕食はタクシーで日本食の店富士園へ行く。タクシー料金は100ペソ（200円）と協定して乗る。

第4日目　10月5日（木）

　帰国の前に日本の国際協力もあって造られた高架鉄道LRT、MRTに乗ってみたかったが同行する人がなく諦めた。外国では一人行動は危険だからである。
　帰国の途につく。
　旅行社係員がホテルロビーで出迎え、空港へ案内され搭乗手続きの手伝いをしてもらう。
　マニラ発　　13時30分
　フィリピン航空　PR-438便
　中部国際空港着　18時30分
　マニラをチラリと見ただけである。そこで副題に「マニラ瞥見」と題した次第である。

　　　（名西青色だより第144号平19.1.30）

26　タイでのライオンズクラブ国際大会と知人との邂逅(かいこう)

2008(平成20)年6月23日～28日

まえおき　平成20年4月3日に『区画整理』2008年4月号が送られてきた。その77頁の「タイ王国区画整理事情」に目がいく。私は3月にライオンズクラブの愛知県地区のリジョン・チェアパーソン(RC)に選任され、6月23日からタイ国バンコクで開催されるライオンズ国際大会に出席の申込みをしている。

タイ国では、JICA(国際協力機構)と日本の専門家や技術的協力で土地区画整理法が2004年に成立し、その第1号の事業認可が2007年にされたと聞いており、ついでがあれば是非、見聞したいと思っていたからである。本誌〔街路樹〕の常連執筆者　林清隆氏がかつて、よくタイに行っていた頃、訪タイしたいと試みたが同行予定の妻が病気となり、果たせなかった。

今回の訪タイに当って林氏に電話したところ、事業第1号の認可地点は、タイの最南部で治安も悪く視察は無理でしょうとの話であった。上記の記事によると、「第1号認可地区はヤラー市でバンコクから南へ約1000km、タイの最南端の県で、残念なことに、ヤラーを含む最南部5県は治安の悪化により専門家の渡航が厳しく制限されているため現地における事業の進捗状況を見ることはできません」である。残念である。

しかし、林氏によるとバンコクのラマ9世通りタイの都市計画局があり、日本人の担当者もいるとのこと、訪問しよう。

第1日目　6月23日（月）

8：30　中部国際空港のJTBカウンターへ集合
10：35　タイ航空　TG645にて空路、バンコクへ（所要6時間）
14：35　バンコク着　着後、ホテルへ
16：30　ホテル入り

第2日目　6月24日（火）

バンコク市内観光のバスに乗車して出発を待っていたところ、森正雄L（現キャビネット幹事）から、これからペニンスラ・ホテルでRC、ZCセミナーがあるので出席されたいとの電話あり。バスから降りて同幹事、笠島L（同会計）、市川L（同次期幹事）と1台のタクシーで会場へ向う。

334A地区のRC、ZCの出席者は私1人だけであった。面目を立てたと言えよう。

午後、インターナショナルパレードがあり、参加する。

夜、やっとタイの都市計画局と宿泊ホテルとの位置関係が判明した。2km位と思われる。明後日の自由時間に徒歩と公共乗物機関で訪問しよう。

第3日目　6月25日（水）
午前　大会開会式
午後　インターナショナルパレードに参加する。
夕方　334複合地区合同晩餐会

第4日目　6月26日（木）
ライオンズクラブ国際大会が、ここ（タイのバンコク）で開催されるので、それに参加するため当地に来てから4日目、やっと自由行動の日となったので、まえおきに記載していたタイの都市計画局 Department of Public Work and Town&Country Planningの訪問することにした。宿泊しているバイヨーク・スカイ・ホテルから東方約5キロの場所に所在することがわかったので、1人でなんとか行けると計算できたので出掛けた。

ホテル近くのペップリー駅から次の北のパララーマ9世駅までの1区間を地下鉄に乗った（れた）。幸運、よかった。

林清隆氏に教えてもらっていたタイ当局の御三人は、あいにく不在（予期してなかった）であったが、応対してくれた女性職員が日本人に電話してあげると出先へ携帯電話してくれて電話に出た人が澤田俊作氏であった。

私は平成14年から16年まで地域振興整備公団（途中から独立行政法人都市再生機構となった）施行の沖縄の那覇新都心土地区画整理事業における4階建てビルの直接施行も視野に入れた除却（沖縄空港から首里を結ぶモノレール駅の橋脚敷地となっていて除却が急がれていた）、換地計画の適否の法律相談、同公団が調停申立人となる調停事件の申立代理人を担当した。澤田氏は同事業の区画整理課長であった。

平成17年5月から21年11月までの任期でJICA専門家としてUR都市機構からバンコクに派遣され、区画整理促進のプロジェクトを担当しているとのことであった。

バンコクで旧知の人と話ができるとは思わなかっただけで嬉しかった。

第5日目　6月27日（金）
7：45　ホテルのチェックアウトをすませて専用バスでコンベンションセンターへ出発。
9：30～13：00　投票・閉会式
13：30～　昼食後、半日市内観光とショッピング
18：30～　夕食の後、空港へ

第6日目　6月28日（土）
00：20　TG644で空路、中部空港へ

07：50　中部空港着
入国・通関手続きの後、解散

27　マレーシアでのキワニス国際大会参加と観光
―マレーシア旅行と東日本大震災

2011（平成23）年3月10日～14日

マレーシアは、マレー半島に所在する地域と、東の南シナ海をへだてたボルネオ島の北西部のサラワク地域とからなります。合わせた面積は33万キロ平方メートル（日本の0.9倍）の国です。半島にある地域は南のシンガポールと北のタイに挟まれています。

次の理由により一度は行ってみたい国でした。
①マハチール首相の「ルック・イースト」（日本を見習え）との言動があったこと。
②親戚の鳥居高氏がマレーシア国民大学に客員研究員として席を置いていたことがありマレー研究の本を出版し贈呈していてくれたこと
③『区画整理』2011年2月号によるとマレーシアの首都クアラ・ルンプールと同国際空港の中間に新行政都市プトラジャヤが開発中とのことでそこを見聞したいという気持ちがあったこと

私が所属している国際奉仕団体キワニスのアジア太平洋総会がマレーシアで開催されるとのことであったので参加しました。

第1日目　3月10日（木）
クアラルンプール

中部国際空港をシンガポール航空にで11時00分に出発しシンガポール経由（ここまで7時間）でクアラルンプール空港へ現地時間（日本より1時間遅い）19時40分に着きました。所要時間9時間40分でした。

チャーターしてあったバスで21時にクアラルンプールのシェラトンホテルに入りました。

円は町中では通用しないとうことで、現地のマレーシア・リンギット（RM）に両替しました。1RMは27円でした。

第2日目　3月11日（金）
マラッカ

総会はマレーシアで一番歴史のある港町で商業・貿易で栄えていたマラッカで開催されるところ、マラッカはクアラ・ルンプールから南へ150キロ、バスでの所要時間2時間30分の所にあるので、8時半にホテルを出発し正午にマラッカの高級高層ホテル、エクアトリアルに到着しました。

途中、新行政都市プトラジャヤを通過していることは地図で推測ができましたが、田園都市・環境都市を標榜するだけあって、高層ビルが立ち並ぶというもの

ではありませんでした。

プトラジャヤにはマレーシア連邦裁判所及び上級裁判所を内包する司法関係施設も設けられているとのことです（『自由と正義』誌平成23年2月号）が、見聞することはできませんでした。

午後2時から大会議室で開会式が行われました。午後7時からは歓迎夕食会が開かれました。

この頃から、大会出席メンバーのメールには、仙台地方に大地震が発生したとの通信が入り、仙台会の会員は退席し帰国を検討しているが東京から仙台へは帰れない、東京・千葉も被害が発生している等、ざわめきが起こるような状態になりました。

第3日目　3月12日（土）

この朝の現地の新聞は第一面全部を使って「QUAKE TSUNAMI DISASTER」（地震、津波、大災害）の見出しと流されてきた家や船、がれきの写真をのせ、マグニチュード8.9の地震が北日本を襲ったと報じていました。

名古屋でも相当な揺れがあったが被害はなかったのとのことで役職の者は総会に出席するため残留し、一般会員はマラッカ観光に出かけることにしました。

青雲亭、オランダ広場、朱色のセントポール教会、サンチャゴ砦と廻り、広場西の船着場から出る遊覧船に乗ってリバー・クルーズをしました。川（マラッカ川）を走る舟の上から見る町もなかなかのものでした。

ホテルでのフェアウェルパーティに参加しました。オーストラリア、日本、韓国、マレーシア、ニュージーランド、フィリピン、台湾、印度、インドネシア、スリランカ、シンガポールのそれぞれの席を行き来する交流が盛んに見られました。私たちの名古屋会の席の和服姿の会員夫人は大いに珍しがられ、人だかりができました。日本としての舞台上でのアトラクション「大漁唄い込み（宮城）」を合唱しましたが、今から思うと、松島とか瑞巌寺が出ており、東日本大震災の被災地のことであり、不思議な因縁を感じました。

第4日目　3月13日（日）
クアラ・ルンプール

マラッカを専用バスに乗ってクアラ・ルンプールへ2時間30分かけて戻りました。途中、休憩したレストランのテレビは津波が田畑等を踏みにじっていく場面を生々しく映し出していました。店の人も私たち日本人に同情した表情を示していました。

ふらりと外へ出ると結婚式をしている一団がいました。見物していると「入れ」との動作があり一緒にに写真をとりました。いい記念になっています。

第3部　アジア・オセアニア

　クアラ・ルンプールでは、王宮、国立博物館、国立モスク、独立記念塔、市揚、ツインタワー等を市内観光しました。近代と歴史が入り交じった都会と実感しました。案内人の話では、給料等は安く能力のある人は、シンガポールへ出掛ける、とのことでした。
　20時30分クアラ・ルンプール空港を発ち

第5日目　3月14日（月）
　シンガポール経由で14日午前8時15分にセントレア空港へ無事帰りました。所要時間は10時間45分でした。

　　　　（以上、名西青色だより159号）

名古屋キワニスクラブ参加者
齋藤　翕　　相羽博文　　大場民男
川村保憲　　山内一昭　　深山　靖
藤岡　旭　　藤岡恵子　　飯田吉平
飯田弥生　　福西辰子　　三宅雅子
宮田　亮　　高櫻ゆき
梶本健太郎（添乗員）

28 モンゴル国ウランバートルでの奉仕活動と観光
－モンゴルの土地私有化政策－

2005(平成17)年9月29日～10月2日

まえおき

　私が所属する名古屋中村ライオンズクラブは、奉仕活動として、モンゴルの首都ウランバートルにある外科病院など5つの病院と国立がんセンター(厚生省関係)に車椅子50台を、社会福祉保護センター9つ(労働省関係)に車椅子50台(合計100台)を寄贈するため、9月29日から10月2日までの同市を訪問した。本稿は、そのときの紀行と田邊正紀弁護士との奇遇及び紀行前の国際シンポジウムで知ったモンゴルの土地私有化政策について記述するものである。

第1日目　9月29日(木)

　中部国際空港を16時35分に飛び立った大韓航空機は1時間55分の飛行で18時30分ソウル仁川着。19時50分同空港を発ち3時間25分でモンゴルの首都ウランバートル空港に嵌めている時計では23時15分着。サマータイムとのこと、1時間進める。9月のウランバートルは最高気温は31度と高いが最低気温はマイナス14度である。帰路偶然出会った田邊正紀弁護士の話によると9月に2回も雪が降ったとのことである。温度の高低差の激しい所である。

空港の外は寒い、コートを着込む。迎えのバスに乗り込み東北方向へ約20km、30分デコボコ道を走行して24時50分ホテル・ウランバートルに着く。

第2日目　9月30日(金)

　ホテルはウランバートルのメイン通りエンフタイヴァン(平和)大通から20m幅の緑園を経て北側に所在するので大通りがよく見える。すごい人出である。モンゴルの人口250万人のうち90万人がウランバートルに集まっているとの案内書の記述がうなずける。

　9時30分にホテルをバスで出る。第一の訪問先は車椅子寄贈先の一つである国立第一病院である。ここは上記平和大通りを通って南へ50m程行ったところにある。大通りの車の多いこと、また大通りのいたるところで車の間を横断する人の多いこと。はらはらする。横断歩道がほとんどないことにもよるが、30m以上の大通りを信号交差点以外の所を渡るのは、トロリーバスも切り目なく走行していて危険なのだが、渋滞しているからにもよるであろう。

　第一病院は5階建てであるがエレベーターがない。患者も医師も上下すること

207

がたいへんと思う。せっかく寄贈した車椅子がエレベーターのない建物で役立つかとの不安がよぎる。

その他に国立中央病院、外科病院等を訪問した後、社会福祉保護センター廻る。幼児を対象とするところには、日本からの女子大学生がボランティアとして甲斐甲斐しく働いていることなどを見聞できた。

市内を廻っていると、新しい看板のBANK（銀行）が目につく。前は2つしかなかった銀行が最近は30はあるとのこと。

モンゴルは、1992年に『新憲法』を定め、その第6条は「牧草地、公共用地及び国の特別用地以外の土地をモンゴル国民にのみ所有させることができる。」と規定し、2002年の『モンゴル国民へ土地を所有させることについての法律』を制定し、着々、土地の私有化を実施している（2005年9月17日の「モンゴル遊牧社会と土地所有〜体制移行国における土地私有化の比較研究〜」国際シンポジウム及び同題の47枚の資料）。

これにより、土地の流動化、高度利用化、担保の需要が高まり、銀行が増加したのであろう。

第3日目　10月1日（土）

今日は、午後5時からの車椅子贈呈式・パーティが予定されており、それまでの間をぬっての観光である。

8時30分ホテル出発。まず最初はガンダン寺である。極左政権期に寺院の機能が失われたが破壊を免れた寺院のひとつである。9時から講堂での僧侶の朝の勤行を見学する。つづいて同寺の観音堂内の観音像を見る。高さ25mの立ち大仏である。

続いてボグドハーン宮殿博物館へ行く前にウランバートルでの奉仕活動Activity協力団体のムンク・ライオンズクラブ会長ネルグイ氏の会社を訪問する。車椅子100台を9月7日に名古屋港を上海、二連浩特経由で荷出ししたのであるが未だ着いていないのである。同社の秘書が経由のR等の会社へ電話するが、荷がどこにあるのか、いつ着くのか判明しない。

釘を一本も使わない木組み方式のボグドハーン宮殿博物館を見学する。

街の南端のザイサン丘に登る。トルガと称するモンゴルとソ連軍とが大日本帝国とナチスドイツを破った壁画がある。日本人としては気持ちのいいものではない。

丘からはセルベ川と市街地全域が望まれる。新築ブームであることがわかる。田邊弁護士から11月に入るとすべてが凍り、工事などはできないから今が追い込み時期でもあると言われ納得する。

ノミンデパート（旧国営デパート）へ

行く。日本のデパート並みで何でも売っている。買物に興味のない私は、初日から同行している通訳に日本からこちらに来ている田邊弁護士に連絡をとりたいのだがともちかけると同女は先週日本から視察にこれらた方々を同弁護士の所へ案内したので電話もわかっていると言って電話をかけてくれた。久し振りい話をした。前記の国際シンポでも田邊弁護士がモンゴルの法支援に来ているとの報告を聞いていたところであった。デパートの前での集合で待っているとトヨタのLexusのランドグルーザーが何台もくる。モンゴルでも貧富の差が出てきたとの通訳女性の言葉を思い出した。

スフトバートル広場でスフトバートル（モンゴルの英雄）像や広場周辺の政府宮殿、中央郵便局、市役所などの建物の説明を聞いたりしてホテルへ戻る。

このホテルでは１階に大レストランを兼ねた大講堂があるので、ここで車椅子贈呈式・パーティ式を行なう。出席者数は80人（日本側14名：中村ライオンズクラブ12名、松本中央ライオンズクラブ2名、台湾側10名、モンゴル側56名：労働大臣、厚生大臣、国会議員3名、日本大使館一等書記官、ムンクライオンズクラブ20名、その他）である。

式は挨拶、贈呈式、馬頭琴の演奏、食事など盛り沢山ながら21時30分無事終わる。終わりまで丸テーブルについて歓談に加わっていた女性厚生大臣が印象的であった。日本へも何回も来ているとのことであった。

私と他3名は、明日からの「ゲル」（中国語では「パオ」、モンゴル民族の伝統的な円筒型移動式住居）の体験に参加する日程上の余裕がなく、帰国すべく22時にホテルを発つ。

ウランバートル空港

空港に着くと、バッタリ田邊弁護士夫婦と一緒になる。文中での田邊弁護士の話というのは、その時とソウルでの乗り継ぎ時間に聞いたことである。その他に、ウランバートル火力発電所から市内に向かって、あるいは市内で大蛇のような管の敷設工事がされていたので聞いてみた。全市内に供給する暖房管とのことであった。従って零下何度になっても寒くはないが、調整弁がないか不十分なので暑くてしょうがないときがあるとのことであった。

第9日目　10月2日（日）

夜中の０時20分発が30分ほど遅れてウランバートル空港発、ソウル乗換えで10時40分中部国際空港着。

短期間ではあるが、モンゴルの地政的重要性これについて記述すると複雑になるので省略した）、体制移行国のあり方、多くの法令の必要性なども実感した有意

義な旅であった。

　　　　　　（維新会会報　2006年号）

参加者名簿

坪井　貞憲	大場　民男
坪井　美雅子	大脇　三夫
加藤　詢子	斎藤　靖人
小池　元孝	斎藤　貴子
遠山　全一	入山　毅士
小宇佐　久美	入山　佳江
高山　廣基	渡辺　一央

29-1　日中友好視察訪問団記 ―「依法」の氾濫

1989(平成元)年5月2日～7日

まえおき

　旅行記、特に外国旅行記は旅行中から忘却が始まり、記憶・感動の混乱が起こる。

　旅行中からメモをし、帰国後なるべく早く書くのがよい。後からよりよいものが書けるということは、まずないと言ってよい。帰国後すぐ書くとよいとわかっていても仕事のつけが旅行後にしわ寄せされているので簡単に書けるものではない。しかも旅行記はそこへ行ってない人や行こうと思わない人にとって面白くない。それでも書くという正当化と強心臓が必要である。

　平成元(1989)年5月2日から同月7日まで私は南京・北京を中心として中国を旅行してきた。そのちょうど1ヶ月後の6月4日に天安門事件が起こった。中国に対する見方は旅行中とその後では変化をし、早く書いておくことがよいといってもそのような変化を消化して書くことは難しかった。しかし、そろそろ書き留めて置かないと完全に忘れてしまう。旅行中新しい看板に「依法……」(法によれば……)と書かれていることが法律家としての私には目についた。これを紹介しておくことで単なる旅行記にプラスαということになるのではないかと旅行記の執筆を正当化して、寄稿を求められたのを機に書かせていただくこととする。

第1日目　5月2日（火）

　小牧空港に私が幼少より親しくさせていただいている名古屋市議会議員近藤昭夫氏の日中友好視察団という表示のもとに四班合計116名が11時に集合した。13時15分中国民航機CAACで飛び立つ。

南京

　3時間後の16時20分南京空港着。日本と中国では1時間の時差があるが、中国ではこの期間も夏時間（サマータイム）を実施していたので日本時間と同一となった。

　都市計画・農村計画に興味のある私は地上が視野に入るところ地形等に目をこらす習慣となっている。南京の着陸に当たっては街は見えず一面の農地であった。整形地も一部あったが、ほとんどは不整形地であり、池沼の多いのが目立った。土地が広いので日本のような土地改良は必要がないのかもしれない。

　バスの中で配付された「南京市案内図」

によるとバスは御道街を北上し、中山東路を西へ向かい、宿泊予定の「金陵飯店」に着く。南京は2400年前の戦国時代、楚の都として「金陵」と名付けられていたことからこの名称になったのであろう。同ホテルは36階建の超高層ビルで全部をホテルとして使用しており、南京で最も目立つ建物であり、客の多くが日本人である。しかし、これはまずかった。

夕食まで間があるので、海外旅行ではいつもしているように、まず両替をし（1万円に対して269元39角くれた。1元は37円となる。）外へ出ようとしたところ大勢の人がたむろしており、たちまち4、5人がまとわりつく。「円」が欲しいと言っているようである。こわくなって、早々に門の内に引き返した。翌日も同様でせっかくの南京を自分の足では廻れずに終わることになる。

夕食は南京市街地の北西にある双門楼賓館でとる。南京市と名古屋市とは姉妹都市であるので歓迎宴とのことで、宴会場へ入る前に、安楽椅子が壁に沿ってぐるりと中国式横並びの部屋に、わが視察団の団長として主だった者数人とが入り挨拶をする。「南京市人民代表大会常任委員会主任」「南京市人民政府外事公室副主任」「江蘇省人民政府秘書」「江蘇省旅游局局長」などの肩書きの人と名刺交換する。宴席に移る。中国料理14品は嬉しかったが、乾盃（カンペイ）、乾盃（カンペイ）と酒をすすめられるのをことわることに飲めない私は苦労した。これらが「熱烈歓迎」の一つの形なのであろう。

第2日目　5月3日（水）

ホテルにて朝食

南京市内観光

東の柴金山の中腹につくられて中山陵・孫文の陵墓へ行く。門を入ると参道、陵門、碑亭、平石があり、その奥に祭堂と墓室がある。祭堂には孫文の座像が、墓室には横たわった像が置かれている。膨大な広さである。中国革命の父で偉大であったとはいえ、余りの広さに違和感を持つ。「民族・民権・民生」の三民主義が徹底できるものかと思う。

柴金山もそうだが南京の街路は緑が多い。プラタナスが見事な枝を張っている。解放後の園林化・緑化運動の成果とのことである（加藤一郎編・中国の現代化と法187頁）。

続いて明孝陵へ行く。明王朝の創始者太祖朱元璋の墓。参道に馬、獅子、駱駝、象、麒麟など6対の大きな石獣があり、それを背景に記念写真を撮る。

昼食は夫子廟商店街の得月台でとる。ここは南京市の南部にあって秦准河の2つの流れが分かれ、そして合流中州状の景色のいい所である。商店等も密集している。道路の拡幅工事がされている。同席した中国の係官は再開発が大変である

と話されたのに合わせて、日本における用地取得の困難の話をする。しかし後になって考えると中国では土地は国有であり、日本は私有であるから、再開発が大変というのは用地の取得でなく明渡し、代替家屋の提供のことであったと思い、話の行き違いを反省する。

自由時間となったのでこの付近を歩くこととする。「天下文樞」門の下に「依法納税是毎年公民的義務」との横断幕が張ってあり、その下で税務職員が税の受入れをしている。額入りの説明文が8額ほど並んでいたが内容はわからない。「法による納税は、毎年の公民の義務」ということのようであるが、この旅中「依法」（法による）で始まる掲示を各所で見ることになるが、「人治」から「法治」への転換を示すものならばよいが。

書店があったので入ってみる。「法学入門」とあるので見ると「一法学的（「の」と考えればよい）科学性」から「八法的遵守」の章がありA版135頁。定価0.68元だから25円16銭。ただ同様（当地の生活物価感覚からすると500円ぐらいとのこと）である。一元札を出したら当然のことながら0.32元（32角）のおつりが人民幣できた。この汚いこと。遅ればせながら気がついたが、同じ中国銀行の発行の紙幣であっても、われわれがホテルの両替で交付を受けたのは「外国人兌換券」であった。中国は二重為替制度をとって

いるのであった。こういう観光客が入らぬ一般店では値打ちに買える後に長江大橋たもとの観光客用の店で絵ハガキを購入するが、10元（370円）で当地の生活物価感覚では7400円であるからボラれているという感じであった。

このあと、大平天国歴史博物館、玄武湖を見てホテルへ帰る。一行はレストランで夕食後、団長らと夫子廟の魁光閣で「小吃」（小さく盛った中国料理）を中国側からいただく。一人前食べた後にかかわらず、よく調理されておりおいしかった。帰国後「小吃」式を探すが見当らない。

第3日目　5月4日（木）

今日は5月4日、54運動（注）のちょうど70年に当たるということと民主化運動の高まりとで北京の天安門広場に大勢の人が集まっていること、学生と政府当局（顔の長い広報担当長官）との交渉模様がテレビで報じられていた。

(注)　日本の21ヵ条の要求を当時の内閣が受け入れたことに端を発し、反帝国主義と反封建主義の旗印を揚げた運動

揚州

南京から東北100キロの揚州市へ行く。長江（揚子江）と運河の交わる交通の要衝として栄えた街とのこと。道路は立派なものができているが自動車の数は少なく、日本では目につく速度制限、あと何

kmの表示等は見当たらない。驢馬に引かせた荷車が多い。後で北京からその郊外を走るが全く異なる感じである。道路の下を横断する用水溝のコンクリート工事が諸々に見られ農作物は青々しており、農村地帯は豊かでのどかであるように思えた。有料道路に差しかかる。「収費処」（料金所）とある。道路構造は今まで走行してきた道路と変化はないが、「1級道路通行費暫行物法」の表題とぎっしり説明の書かれた大掲示がある。通行料暫定措置法という意味であろう。「依法」で始まってはいないが、法律名を冒頭に大きく書いているから同じ趣旨であろう。悪い役人に出会ったら通行料をとられる人治より法律によることのほうが数段よいことは明らかである。この方向が続くことを祈る。

大明寺に着く。唐招提寺の鑑真和尚が住職をつとめていた寺である。当時55才だった鑑真は聖武天皇の要請で日本渡航を試みたが悪天候で失敗、6度目の754年に渡航途中で盲目になって来日し、東大寺に戒壇を設け、759年に唐招提寺を建立し、そこで没した。生まれはここ揚州で688年である。1973年に日中国交回復を記念して唐摺提寺を模した鑑真記念堂・碑がある。

次に揚州位置の北西にある痩西湖に行く。杭州の西湖に似せて造られた細長い人造湖である。

昼食後、帰路につき、南京の北西の揚子江（長江）にかかる長江大橋に行く。鉄道橋と4車線の公路橋の2段の橋になっている。鉄道橋の方は全長6.7キロ、公路橋は4.5キロである。ひっきりなしに車が走る。この大橋は1960年にソ連との共同工事で始まったが、途中、中ソ対立でソ連技術者の引揚げにあい、自力で完成したという中国自慢の橋である。橋から下りて見上げるが見事というほかない。橋脚内にエレベーター（電梯）で見学できるようになってそれに乗って橋脚上部の展望台に立ってみる。揚子江はさすがに広く対岸がかすんでいる。

夕食は再度双楼門でとる。

18時30分発予定の中国民航の国内線に乗るべく南京空港へくるが搭乗予定の飛行機がいつくるかわからないということでホテルへ戻る。中国の予定は当てにならないと聞いていたがその通りになってしまった。

再度空港へ来て、案内ボードを見る。空港の案内板は日本に限らず各国とも電動表示であるが、南京空港では本当の「黒板」であり「出航」「通航」の欄にチョークで記入が、8段分のうち6段が記入してあるのみである。なんとなく心もとない。3時間遅れで飛び立つ。

北京

1時間15分間で北京空港へ21時45分に

着く。北京空港はさすがに大きく立派である。南京空港が余りに貧弱だったので余計そう思えた。専用バスで空港から西南へ向い北京市街へ入る手前のリド・ホリディイン（麗都ヶ假日飯店）に着くが、遅い到着のためか職員も少なく割当の部屋への入室が手間どりはらはらする。

第4日目　5月5日（金）
北京

ホテルから首都空港路を西へ向かい、東第三環城（状）道路を南下し、建国門大路を西進する。堂々たる大路である。ここを1カ月後、戦車が走ることは予想だにしなかった。

天安門広場

天安門広場へ至る。

昨日は54運動70周年で集まっていた学生の集会はなく、外国又は北京以外からの観光客のみである。人民英雄記念碑に最近まで掲げられていたレーニン像は孫文の額に変更されていた。

紫禁城

天安門広場から廻って天安門の北に紫禁城に向かう。配布された地図や説明では「故宮」とあり、紫禁城という表示はない。明の永楽帝により1406年から15年の歳月と20万人以上の労働力を費して築かれ清代に改築されたこともあって中国では禁句なのであろうか。この紫禁城が詳しく描かれたのは映画「ラスト・エンペラー」である。

故宮（紫禁城）は高さ10数mの城壁と外側に幅52mの濠・筒子河に護られている。建築物60余、部屋数9900室ある。所蔵品は100万点にも及ぶとのことであるが、台北の故宮博物館へ行くと本土から目ぼしいものは殆んど運んできたと説明され素晴しい展示品を見せられるのに比べ、ここ北京の故宮では展示品のごときものはない。午門、大和門、大和殿、保和殿などまばゆいばかりの建築物に感嘆する。

清掃婦の罰金徴収

保和殿東横の広場でわが団体が揃うのを待っていた。そこには「故宮院内禁止吸姻　違者罰款」（故宮内禁煙、違反する者は罰する）と書かれている。数人の者が華麗な建物を出てほっとしたのであろうか、あるいは右の禁止板が目に入らなかったかタバコに火をつけて吸いかけた。ホウキを片手に、ごみ入れ箱を肩にかけた掃除のおばさんが、掃除を止めて、つかつかと喫煙中の一人を捕えて罰金の徴収をし始め、領収書を切るではないか。それを見た他の喫煙者があわててっせいにタバコの火をもみ消したことはいうまでもない。

わが国では清掃は環境事業局（かって

の清掃局）が行い、取締りは警察と権限が完全に分離されており、清掃婦が罰金をとることはない。しかし、考えてみると清掃婦が喫煙者から罰金（反則金）をとることは合理的である。一人を捕えて罰金をとればそこにいる何十人はいっせいにタバコを吸うのをやめるのである。まさに一罰百戒である。掃除しても、すぐ汚されてしまう清掃婦の立場からみてもこの権限授与はよいことと思う。

　わが国の駐車違反の多さを減少させる方法の一つとして道路交通方等を改正して駐車違反の取締り、罰金の徴収を民間等に委託し、罰金額の半額を委託料として支払うシステムにすれば駐車違反は罰金額の増額と相まって絶滅するであろうとの私見にピッタリと一致するのである。警察だけが取締りの権限と罰金（反則金）徴収の法則（裁判所も関与）では、取締警察官の労働のみが増加し、給料が上るわけではないから上から命令されねば動くはずがない。駐車違反はいくら取締りを強化しても取締りをしない時間のほうが取締りをする時間より圧倒的に多いのである。違反しても罰せられない機会のほうがはるかに多い。そこでちょっとと考えて違反する。ところが駐車違反されて困る人（その通りの住民又は業者）に取締りの権限があり手数料が入れば、違反必罰ということになれば違反する人はなくなろう。しかも取締りのコストも激減するのである。

景山公園、天壇公園

　故宮の北側の景山公園の前へ出る。故宮の西側は、中南海という政府要人の居住区で壁に囲まれ、われわれ外国人はもちろん中国人も立入りが禁じられ、そばへ寄りつくこともできないようである（ロンドンのダウニング街10番の首相官邸の状況とは全く異る）。

　専用バスで南へ下って天壇公園へ行く。広場の中央に天壇がある。歴代皇帝が天に祈りを捧げた祈壇である。

　次に国営の北京友宣商店へ案内された後、近くのレストラン（鴨店）で昼食となり、解散となったので、ここぞとばかり歩くこととした。一同は友宣商店での買い物に忙しく連れ立ってくれそうもないので一人で行くこととした。まず西へ歩くと建国院に至る。この附近は１カ月後の６月４日天安門事件の戦車の集結場となりテレビで何回も映し出されることになるが、この時は全く予期しない。

地下鉄に乗ってみる

　「建国院」、「北京地下鉄道」の駅でもあるので乗ることにする。切符は参角（0.3元11.1円）である。これで全線乗れるようであるが、一人で心もとないので３駅ほど乗って元へ戻る。

北京駅

　次に歩いて北京駅へ向かう。自転車が多いのにはびっくりである。駅前へ着くが、広場に人が一杯で、敷物を広げて座ったり寝たりしているので駅舎へ近付くのが大変である。北京への人の大移動が始まっていたのであった。駅舎の入口に棚があり、切符を持っていない者はコンコースに入れないのである。切符売場は外の広場に面しており厳重な金網が張ってあり小さな現金授受と切符渡し口とがある。長蛇の列は動かない。中国では長距離列車の切符を手に入れることは困難なことなのである（安井毅・トレードピア90年9月号55頁）。また歩いて一同のいる友宜商店へ戻る。翌日友人とこの北京駅からホテルまでタクシーに乗るが、客のとりあいで刀みたいなものを持っていて抜きそうな勢いでこわい目に会った。料金を倍も請求された。かつての雲助タクシーとはこんなものだったかと思う。

第5日目　5月6日（土）
明の十三陵

　北京から北西に進んで明の十三陵に向う。この街道は、時速制限40公理（40キロ）とあり、途中、昌平まで12公理、公達嶺38公理など道路標識があり、自動車専用部分、軽車輌・自転車の通行区分もあり、高速道路ではないが道路として整備されている。

　十三陵の入口には「依法保護文物　人々有責」（法律で保護された文化財皆さんの責任です）とある。少し行くと「依法治縣　科教興昌　発展旅游」と大看板がある。「依法」の氾濫であるように思える。それだけかえって、「依法」でない現実（情実）があるのではないかと思われた。

　十三陵の一つ定陵は、死んでからも皇帝が生活できるように造られた大規模な地下宮殿である。驚くばかりである。

万里の長城

　昌平に戻り、八達嶺へ行く。万里の長城の一部である。宇宙から見える地球上の工作物の最大なものであるとのことに納得する。長城の上を歩くが山の稜線に沿って造られているからであろう昇り降りが強く、相当の運動量となる。

　北京に戻り、故宮の北の北海公園のなかの彷膳飯荘で中国での最後の晩餐をお別れ会を兼ねて豪華にとる。この公園は湖・小山を背景にチベット仏教の白い仏塔が美しいところである。

第6日目　5月7日

　ホテルにて朝食をとり帰国の途へ北京9時40分名古屋13時25分（所要時間3時間45分）。

　（以上　新日本法規出版　法苑86号）

後記

　中国のテレビで1989（平成元）年に民主化を求める学生に理解を示して対話をしていて失脚した高官は、趙紫陽元共産党総書記である。

　死去から11年となった。平成28年1月17日に北京市内の同氏の自宅に支持者から集まり、趙氏の名誉回復後や政治改革の必要性を訴えたとのことである。

29-2　名大学文研OB会桂林、南京、上海　6日間

2007（平成19）年11月20日～25日

第1日目　11月20日（火）
8：40　中部国際空港3階出発フロア国際旅行社カウンター10～13番集合
9：55　ANA939　中部国際空港発　上海へ
11：50　浦東空港到着
20：30　（16：45の予定が遅延した）上海航空　FW331で上海虹橋空港発桂林へ
22：30　（18：45の予定が遅延した）桂林着
現地到着後、専用ガイドの迎えあり専用車にてホテル桂林賓館へ　　　桂林泊

第2日目　11月21日（水）
8：10　専用車にて出発し、漓江（ソコウ）下りの船に乗る。桂林の南東83km、漓江下りの終点となる陽朔は、奇峰、奇岩に囲まれた風光明媚な街。そこを散策する。
18：30　桂林ですっぽん料理を楽しむ。
　　　　　　　　　　　　　　　桂林泊

第3日目　11月22日（木）
専用車にて桂林市内観光（象鼻山、芦笛岩、畳彩山等）
20：45　中国南方航空にて南京へ

21：55　上海着、専用車にて、南京グランドホテルへ　　　　　　　　　南京泊

第4日目　11月23日（金）
7：45　上海南京新幹線D408にて南京へ
10：11　南京到着
専用車にて南京市内観光、南京博物館、中山陵、南京長江大橋
昼：四川料理
16：32　上海南京新幹線D437にて上海へ戻る。上海市内観光（外灘、東方明珠テレビ塔）
18：40　夕食会場へ
夕：海鮮料理（上海蟹）
　　　　　　　　　上海ホリディイン泊

第5日目　11月24日（土）
8：30　専用車にて終日上海市内観光に出発
豫園、豫園商場、上海老街、人民広場、上海博物館、新天地散策
昼食は『上海緑波廊酒楼』にて点心
夕食は上海料理
上海雑技団を前列にて鑑賞
21：30　ホテルへ戻る。
　　　　　　　　　上海ホリディイン泊

第6日目　11月25日（日）

ホテル出発まで自由行動
10：30　ホテル出発
14：20　名古屋組、上海浦東空港をNH949で名古屋へ出発
17：30　名古屋着
参加者13名
〔名古屋組〕　水野鐘男、後藤孝男、山田太郎、齊藤礼三、大場民男、坂野久夫、平岩道正、後藤桂一
〔東京組〕　杉浦洋一、今泉勇夫、坂野辰、神谷保

29-3　ライオンズクラブ
東洋・東南アジアフォーラム（第47回）記

2008（平成20）年12月5日～7日

　上記のフォーラムが香港で開催されるとのこと、2015～2016年度の地区がバナーがローテーションにより1R2Zに廻ってくること、その推薦は2012年になされることを踏まえ、出席することとした。

　当中村ライオンズクラブからはL鈴木和彦会長、同夫人、L髙坂英夫、L後藤党慶と私の合計5名が出発した。

第1日目　12月5日（金）
香港

　午前8時に中部国際空港に集合して10：00ちょうど発のキャセイ航空に乗って13：35（現地時間）香港国際空港に降り立つ。添乗員は勿論、現地案内ガイドもいない中村グループであるので、香港に詳しいL後藤党慶の誘導に従って入国手続きを終え、一般バス乗り場へ急ぐ。香港のバスは香港がかってイギリス統治下にあったせいか、2階建ての立派なバスである。2階先頭の見晴らしのよい席に座る。5分もかからずにアジアワールド・エキスポAsia World-Expoに着く。会場入口でJTBの蟹江氏から入場に必要なフォーラム登録キットをもらって会場建物に入る。広くて長い、やっと会場のホール1にたどり着く。15：40であった。

　15：00開始の16：30終了の予定であるので、プログラムは相当に進み、国際会長挨拶は、すんでいると思っていたのに、しばらくして始まる。不手際があって開会が遅れていたとこのことであった。座席の国別区分け図を見ると、Japanが一番広い。一角に席をとる。

　次に壇上に登壇する人が英語でスピーチする。

　ほとんど理解し難いが雰囲気は伝わってくる。

　17：00に会場を出てエアポートエクスプレス（機場快速）の始発の博覧会駅（会場に隣接）にて乗車九龍駅で下車、ここからが無料のシャトルバスが出ており、宿泊予定の九龍酒店（カオルーン・ホテル）まで乗る。

　334複合地区合同晩餐会が同じ九龍地区の東部南洋センターの聚徳烤鴨店で開かれるということで、われら5人とL後藤党慶の知人の楊さんとで香港の街を散策しながら会場へ向かう。まばゆいばかりの照明と賑やかさである。

　懇親会も大賑わいで熱気もこもり、334-Aの力誇示しておわる。帰りも歩くこととし、違った道を行く。

第2日目　12月6日（土）

深州

　飲茶の朝食をとり、中国本土の深州に赴く。さながら別の国への入出国である。

　帰りは、深州からはるか南の香港島地区へバス、鉄道、船を乗り継いで行く。香港の夜景も十分に堪能する。

　書きたいことは多くあるが、フォーラム出席とは別のことであるので記述を省略する。

第3日目　12月7日（日）

　空港の南にあるゴンビン・ビレッジへケーブルカーで登ろうと列に並んだが、余りの長蛇で帰国の飛行機に間に合いそうになくなり、諦めて昼食をとって空港へ向かう。

　16：30発のキャセイ航空で帰国の途につく。21：00（時差1時間）に中部国際空港へ無事に到着した。

　私にとっては初めての香港であり、大変楽しく有意義な旅であった。

（名古屋中村ライオンズクラブ会報　平成21年1月号）

後記

　2012（平成24）年8月にライオンズクラブを退会せず、地区ガバナー選挙に邁進し地区ガバナーになっていたら、2016（平成28）年6月までガバナーになっていたことになっていたかもしれない。そうであったらば、コンメンタール「条解判例土地区画整理法」（日本加除出版）の発行もできず、本業に差支えもできたであろう。ガバナーへの道を進まないための退会は大正解だったと思う。

追記

「沢木耕太郎　深夜特急Ⅰ―香港・マカオ―（新潮文庫　平成6年発行、平成27年56刷）」を読む。香港の凄さと面白さを感じた。われわれの香港旅行は素通りに過ぎなかった。

（名古屋中村ライオンズクラブ会報　平成21年1月号）

29-4　名大学文研OB会　大連・旅順4日間の旅

2010（平成22）年10月23日～26日

参加者14名
［名古屋組］　山田太郎、水野鐘男、板野久夫、大場民男、斎藤礼三、後藤桂一、後藤てい子、平岩道正、平岩宏枝
［東京組］　今泉勇夫、坂野辰、丹羽高利、牧野寿夫、神谷保

第1日目　10月23日（土）
12：15　中部空港をCZ620便で空路、大連へ
13：45　大連空港着
東京・成田組合流後　大連市内観光　中山広場、旧満鉄本社、大連港、緑山展望台
　　　　　　　　　　　　　　［大連泊］

第2日目　10月24日（日）
専用車で一路旅順へ
着後、旅順観光
203高知、東鶏冠山、水師匠、白玉山、旅順監獄、旅順博物館、旅順駅、旅順港、川島芳子旧居
　　　　　　　　　　　　　　［旅順泊］

第3日目　10月25日（月）
8：30　専用車で旅順発、一路大連市内へ

到着後市内観光
老虎灘、星海公園、旧ロシア人街、テレビ塔、自由市場
鉄道修理工場で「あじあ号」を見る
　　　　　　　　　　　　　　［大連泊］

第4日目　10月26日（火）
08：05　CZ619で大連空港を発つ。
11：15　中部空港着

追記「あじあ号」は平成24年暮に瀋陽の蒸気機関車陳列館に移送されました。

第3部　アジア・オセアニア

30-1　台湾事情視察

1978（昭和53）年8月3日～6日

まえおき

「間　税制をうまく利用して地価を押えている例が、外国では多いようですね。

都留重人（一橋大学学長）台北でやっているのが一つの例ですが、これは市街化区域では、農地なんかも含めて自分で土地を評価して申告させるやり方です。たとえば、市街化区域の中に農地をもっており、ここで自分は依然として農業をやるつもりなんだ、という場合、一ルーいくらと自分の考えている農地としての価格を申告してもらう。そしたらその申告を尊重して、それに合わせた保有税をかける。その代り、その土地を売るときには、申告した価格とそうかけ離れた価格では売れないようにする。一方、宅地として申告した地価が非常に高ければ、その値段で売れるが、その代り保有税は高い。この申告制度は、現にある程度成功していると聞いております。これなど検討の余地が十分あるんじゃないでしょうか。」

という新聞記事をかつて読んだ（47・12・3朝日）。それからは、台湾へ行って確かめてみたいと思っていた。

第1日目　8月3日（木）

顧問をしている千和株式会社の橋本明君が商品の仕入れに訪台するから、連れていきましょう、土地問題に詳しい台湾の弁護士さんに面談できるよう手配しておきましょう、ということで、やってきた。

夕方、台北へ着く。日本から週刊誌をもっていった人は、税関ですべて没収である。低俗ということであろうか。空港からタグシーに乗る。新車は見当らず、古びたタクシー（出租汽車）ばかりである。座席のシートカバーに「保密防諜　人人有責」とある。臨戦態勢であることを痛感する。

テレビ（電視という）にすべて字幕（漢字・北京語）が出るので、仕草と字づらから、なんとなく意味が通ずるようである。ニュース類は余り報道されないようである。コマーシャルは多い。鈴木成車（オート）という日本の広告もでている。

第2日目　8月4日（金）

町へ出る。商店の看板（ひとまわり大きい）はすべて漢字であるから、読むことができ、なるほど同文なんだなと思う。しかも戦中に、われわれも使っていた正字が用いられている。「こんなに美しい

文字であったのかということを改めて思い知らされた」という高坂知英『ひとり旅の知恵』中央公論社刊152頁と同じ思いをもつ。

電話帳をみる。一画の頁からはじまって二七画まである。日本の電話帳と全く配列が異なる。漢字の国だと思う。漢和辞典を引いているみたいである。

朝定食は、おかゆ、漬物、卵焼き、豆腐と、わが家の朝食よりも日本風で食べやすい（アメリカ旅行ではこうはいかなかった）。

一行のうち一人が怪我をして入院したので、福全総合医院へ見舞にいく。院長先生は戦前の京大医学部卒業とのこと、付添婦の一人はやはり戦前、日本の看護教育を受けたとのことで日本語が十分通ずる。異国で病気になったときに国語が通ずるということ位、心強いものはない。しばらくは、ここが異国であることを忘れるぐらいである。安心してウライ及び台北市内の観光に出掛ける。

第3日目　8月5日（土）

今日は勉強日である。まず律師（＝弁護士）蔡炎城の事務所で同じく律師劉茂本から、台湾の都市計画、土地税制について話をきく。両氏とも日本語を話せるので、通訳は必要としなかった。

それから総統府（行政府）を見にいく。次に裁判所（地方法院、高等法院）へ行く。最高法院（最高裁か）へもいく。玄関には、用のない者は入るなとあるので、裏へ廻る。

窓口に「民事収状」とあり、貼用印紙額の一覧表が壁狭く掲示してある。「法庭」（廷ではない）を見にいく。閉っているので、考えたら土曜日の午後であった。そのため法廷の構造は残念ながらのぞくことができなかった。

一階は検察庁なのか、取調べ待ち風の人が並んで腰掛けていた。

その足で書店（書局という。受験参考書のような本が多い。）で六法全書（日本語と同じ。もともと中国からから来た言葉であった。）を買い（本文1124頁、他に目録・索引もある立派なそれが、190元＝1140円と安い。）、復習する。法令名のみだけ見ると、憲法、民法、保険法、銀行法、民事訴訟法、破産法、刑法、刑事訴訟法、都市計画法など同名のものが多い。商法（会社法）が「公司法」となっている。町の看板に〇〇公司とあるのが多いが、その意味がわかる。

お聞きしたことと六法全書で眺めたこととからの土地税制（収用も含む）の大要は次のようである。

土地法第四編により、土地税は「地価税」（167条）と「土地増値税」176条）の二種からなる（1144条）。不動産取得税はない。土地税は地方税とされる（1146条）。土地所有権者の申告による地価を

「法定地価」とし（1148条）、これが地価税の課税標準となる。

　平均地権条例（条例というも法律なみとのこと。）により次のようになっている。

　地方主管機関は三年に一度「規定地価」を公告する（14条）。それは調査によったり、前記の申告地価によったりする。

　地価税の原則は「照価徴税」であり（17条）、基本税率は千分の一五、その上は累進税率である（19条）。

　私有土地の収用の原則は「照価収買」であり（27条）、申告地価が規定地価（公告地価）の80％以下なら申告地価で強制収用される（27条１号）ことがあっても不服がいえない。

　土地増値税の原則は「漲価帰公＝土地の値段が漲（上った時は、個人に帰属させるのではなく、社会の手柄として公（国家、大衆）に帰属させること、孫文の言葉」とのことである（35条）。増値が規定（公告）地価の100％（１倍？）になるとその40％、200％増値となると50％、それ以上は60、80％が土地増値税となる。

　わが国の固定資産税等にはみられない申告制度（低額申告にはそのまま収用されても不満の言えない制裁をともなって）、累進課税、開発利益の徴収など、多くの人口をかかえた島国（日本と同じ）での勉強は、興味深かった。

　夜、映画（電影）を見にいく。映画館を戯院という。大変に混んでいて入場者は多い。座席はすべて指定席で、総入れ替え、上映前に国歌が流れ、総統が映り、全員起立で斉唱である。話し言葉はわからない。中国語と英語の字幕が出る。英語のほうが、目で追いやすく、画面と英語で筋は十分にわかる。例えば、題名でも、「狂洋中的一等船・He never gives up」とあり、英語のほうがわかりやすかった。約２時間、久し振りに英語の勉強にいったようなものであり、快よい疲れを感ずる。

第４日目　８月６日（日）
帰国する。

　　　　　　　　（以上、法曹なごや34号）

30-2　台湾事情視察

1978(昭和53)年11月10日～12日

千和会として台北へ行く。

第1日目　11月10日（金）
パスポート写し

第2日目　11月11日（土）

第3日目　11月12日（日）
パスポート写し

第3部 アジア・オセアニア

30-3 台湾事情視察

1979(昭和54)年5月14日〜27日

千和会として台北、花蓮へ行く。

第1日目　5月24日（木）

第2日目　5月25日（金）

第3日目　5月26日（土）

第4日目　5月27日（日）

30-4　台湾事情視察

1980(昭和55)年2月12日〜15日

キングメガネ会で台北へ行く

第1日目　2月12日（火）

第2日目　2月13日（水）

第3日目　2月14日（木）

第4日目　2月15日（金）

30-5　交通事故紛争処理センター名古屋支部
　　　　　　　　　　台湾交通状況視察

1985(昭和60)年7月19日～22日

第1日目　7月19日（金）
11：00　日本アジア航空　1283便　名古屋発
12：50　台北着
入国手続き後　専用バスにて台湾中部の景勝地日月潭へ
17：30　日月潭着　　　　　（日月潭泊）

第2日目　7月20日（土）
　朝食後専用バス　日月潭観光、文武廟、玄奘寺観光後、台中へ
台中法院見学
15：16　台湾国鉄特急自強号にて台北へ
17：25　台北到着
夕食　ディナーショー：フーバーレストラン
ライライシェラトンホテル　　（台北泊）

第3日目　7月21日（日）
専用バス　台北市内観光
総統府、中正記念堂、故宮博物館、その他
昼食　バーベキュー蒙古料理
夕食　ミニ満漢宴席　　　　（台北泊）

第4日目　7月22日（月）
出発まで自由行動

専用バスで空港へ
13：25　日本アジア航空1284便台北発
17：00　名古屋到着通関後解散

参加者
支部長審査員　弁護士　伊藤淳吉
審査員名古屋大学法学部教授　森島　昭
審査員　弁護士　小川　剛
審査員　弁護士　大場民男
嘱　託　弁護士　近藤昭二
嘱　託　弁護士　石川康之
嘱　託　弁護士　伊藤和尚
嘱　託　弁護士　田畑　宏
嘱　託　弁護士　野尻　力
嘱　託　弁護士　水野正信
嘱　託　弁護士　福島啓氏

30-6　名古屋中村LC姉妹提携明徳ライオンズクラブCN 20周年式典参加ツアー

1995（平成7）年10月20日〜22日

　当初参加数が心配されていた上記ツアーは中村ライオンズクラブ坪井幹事、堀江元会長らの親族多数参加により延34人の参加となった。今回のツアーの主目的は姉妹提携クラブである明徳ライオンズクラブのチャーターナイト（台湾語では援証）20周年式典（台湾の表現では慶祝大会）に参加することであるが、旅行の目玉として台東の南の知本（発言Chihpen）へ行くことであった。

　私は第二副会長として参加した。

第1日目　10月20日（金）

　午前8時名古屋国際空港団体受付カウンター前で結団式が行われ、午前9時35分離陸。現地時間午前11時30分台北中正空港着。バスにて松山空港に行く。そこで明徳ライオンズのメンバーの出迎えを受ける。

台東市　知本温泉

　台東市はその名のとおり台湾の東南にあり、かつては東線鉄道の最南端の町として不便な所と紹介されていたが、現在は台北の松山空港から50分で台東空港へ着く。現に、われわれの乗った飛行機は14時30分定刻通り発ったプロペラ飛行機は15時20分台東空港へ降り立ったのである。また、同空港へは5つの航空会社が就航しており1日23便が台北往復だけでもある便利なところとなっている。空港から知本温泉への道路も相当に改良されている。ホテルの出迎えのバスで空港を出発し、途中当地名産の果物の釈迦頭を買って食べる。中身は白いが皮が釈迦の頭の形をしているのがその名の由来とのことであった。16時20分宿泊予定の知本ロイヤルホテル（台湾語で老爺大酒店と書く）へ着く。台湾ではゆかたの備付けはないのでパジャマ携帯要とあったのに、「Yukata」があったのには感心する（台北のホテルはなかった）。

　夕食後の8時から戸外で地元の踊りがあるので見物する。周りの観光客も輪のなかに入って激しく踊り舞う。自分らも入る。

第2日目　10月21（土）

　ホテルで朝食も昼食もとって12時のバスで台東空港へ向かったが、知本温泉には白玉瀑布と呼ばれる美しい滝や釈迦を祀る清覚寺があり、台東には標高75mの市内が一望できる鯉魚山があったので見てくるとよかったと思った。特に清見寺

はホテルに隣接していたのに拝観をのがしたのは残念であった。

13時30分、台東空港をたって、海岸線を北上し、海岸の打ち寄せる白波と3000mを越える山々が連なる山脈を同時に見えた素晴しい景色を堪能して予定通り台北松山空港へ着いた。松山空港に近いアジア・ワールド・プラザホテル（環亜大飯店）に15時ちょうどに着き、各自の部屋に落着く。

午後4時半から同ホテル3階で明徳ライオンズ会長のL董鉄生、幹事L呉国興、元幹事L張志栄と当方はL斎藤、L加藤会長、L坪井幹事、L浅岡一副、L大場二副とがL張の通訳でこれから始る大会での中村ライオンズの出場、役割等及びスリランカでの学校建設のアクティビティ等について打合せをする。

6時20周年の会が始まるということでわれわれはその少し前に同ホテル2階の会場に出向き指定された3つのテーブルに着くが、テーブル数7×6の1テーブル12席の504席の大半は空席である。始ったのは6時50分と大幅に遅れて開始された。日本語の「予定」は中国語では「預訂」であり訂正を預けておくというような意味であって時刻の変更、訂正は文字からも当り前のことなのだろうか。例年定刻通り開催されたことはないとのことである。

CN20周年記念大会

大会は、開始奏楽、会長鳴鐘、国家斉唱（中華民国、日本国、大韓民国の三国歌）、国旗、国父遺像への最敬礼、故Lに一分黙念、来賓・友会紹介、会長董L挨拶、韓国大門獅子会々長挨拶、兄弟会々長挨拶、新会員宣誓（入会者10人があり驚きであった）、ガバナー挨拶アクティビティ（台湾語では「社会服務」という）発表（ここで当クラブのスリランカの学校建設の発表があった）と続く。このあと記念品の贈呈が延々と行われた。当クラブからも記念のお金を贈呈する。ライオン歌を唱い。ロアーをし、閉会の鐘が鳴ったのは20時10分であった。そして晩宴が始った。次々に料理が運ばれてくる。ビール、酒がある。22時までつづいた。

参加クラブの紹介のとき他のクラブの多くは、制服制帽子であるのに当会はそうでないのが少し恥しかった。異国でのチャーターナイトの慶祝ムード一杯の会合に出たことは、いろいろと感ずるところがあってよかったと思う。

第3日目　10月22日（日）

この日は参加者の大半（20名）は市内・故宮博物院の観光組とフリー組とでそれぞれの台湾を楽しみ、翌23日（月）に帰国したが、私は所用があり、この日に帰らなけらばならないので単独行動をとることとした。

9時観光バスで出発する観光組を見送ってホテルから台北駅まで歩くこととする。街路の改造がいろいろとこらされている（主要交差点地下で横断するなど）を見分して感心した。

新台北駅

台北駅は前に来た時（1985年・昭和60年6月）とは全く変って立派な駅となっていた。付近も再開発が進み高層ビルがいくつも建っており、また、台北駅及びその付近は台湾鉄路局の鉄道を地下へ走らせているのにはびつくりした。早速鉄道に乗ってみようとしたが切符を買うのに一苦労する。ホームへ下りたが延着とのこと。乗るのをあきらめて地上へ出る。帰りは路線バスで帰ろうと試みたが、バス乗り場が多過ぎて乗り場がわからず、結局はタクシーでホテルに戻る。

単独帰国

ホテルから松山空港へ歩く。空港バス乗り場から中正空港へリムジンバスで行く。一人で出国手続もでき、無事日本へ帰ることができた。

　　（以上、なかむら平成7年11月号）

第3部　アジア・オセアニア

30-7　名古屋中村LC　明徳LC・CN21周年参加ツアー

1996（平成8）年10月19日～20日

名古屋中村LC第1副会長として出席

参加者　19名
浅岡　晃生、浅岡　治子、石原　勝美、
石原　つや子、大場　民男、大竹　昌、
鈴木　和彦、拓殖　藤秋、中山　和夫、
中山　準子、服部　吉秀、村手　幹雄、
村手　ふさ子、山梨　一美、山野　緑、
木村　幹雄、木村　シズ子、加藤　善康、
岡田　慶三

第1日　10月19日（土）

08：25　名古屋を出国手続後、中華航空151便にて台北へ
10：25　台北着
　入国手続き後、専用バスで台北市内へ
昼食：鼎秦豊にて（小籠包、餃子など）
台北地方の金寶山観光（テレサテン墓地見学）
ホテルへ
18：40　明徳国際獅子会　CN21式典参加　　　　　　　　　　（台北泊）

第2日　10月20日（日）

朝食：ホテルにてバイキング
　私以外の参加者は、高雄へ行くため9：25の航空機に乗るための準備をする。
　私は明日10時から大阪の経営者協会にて土地区画整理についての講演を依頼されているため帰国することにした。
　台北の松山空港のリムジンバスにで台湾桃園国際空港へ向う
11：45　桃園国際空港をE9236で飛び立つ
15：00　大阪空港着
夕食　新大阪ホテルへ入る

30-8　名古屋中村LC　明徳LC・CN22周年訪問ツアー

1997（平成9）年10月17日～19日

参加者　15名
会　　　長　大場民男
前　会　長　浅岡晃生
第一副会長　笹瀬英治
第三副会長　斎藤靖人　斎藤貴子
幹　　　事　鈴木和彦　鈴木八栄子
元会長・CN25大会委員長　山梨一美
元ZC・姉妹提携副委員長　坂本猛
元会長・姉妹提携委員長　渡辺正成
CN25大会幹事　柴田良市
LT　岡田慶三
理事　横畑五夫
会報編集長　丹羽正道　丹羽よし子

第1日　10月17日（金）

9：30　出国手続き後、日本アジア航空283便にて名古屋発　台北へ
11：20　台北着
入国手続後、専用バスにて台北市内へ
昼食：鼎秦豊にて、
13：00　ドールハウス博物館（袖珍世界博物館）観光
16：00　ホテルへ
18：00　明徳国際獅子会式典参加

大場会長挨拶
①第22周年記念大会にお招きいただき誠にありがとうございました。②私個人としましては、一昨年、昨年、本年と3年連続で出席しておりますので会長さん始め皆様と懐かしくお会いできます。③本年10月2日から9日までスリランカ国において救急車の贈呈のアクチビチーをしてきました。④その際1昨年、当クラブと合同で建設した小学校を訪問しました。児童・先生の熱烈な歓迎を受けました。学校正面のプレートには明徳・中村の両クラブの表示がしてありました。両クラブの姉妹クラブとして一体であると感じました。⑤当クラブは来年チヤター・ナイト（CN）25周年です。来日・来名をお願いします。CN25周年の大会委員長・幹事も本席に出席しています。歓迎を致します。

（台北泊）

第2日　10月18日（土）

終日：自由行動でオプショナルツアーの日である。次の4名はゴルフツアーを選択した。
幸福クラブである。
8：00　プレースタートした。
次の成績であった。

第３部　アジア・オセアニア

	O	I	G
大場民男	50	55	105
斎藤靖人	44	48	92
笹瀬英治	45	55	100
横畑五夫	60	60	120

（台北泊）

第３日　10月19日（日）

10：00　専用バスでショッピングへ
12：00　昼食：圓山大使館にて飲茶料理
　昼食後、中正国際空港へ
16：40　日本アジア航空284便にて台北便
20：15　名古屋着
　到着後、解散

30-9　東アジア行政法学会　第4回学術総会

2000(平成12)年12月22日～25日

第1日目　12月22日（金）
17：15　名古屋空港を発つ
19：25　台北空港着
20：20　中央研究院、學術活動中心へ到着

　宿泊用にあてがわれた私の部屋には果物バナナ2本、オレンジ3個が置いてあり、洗面具もあって至れり尽くせりの感想をもった。
　風呂（バス）はなく、シャワーのみでは物足りない。

第2日目　12月23日（土）
　今学会の主題は、行政命令と行政罰であり、初日が行政命令で次の報告があった。
　第1場　主持人　塩野宏
　行政命令論－行政規則之法效力研究
　中国大陸行政立法的新發展
　第2場　主持人　應松年
　日本行政命令（行政立法）　報告人
　　　　　　　高木　光
　韓国行政立法　報告人　柳至泰

　夕食は台湾行政法學會理事長であり司法院院長である翁岳生の招待宴が福華大飯店で開かれて大いなる御馳走であった。

第3日目　12月24日（日）
　今日は行政罰がテーマであり、次の報告がなされた。

　第3場　主持人　金鐵容
　制定行政罰法之理論與實踐　報告人
　　　　　　　林錫堯
　日本之行政処罰法制　報告人　市橋克哉

　第4場　主持人　呉庚
　中國大陸行政処罰及其走勢
　韓國行政罰

第4日目　12月25日（月）
　高速道路を走ってタクシーで空港へ向う。50分弱で到着する。メーター立てないタクシーであった。
11：30　台北発
15：00　名古屋空港着
法律事務所へ出る。

30-10　名古屋中村LC　明徳LC-CN29周年訪問ツアー

2004(平成10)年10月22日～24日

第1日目　10月22日（金）
8：00　名古屋空港国際ターミナルJTBカウンター前
10：00　日本アジア航空EG283便にて一路、台北へ
11：35　台北（中部国際空港）着
　着後、専用車にて台北市内へ
　両替（土産）店、蒋介石元総統を記念して建てられた高さ70mの壮大な白亜の純中国式建築の「中世記念堂」、台北市内で最も古いお寺「龍山寺」、DFSなど
17：00　アンバサダーホテルにチェックイン
18：30　台北市明徳国際獅子大会CN29記念式典に参加

（台北泊）

第2日目　10月23日（土）
午前　専用車で台北市内の簡単な観光
衛兵の交代式が美事な忠烈祠など
昼食　通豪ホテルで飲茶料理
午後　台中、日月潭へ。
日月潭湖上遊覧船観光
澄みきった湖水と緑深い山々のコントラストが美しい海抜745m、周囲24kmの天然湖、遊覧船で日輪と月の形を思わせる湖水巡り、様々な美しさを楽しむ。72人の孔子の弟子と賢人を祭っている「文武廟」や三蔵法師の遺骨を祭っている「玄奘寺」も訪問
夕食：敦品桟レストラン
（台中（エバーグリーンローレルホテル）泊）

第3日目　10月24日（日）
8：40　専用車でホテル出て台中市内観光
「笑う門には福来る」を実感させるてくれる金色に輝く布袋様で有名な「宝覚寺」や「孔子廟」を見聞
昼食：海龍王レストラン
昼食後、専用車にて中世国際空港へ
15：20　日本アジア航空EQ284便にて台北を発して名古屋へ
19：00　名古屋着　入国・通関手続きの後、解散

30-11　名古屋中村LC　台北市明徳LC訪問CN30周年

2005(平成17)年10月21日～23日

第1日目　10月21日（金）
7：30　中部国際空港3階　国際線出発ロビー旅行会社カウンター1・2番前集合
9：30　チャイナエアラインCI151にて名古屋発、空路、台北へ
11：30　台北（中国国際空港）着
18：30　台北市明徳国際獅子会授証30周年記念式典及び懇親会出席
終了後、福華大阪店台北ホテルへ
（同ホテル泊）

第2日目　10月22日（土）
終日：自由行動日でありオプショナルツアーとして金門島日帰り観光を選んだ。
5：00　モーニングコール
7：00　空路、国内線にて金門島へ
8：00　金門島空港
　まず建功では湖の高さによって眺望が前日とどれだけ変化しているか比較。
　延平郡王祠を訪問。
　中国大陸に一番近い馬山観測所を見学。
　神戸で財を蓄えた王氏親子の住居文化財である民族文化村を見聞。
　金門陶瓷場では絵付けや釜入れの様子を、金合利功鋼刀では砲弾から包丁を作っている工程を見学

昼食は模範街にて名物料理
　軍用として掘られた入り江、翟山海軍基地を見る。まだ戦争状況であるかのごとき最前線の迫力がある。
　但し、両岸の人民どうしの往来はよくあるとのことであった。
18：30　台北着
　夕食は昌華酒店の「蘭亭」にて、モダンテイストで彩った新感覚溢れる上海料理
（福華大飯店台北　泊）

第3日目　10月23日（日）
9：00　ホテルを専用車で出発
　台北市内、建国南路高架下の「假日玉市」を自由散策
10：00　台北101展望台からの眺望を楽しむ。
昼食後、専用車で空港へ
16：20　チャイナエアラインCI150にて台北（中部国際空港）を発つ
20：05　名古屋着
参加者名
記録見当らず

30-12　名古屋中村LC　台北市明徳LC訪問CN32周年

2007(平成19)年10月24日～26日

名古屋中村LC姉妹提携委員会委員長として参加

第1日目　10月24日（水）
10：00　中部（セントレア）をEG283で発　空路、台北へ
11：55　台北（桃園国際空港）着
　専用車で記念植樹会場の森林公園へ行く。同公園で植樹行事を明徳LCと挙行。
午後：台北市内観光とショッピング
蒋介石元総統を記念して建てられた高さ70mの壮大な白亜の純中国式建築の中正記念堂（『国立台湾民主記念館』に改称）、台北市内で最も古いお寺の龍山寺及び総統府を廻る
　　　　　（台北The Howard泊）

第2日目　10月25日（木）
終日：自由行動
故宮博物院観光を後藤Lとする。
18：20　明徳ライオンズクラブ式典出席
　　　　　（同ホテル泊）

第3日目　10月26日（金）
出発まで自由行動
チェックアウトは正午
17：15　EG284　台北（桃園国際空港）を発つ。
20：55　中部（セントレア）着
到着後、解散。

参加者　14名

大場　民男	後藤　党慶
山崎　直哉	大藪　城正
大藪　敬子	峠　　宏
峠　　康子	斎藤　晴人
斎藤嘉須子	斎藤　良枝
浅野　秀基	

30-13　名古屋中村LC　台北明徳LC訪問　CN33周年

1978(昭和53)年11月10日〜12日

第1日目　10月24日（金）
09：55　JL-655で中部（セントレア）を空路、台北へ出発
11：55　台北（桃園国際空港）着、専用車で台北市内へ
到着後、市内にて明徳ライオンズクラブとの昼食会
昼食後、ホテル　グランド　ハイアット　タイペイへ
18：20　明徳CN式典へ参加
　　　　　　　　　　　　　　（台北泊）

第2日目　10月25日（土）
昼食は明徳ライオンズクラブとの昼食会
15：00　新幹線で台湾高速鉄道・台北駅発
16：36　左営（高雄）着
到着後、ホテル　ザ　スプレンダーカオションへ案内される。
18：30　夕食
　　　　　　　　　　　　　　（高雄泊）

第3日目　10月26日（日）
終日：古都台南（高雄から北方へ約50km、約1時間）
1日観光
オランダ統治下に立てられた赤嵌楼、孔子廟と台湾をオランダから開放した英雄、鄭成功を祀る延平郡王嗣に案内される。

夕方は、国立高雄大学（元名古屋大学大学院留学）教授の紹介を受けた同大学副教授紀振清氏、アシスタント柯瀞翔さんのおふたりにより高雄の地下鉄、国立高雄大学校内の見学等を案内してもらう。観光では廻れないところを実際に乗車するなど有意義であった。
　　　　　　　　　　　　　　（高雄泊）

第4日目　10月27日（月）
9：00　市内観光とショッピング
澄清湖、三鳳宮、寿山公園
14：00　左営（高雄）発。新幹線にて台北へ
15：20　桃園駅着
17：25　JL-656で台北（桃園国際空港）発
空路、帰国の途へ
20：50　中部（セントレア着）

第3部　アジア・オセアニア

31-1　韓国旅行－土地区画整理から振り返る

1989（平成元）年7月21日～23日

まえがき

　愛知県土地区画整理研究会刊「街路樹」の編集者道本修氏から「今回は肩のこらないものを書いてほしい」との電話を受けて、はて困ったと思ったが、すぐ交通事故紛争処理センター名古屋支部で、韓国交通事情視察団と称して15名（うち夫妻3組）が「韓国旅行」をしてきたので、その時のことをネタとして、その前後に集めた下記の文献を挿入した文章を書こうと決めた。

① 　阿刀田高「韓国かけ足紀行」
　　日経1989（平成元年4月30日号）
② 　廉　享民「韓国都市区画整理事業」
　　区画整理9107号
③ 　矢鴬理「韓国土地事情調査あれこれ」
　　月刊用地　91年1月号
④ 　ミヨンチヤン　ホアン「韓国における都市の土地開発」1985年10月・都市開発名古屋国際セミナー資料
⑤ 　本間義人編「韓国・台湾の土地政策」
⑥ 　近藤昭二「大いなる収穫～韓国瞥見～」名古屋家事調停会報17号

以下①、②、③、④、⑤、⑥として引用する

第1日目　7月21日（金）
ソウル

　名古屋空港を10時00分に出た大韓航空機は、1時間55分でソウル西にある金浦国際空港に11時55分到着した。

　入国・通関手続で小1時間かかった。空港の銀行で円を韓国通貨と替える。10,000円出したら46.458ウォンくれた。阿刀田さんが①において、「商品を見て〈1万円見当だな〉と思うものは、1万ウォンと考えれば当らずとも遠からずである。」と書きながら「円の方が5倍強い。5倍買える。」と述べているのはこのことかと思う。しかし、日常的に買物をせずおわったので、この実感は持てなかった。

　金浦空港に我が一行を迎えにきてくれたロッテ観光（株）の専用バスに乗って（ガイド1名が加わる）、ソウルと仁川間の京仁高速道路を東のソウルに向かって走る。②の89頁によると、この道路は韓国最初の高速道路であり、土地区画整理事業をもって道路敷地を確保し造りあげられたとのことである。

　右側通行であるが多少外国旅行慣れしているので驚かない。

　バスは漢江にそって走る。

31-1　韓国旅行－土地区画整理から振り返る

ソウル市内が近づくと住宅地等が目立って来る。ソウルは19世期初に日本によって土地区画整理が導入されて以後、土地区画整理事業が盛んなところである。1934年制定の朝鮮市街地計画令、1962年制定の都市計画法、そして1966年の土地区画整理事業法と根拠法は変わってきている（②94頁）。

ソウルに限らず大部分の都市における土地改造は、土地区画整理手法によって実行されているとのことである（④11頁）。

しかるに土地区画整理事業地域を中心に土地投機の風がふき始め、また同時に地価の高騰現象がみえたため1983年4月土地区画整理事業の施行を抑制することとなったとのことである（②93頁）。

土地区画整理事業を夢みる者として残念である。

1989年12月30日公布の「宅地所有上限に関する法律」、「開発利益還収に関する法律」、「土地超過利得税法」（この3法の全文翻訳は、⑤に収録されている）によって土地投機・地価暴騰が沈静化した現在、再び土地区画整理が、都市開発制度中の最も望ましい事業として活用されることを願いたい（②101頁も同旨である）。

延世大学を左に、梨花女子大学を右にして通り抜ける。

韓国では6・3・3・4制で日本と同じであるが、義務教育は最初の6年だけで男女別学が原則であるとのこと。

景福宮に着く。李王朝の正官として1394年に健立されたが焼失したため同朝末期の1868年に再建されたものである。宮殿建築も立派なものである。

その南正門の前に欧風建築の4階建ての国立中央博物館がある。日本統治時代に景福宮の敷地内に総督府としてビルを建造したものである。

大韓民国になってからは中央庁として使用されていたが、館内を改修して1986年から博物館として開館している。「日帝36年の支配」の怨念の生きた記念碑でもあるとのこと（⑥）。

韓国5,000年の考古美術の逸品が全国でもっとも多く収蔵されているとのことであるが館内には入らずに終る。

韓国の裁判所である人民法院の前にきた。国内でもらった日程表には行動予定に「最高裁」とあったのに、現地での「旅程表」にはそれが消えているのでおかしいなと思っていたが、果たせるかな中に入れぬとのこと。日本では法廷は公開だから入る入れぬということは問題とならないが、ここではそうでないらしい。

ガイドを通じての話だから行き違いがあるかも知れない（⑥31頁）。

それにしても韓国ではすべてハングル文字であって何が書いてあるのか少しぐらい勉強してもさっぱりわからぬ。

台湾へ旅行したときなど、漢字であり、

法廷が「法庭」となっているなど多少の違いがあっても、昔はこうであったのではないかと感心させられたのだが、韓国ではそうはいかぬ。掲示等の意味内容を推測できないということは無気味な不安が伴う。せめて英語でも併記してあればと思う。（名古屋での、通り名や駅名は併記主義である）。

景福宮のすぐ西の東和免税百貨店（鍾路区社稷洞）に案内されるが、買い物に興味がないので近くを歩くこととする。

店の前の社稷路は6車線あり広く、その下に横断歩道が作られている。なかなか綺麗で巾もあり明るい。こんなに立派な地下横断歩道であれば、横断橋がいいか、地下道がいいか、経費を別とすれば地下道がいいということになろう。

15時50分ロッテホテルへチェックインする。時刻が早いので一人歩きをすることとする。

ホテルから西へ歩き南へ回り南大門を見てソウル駅へ向かう。

「〇〇〇特許法律事務所」の文字を見てなんとなくホットする。

あるビルの道路に面したところに日本会社名がカタカナで書いてあるのも懐かしい思いがした。そのなかに混じって「南山合同法律事務所　弁護士〇〇〇」と4名書いてあるのも嬉しかった。中に入って見ようかと思ったがあやしまれるだけと思ってやめた。

漢江南岸に国立墓地があるのでそこへ向かうこととする。いつか「墓地法」を出版したい私は外国へ行くと墓地を見にいくこととしている。

土地区画整理事業と墓地とは関連が深いことも私の興味をもたせているかもしれない。

地下鉄4号線でソウル駅前から銅雀駅まで乗車することとする。ソウルの地下鉄は数字で番号が付されている。ちなみに4号線のソウル駅前は26で銅雀は31である。地下鉄といいたいが漢江の手前で地上に出て漢江にかかる銅雀橋をわたる。上流、下流の景色も、後の山（南山）も美しい。銅雀Tongiak駅は立派なものである。名古屋の東山線の藤ケ丘駅より立派な造りである。

長いこれまた立派な横断橋を渡り、国立墓地へ行くが、銃を持った兵隊さんが門衛として立っているので、話はできないし内心こわいし中へ入らずじまいで再びSubwayに乗ってソウル駅へ戻る。

知らない都市へ行って地下鉄があるとなるべく乗るようにしている。同じルートを反対にとれば迷わずに必ず帰ることができるし、その国の交通事情、発展度を知ることができるような気がするからである。

夕食はアンバサダーホテルの錦繡荘という韓国食堂で韓国料理をとる。

第2日目　7月22日（土）

ソウル駅

6時30分モーニングコール、ホテルで和食の朝食をとってソウル駅へバスで向かう。ソウル駅周辺の道路は、この辺りだけの高架にしてある。これも一つの方法である。

韓国国鉄（K.N.R）ソウル駅は東京駅と似ている。オランダのアムステルダム駅、東京駅、ソウル駅が世界三大赤煉瓦造りと聞いていたがこれで全部を見たことになる。ソウル駅は小造りであり、そのせいかコンコースが線路の上にまで張って造ってある。JR名古屋駅の何車線かの上にもコンコースがあるという形である。広い線路上を活用できないものかと考えないでもなかったが、その利用例を発見したことになる。

ソウル－慶州

9時00分定刻の特急セマウル号に乗って慶州へ向かう。

途中、大田、大邱を通る。

ちなみに韓国の都市別土地区画整理事業の地区数と面積は次のようである。

単位：km²	③30頁 1985年10月 面積	地区数	②95頁 1990年12月 面積
ソウル	136.3	50	133.9
釜　山	43.3	37	43.3
大　邱	37.9	28	38.1
仁　川	36.7	26	40.0
大　田		27	26.7
慶　州	46.8	46	21.5
慶北・慶南		100	39.0
その他	126.2	176	116.6
合　計	427.2	490	459.1

ソウルが減少しており、文献③の慶州が文献②では慶州の他に慶北・慶南が掲載されていて、文献に不整合なところがあるのは残念であるが、3日目に訪れた釜山を数えると上記の表に出てくる主な都会を通ったことになり、地理的関係がわかったのは幸せである。

地理的関係ぐらいはガイドブックを読めばわかるはずものであるが、ガイドブックというものは、なべて事前に精読してみても頭に入りにくい、ところが現地に行ってその後にガイドブックを読みなおしてみると〈ああそうか、うんなるほど〉と合点がいく（①）。同感である。

②、③の文献も今までは地名の羅列であったが現地にいくと通っただけでも生き生きしている。旅のいいところはこんな所にもある。

慶州

13時10分慶州駅へ到着。

慶州は新羅（4世紀－935年）の王都として仏教文化の黄金時代を築き、現在は韓国第一の観光都市となっている。

まず、市内の巨亀荘というレストランで昼食（しゃぶしゃぶ）をとる。

慶州駅からバスで4－5分のところ古墳公園があり、そこの**天馬塚**を訪れる。天馬塚は新羅特有の木槨墳で頑丈に出来ている。

ここからの貴重な出土品（はにわ・金冠）は国立慶州博物館に展示されているので、そこを見学する。緑の芝生におおわれた巨大な古墳が群集している。見事である。

この辺りは昔からのおもかげを整備して保存しているようであるが、その北側の市街地（中央洞）は地図をみると整然と区画されているので、土地区画整理事業が行われたものと思われた。

南下して**仏国寺**を訪れる。535年に創建されてたとのこと。本殿の大雄殿、石塔、白雲橋と青雲橋など国宝級のものが立ち並んでいて新羅仏教文化のシンボルといわれることは、なるほどと思う。

仏国寺の西に近いコーロン・ホテルが第2泊目の宿であり5時30分チェックインする。

夕食はホテル外の焼肉料理店で焼肉を食べる。ウエイトレスが大きな肉を目の前で、これまた大きな鋏でじょきじょき切って焼網にのせるのである。日本ではちょっと見られない料理風景である。

第3日目　7月23日（日）

ホテルで朝食をとって専用バスで出発する。

慶州－釜山

慶州から釜山まで地図で計測すると約100km、わずか1時間で着くという。オリンピックにあわせて道路を整備したため、実にいい高速道路ができていた。

高速道路にのるまえにブランドの模造品を売っているところへ案内された。主要道から一本裏入ってところにあった。ルイ・ヴィトンからあらゆるものが売っている。

1万円出せばたいていのものが買える。ハンティング・ワールドと時計を買って帰る。性能は本物よりいいとの話しであったが、時計は役に立たなかった。偽物は偽物である。

釜山

釜山市に着く。日本から最も近い外国といわれ、ずいぶん賑わっている。市の南中央の**龍頭山**公園へ行く。見晴らしがいい。豊臣軍を破った韓国の英雄李瞬臣将軍の銅像が一際高く日本をにらんでいる。このあたりが日韓関係のむつかしいところの一つであろう。

それより東南へ行き釜山港に突き出た国連軍（UN）墓地に行く。遺体を引きとられていまは墓碑のない墓所と、いまなお引きとり手のない墓碑のある場所（トルコ軍に多い）との対照など戦争について考えさせられた。アメリカのアーリントン墓地風の作りである点は参考と

なった。港に在るレストランで昼食（韓国風寄せ鍋）を取る。

　15時00分釜山空港からソウルの金浦空港へ15時50分に着く。飛行機は早くいずれの空港も立派である。

　小牧空港が恥ずかしい。韓国の空路、道路に対する投資の大きさに感心する。その用地が土地区画整理事業によって生み出されたどうかは確かめなかったが。

　出国手続きを経て、17時40分帰国の途につき19時15分小牧空港に着いて、短い韓国の旅は終わった。

参加者
近藤昭二　　近藤五百子　水野正信
水野浩子　　石川康之　　石川和子
伊藤三代子　北村智子　　小川　剛
田畑　宏　　大場民男　　野尻　力
森嶌昭夫　　森嶌典子
早川秀昭（添乗員）

第3部　アジア・オセアニア

31-2　東アジア行政法学会　第2回定期総会・学術大会

1997（平成9）年5月1日～3日

第1日目　5月1日（木）
オープニング・セッション
18：00　開会の辞、総会理事
18：30　懇親会（会場：湖厳会館内食堂）

第2日目　5月2日（金）
次の報告・討論がされた。
Ⅰ　東アジア地域における行政訴訟の当面する課題
　中国における行政訴訟の当面する課題
　日本における行政訴訟の当面する課題
　コーヒーブレイク
　台湾における行政訴訟の当面する課題
　韓国における行政訴訟の当面する課題
Ⅱ　東アジア地域における環境保護の手法
　中国における環境保護の手法
　日本における環境保護の手法

第3日目　5月3日（土）
昨日に続いて次の報告・討論がされた
台湾における環境保護の手法
韓国における環境保護の手法
クロージング・セッション
12：00　昼食
13：30　開会式
　会場は、いずれも韓国ソウル大学近代法学教育百周年記念館（在法学部）であった。

31-3　東アジア行政法学会　第6回国際学術大会

2004(平成16)年4月30日〜5月4日

第1日目　4月30日（金）
名古屋（小牧空港）　13：40発
アシアナ航空
ソウル（インチョン）　15：40着

第2日目　5月1日（土）
第6回東アジア行政法学国際学術大会
場　所：COEX International Convention Center、ソウル
第1テーマ　行政法における参加と協力
中国：姜明安（北京大）／馬懐徳（中国政法大）
日本：山田洋（一橋大）／榊原秀訓（名古屋経済大）
台湾：陣春生（国立台北大）／廖義男（司法院大法官）
韓国：金裕換（梨花女子大）／千柄泰（釜山大）金載光（韓国法制研究院）

第3日目　5月2日（日）
第2テーマ　行政の透明性と情報公開
中国　胡建森（浙江大）／劉　莘（中国政法大）
日本　曽和俊文（関西学院大）／村上裕章（北海道大）
台湾　葉俊榮（行政院）／湯徳宗（中央研究院）
韓国　金性洙（延世大）／白鐘仁（全北大）

第4日目　5月3日（月）
板門店の視察
統一展望台の観光と視察

第5日目　5月4日（月）
ソウル（インチョン）　11：00発
名古屋（小牧空港）　12：40着

第3部　アジア・オセアニア

32　オーストラリアでのライオンズ国際大会参加と観光
－シドニーで旧友と陪審員裁判を傍聴

2010（平成22）年6月28日〜7月3日

第1日目　6月28日（月）
7：00　中部国際空港へ集合
11：00　中部発　SG671でシンガポールへ
16：40　シンガポール着　シンガポールにて乗り継ぎ
20：35　SQ221でシンガポール発　シドニーへ
　　　　　　　　　　（機中泊）

第2日目　6月2日（日）
5：55　シドニー着　到着・入国手続き貸切バスで市内観光
10：30　パレード会場へ
11：00　インターナショナルパレードスタート
15：00　ホテル・チェックイン
　　　　　　　　　　（シドニー泊）

第3日目　6月3日（水）
10：00　ライオンズクラブ国際大会　開会式
18：00　334合同晩餐会
　　　　　　　　　　（シドニー泊）

第4日目　7月1日（木）
(1)　終日自由行動だったので、名古屋西

高の同級生であった大野喜代治君に私の宿泊ホテルに来てもらい、シドニーを案内してもらうように約束してありましたが、彼から、その日は陪審員として出廷を裁判所から命ぜられたので、約束が履行できないかもしれないとのメールを受けました。そのメールは、2日後には陪審員裁判は中止になったとの連絡があり、予定通り出会うことができました。

したがって何年振りかに出会っての私の最初の質問は、「日本人でも陪審員になれるか」というものでした。彼いわく、「実はこの地の大学教授になるには、オーストラリアへ帰化するより方法がなかった」とのことでした（彼は長年当地で日本語を教えていて、その著作を数冊発行しています）。

次は「これまでに陪審員として裁判に加わったか」と質問しました。「今度が初めてであり、体験できることを期待していた」との答えでした。

私「それでは、このホテルの近くに裁判所があったら、観光案内の前に裁判の傍聴に行こう」、彼「それはよい。裁判所がどこにあるか尋ねてみる。」至近距離にあることがわかりました。

(2) 裁判所の建物は2階建ての古いもので、警備員のいる様子もないので2人で入り最初の法廷に行きました。振り向く人もなく、傍聴席2列しかなく（10人分位）そこに座りました。ここは、陪審員のいない法廷でしたので他の法廷へ移動しました。入廷する前に職員らしき人に声を掛けましたところ、「プリーズ」（どうぞ）とのことでした。

(3) この法廷は陪審員裁判でした。傍聴席から見て左に12人の老若男女が、服装も姿勢もまちまちで証人尋問に聞き入っていました。裁判長はきらびやかな法服に身を包み、検察官、弁護人も黄色の法冠をかぶり、金色の入った法服を着ていました。日本の黒色法服（但し裁判官のみ）とは全く異なる印象を持ちました。

彼は英語（オーストラリアは英語が公用語です）がよくわかるので聞き入っていました。私は質問・回答の内容は理解できませんでしたが、初めて陪審員裁判を見聞して充実感を味わいました。

後日、彼が調査したところ、我々が尋ねた建物は裁判所の本館（これは高層ビル）ではなく別館のことでした。

(4) 裁判所を出てから、すぐ西のシドニー・タワーに登り360度の景観を楽しみました。

下に降りて散策しながらシドニー湾に出てクルーズをしました。イルカが、湾内でありながら船を追ってくるのを見て感激しました。

有名なオペラハウスの外の一周もしました。

鉄道も、乗車しました。一人だと切符を買うこともできなかったと思います。

（シドニー泊）

第5日目　7月2日（金）

9：00～13：00　閉会式
17：50　SQ234でシドニー発
シンガポール経由にて帰国の途へ

（機中泊）

第6日目　7月3日（土）

00：10　シンガポール着
01：00　シンガポール発
08：45　中部着
到着。入国手続後、解散。

（以上、名西青色だより156号）

旅行記初稿標題と掲載誌一覧表（旅行期間順）

旅行期間	題名	掲載誌	本書施行番号
1969. 8. 8 ～昭44. 8. 22	第3次日本弁護士連合会会員米国・カナダ視察団参加記	名古屋弁護士会報102～105号 たみほう12～14号 弁護士活力の拡大法113頁	1
1978. 8. 3 ～昭53. 8. 6	法と人日記のうち昭53. 8. 5	法曹なごや34号 たみほう39号 その場その時206～208頁	30-1
1981. 3. 8 ～昭56. 3. 17	アメリカにおける小法律事務所の経営講習会に参加して	名古屋弁護士会報246号 弁護士活力の拡大法127頁 その場その時236～240頁 たみほう46号	2
1983. 5. 3 ～昭58. 5. 18	欧州土地収用事情の調査と観光	その場その時241～248頁	5
1984. 7. 19 ～昭59. 7. 28	北欧4カ国旅行	その場その時251～255頁	6
1987. 10. 21 ～昭62. 11. 3	南欧旅行記—昭和62年海外収用制度等調査	名古屋家事調停会報13、15号 たみほう62号	7
上欄のうち 10. 26～11. 1	イタリア道路事情見聞記	世界の交通法（日本交通法学会編　西神田編集室刊）	8
1988. 7. 24 ～昭63. 8. 7	西ヨーロッパ縦断—土地問題視察記—	法苑74. 76号　たみほう64号	9
1989. 5. 2 ～平1. 5. 7	『依法』の氾濫—中国旅行記—	法苑86号　たみほう67号	29-1
1989. 7. 21 ～平1. 7. 23	韓国旅行—土地区画整理から振り返る	街路樹16号	31-1
1992. 9. 19 ～平4. 10. 6	独・墺・伊旅行記—土地区画整理視察 建設法典とドイツ区画整理	区画整理きんき13号 街路樹19. 20. 21号 たみほう69. 70. 71号 土地区画整理—その理論と実際—352頁	10
1995. 10. 20 ～平7. 10. 22	台湾旅行記—明徳LC・CN20周年参加	なかむら平成7年11月号 たみほう74号	30-6
1997. 5. 1 ～平9. 5. 3	スリランカへの救急車等の贈呈奉仕	なかむら平成9年11月号 たみほう78号	21
1999. 7. 10 ～平11. 7. 22	欧州土地区画整理等事情視察団に参加して	街路樹46、47号	11
1999. 8. 25 ～平11. 9. 2	メルヘン街道紀行	名古屋家事調停会報37号	12

旅行記初稿標題と掲載誌一覧表（旅行期間順）

旅行期間	標題	掲載誌	番号
1999. 8. 25〜平11. 9. 2	独仏瞥見聞記	たみほう79号	12
	土地整理・収用をめぐるドイツの裁判―独の行政裁判所を見聞して―	法曹中部73号、たみほう80号	
2000. 7. 9〜平12. 7. 22	平成12年度欧州土地区画整理視察団に参加して	街路樹50号 たみほう82号	13
1983、1988、1992、1999. 7、1999. 8、2000	ドイツ大小の都市をめぐる	アーバン・アドバンス21、33号 たみほう83、84、91、92号	14
2002. 7. 16〜平14. 7. 26	シチリア・コルシカ旅行	名古屋家事調停会報43、44号 たみほう87、88号	15
2005. 7. 16〜平17. 7. 26	スロベニア・クロアチア紀行	法苑141号 たみほう96号	16
2005. 9. 29〜平17. 10. 2	ウランバートルでの奉仕活動と観光―モンゴルの土地私有化対策	法曹維新会会報誌2006年号	28
2005. 10. 3〜平17. 10. 13	ダブリン・エジンバラ遊行記	街路樹68号	17
2005. 11. 23〜平17. 11. 30	ベトナム、カンボジア旅行と両国の法律事情	名西青色だより140号 たみほう106号	23 24
2006. 7. 15〜平18. 7. 25	東欧3カ国旅行記 ブルガリア、ルーマニア、ポーランド	たみほう97号	18
2006. 10. 2〜平18. 10. 5	マニラ瞥見	名西青色だより144号 たみほう99号	25
2008. 6. 23〜平20. 6. 29	区画整理三昧日記のうち平20. 6. 26タイ	街路樹74号 たみほう105号	26
2008. 12. 5〜平20. 12. 7	ライオンズクラブ東洋・東南アジアフォーラム（香港）参加記	なかむら21年1月号 たみほう105号	29-3
2009. 8. 8〜平21. 8. 14	ベルリンの壁崩壊20周年のプラハ、ドレスデン、ベルリンへ行く	名西青色だより153号 たみほう108号	19
2010. 6. 28〜平22. 7. 3	シドニーで旧友と陪審員裁判を傍聴	名西青色だより156号 たみほう111号	32
2011. 3. 10〜平23. 3. 14	マレーシア旅行と東日本大震災	名西青色だより159号 たみほう114号	27

国・都市等別訪問先一覧表

都市等の右欄はツアーの西暦年（下2桁表示）、1年に2回以上訪問したときは年に月を付記

第1部　北アメリカ州
1　アメリカ合衆国
　(1)アメリカ本土
　　サンフランシスコ　'69
　　ニューヨーク　'69
　　ワシントン　'69
　　シカゴ　'69
　　ラスベガス　'69
　　ロスアンゼルス
　　　第1回　'69
　　　第2回　'81
　(2)ハワイ　'96.3
　(3)グアム　'96.7
2　カナダ　'69
3　メキシコ合衆国　'69

第2部　ヨーロッパ
（西ヨーロッパ）
4　フランス共和国
　(1)本土
　　パリ
　　　第1回　'83
　　　第2回　'87
　　　第3回　'88
　　　第4回　'99
　　　第5回　'00
　　ベルヒニャン　'88
　　モンペリエ　'88
　　アビニョン　'88
　　リヨン　'88
　　オルレアン　'99
　　ストラスブラグ　'99
　(2)コルシカ　'02
5　スイス連邦
　　ジュネーブ
　　　第1回　'83
　　　第2回　'88
　　モンブラン
　　　第1回　'83
　　　第2回　'88
　　チューリッヒ　'99
6　ドイツ連邦共和国
　　ヴィースバーデン　'83
　　フランクフルト
　　　第1回　'83
　　　第2回　'88
　　　第3回　'99.7
　　　第4回　'99.8
　　　第5回　'00
　　ライン下り
　　　第1回　'83
　　　第2回　'88
　　ミュンヘン
　　　第1回　'83
　　　第2回　'92
　　ノイシュバンシュタイン城　'83

254

アウグスブルグ　'83
バーテン・バーテン
　第1回　'83
　第2回　'88
　第3回　'99.7
　第4回　'99.8
ハイデンベルク
　第1回　'88
　第2回　'99.7
　第3回　'99.8
ボン　'88
ケルン
　第1回　'88
　第2回　'99
ハンブルグ
　第1回　'92
　第2回　'99
　第3回　'00
フライブルグ　'88
カールスルーエ
　第1回　'99.7
　第2回　'99.8
ドルトムント　'00
デュッセルドルフ　'00
ベルリン
　第1回　'00
　第2回　'00
ポツダム　'09
ドレスデン　'09
シュトゥットガルト　'92
ハノーバー
　第1回　'92
　第2回　'99
　第3回　'00
リューネブルグ　'99
フリッツラー　'99
メルヘン街道　'99
ブレーメン　'99
ハーメルン　'99
ボーデンベルダー　'99
トレンデンブルグ　'99
ホーフガイスマー　'99
カッセル　'99
マールブルグ　'99
チュービンゲン　'92

7　オーストリア共和国
ザルツブルク　'92
ウィーン
　第1回　'92
　第2回　'06

8　イギリス（グレートブリデン及び北アイルランド共和国）
(1)イングランド
　ロンドン
　　第1回　'83
　　第2回　'88
　　第3回　'99
　　第4回　'00
　グリニッチ　'00
　マンチェスタ　'00
　湖水地方（ウイダミア）　'00
(2)スコットランド

エジンバラ　'05
　　　セントアンドリュース　'05
9　アイルランド
　　　ダブリン　'05
10　スペイン
　　　マドリード　'87
　　　トレド　'87
　　　バルセロナ
　　　　第1回　'87
　　　　第2回　'88
11　オランダ王国
　　　アムステルダム　'88
12　イタリア共和国
　　(1)本土
　　　ローマ
　　　　第1回　'87
　　　　第2回　'92
　　　　第3回　'99
　　　フィレンツェ
　　　　第1回　'87
　　　　第2回　'92
　　　　第3回　'99
　　　ボローニャ　'00
　　　シエナ
　　　　第1回　'87
　　　　第2回　'92
　　　ヴェネチェア
　　　　第1回　'87
　　　　第2回　'92
　　　ミラノ
　　　　第1回　'87

　　　　第2回　'92
　　　ナポリ・ポンペ　'87
　　　サン・ジミニヤーノ　'92
　　　エウル　'92
　　(2)シチリア
　　　パレルモ　'02
　　　セジェスタ　'02
　　　アグリジェント　'02
　　　タオルミーナ　'02
　　　シラクーサ　'02
13　バチカン市国
　　　　第1回　'87
　　　　第2回　'99
(北ヨーロッパ)
14　フィンランド
　　　ヘルシンキ　'84
15　スエーデン王国
　　　ストックホルム　'84
16　ノルウェー王国
　　　オスロ　'84
　　　ゾグネ・フィヨルド　'84
　　　ベルゲン　'84
17　デンマーク王国
　　　コペンハーゲン　'84
(東ヨーロッパ)
18　スロベニア共和国
　　　リュブリナ　'05
　　　ブレッド湖　'05
　　　ポストイナ鍾乳洞　'05
19　クロアチア共和国
　　　サグレブ　'05

国・都市等別訪問先一覧表

　　　ドブロブニク　　'05
　　　スプリット　　　'05
20　ルーマニア
　　　ブラショフ　　　'06
　　　シギショアラ　　'06
　　　ブラン　　　　　'06
　　　シナイア　　　　'06
　　　ブカレスト　　　'06
21　ブルガリア共和国
　　　ソフィア　　　　'06
　　　リラ　　　　　　'06
　　　カザンルク　　　'06
　　　ヴェリコ・タルノヴァ　'06
22　ポーランド共和国
　　　クラコフ　　　　'06
　　　アウシュヴィッツ収容所　'06
　　　ワルシャワ　　　'06
23　チェコ共和国
　　　プラハ　　　　　'09

第3部　アジア・オセアニア
　　（西アジア）
24　トルコ共和国
　　　イスタンブール　'07
　　　ペルガマ　　　　'07
　　　イズミール　　　'07
　　　エフェソスパムッカレ　'07
　　　コンヤ　　　　　'07
　　　カッパドキア　　'07
（南アジア）
25　スリランカ民主社会主義共和国

　　　コロンボ　　　　'97
　　　キャンデ　　　　'97
26　モルジブ共和国
　　　空港専用島　　　'97
　　　オリベリ島　　　'97
（東南アジア）
27　ベトナム社会主義共和国
　　　ハノイ　　　　　'05
　　　ホーチミン　　　'05
28　カンボジア王国
　　　プノンペン　　　'05
　　　アンコール・ワット　'05
29　フィリピン共和国
　　　マニラ　　　　　'06
30　タイ王国
　　　バンコク　　　　'08
31　マレーシア諸島共和国
　　　クアラルンプール　'11
　　　マラッカ　　　　'11
（東アジア）
　　中華人民共和国
32(1)台湾
　　　台北
　　　　第1回　'78.8
　　　　第2回　'78.11
　　　　第3回　'79
　　　　第4回　'80
　　　　第5回　'85
　　　　第6回　'95
　　　　第7回　'96
　　　　第8回　'97

257

第9回　　'00
　　　第10回　'04
　　　第11回　'05
　　　第12回　'07
　　　第13回　'08
　　台中　　'85 '04
　　日月潭　'85 '04
　　花蓮　　'78
　　台東　　'95
　　台南　　'08
　　金門島　'05
　　高雄　　'08
32(2) 本土
　　北京　　'89
　　南京
　　　第1回　'89
　　　第2回　'07
　　桂林　　'07
　　上海　　'07
　　青島　　'08.5
　　香港　　'08.12
　　深圳　　'08.12
　　大連　　'10
　　旅順　　'10
33　大韓民国
　　ソウル
　　　第1回　'89
　　　第2回　'97
　　　第3回　'04
　　釜山　　'89
　　慶州　　'89

34　モンゴル国
　　ウランバートル　'05
（オセアニア）
35　オーストラリア連邦
　　シドニー　　'10

■筆者紹介

大場　民男　（おおば　たみお）

略　歴	昭和10(1935)年8月愛知県名古屋市に生まれる。 昭和32年10月司法試験合格、同33年3月名古屋大学法学部卒、同35年3月司法修習生(12期)修了後、同年4月静岡地方裁判所判事補を経て、同36年4月弁護士登録(現・愛知県弁護士会)現在に至る。

経　歴	昭和43年名古屋弁護士会副会長 昭和44年4月〜平成18年3月名古屋地方・家庭・簡易各裁判所調停委員 昭和48年4月〜昭和50年3月名古屋市立大学講師 昭和52年12月〜平成7年10月名古屋市土地利用審査会委員 昭和53年4月〜昭和54年3月日本弁護士連合会司法制度調査会委員長 昭和53年12月〜昭和62年12月愛知県収用委員会委員・同会長 昭和55年12月〜昭和61年11月愛知県開発審査会委員 昭和57年4月〜昭和58年3月日本弁護士連合会業務対策委員会副委員長 平成元年4月〜平成10年3月愛知県立大学講師 平成3年11月〜平成4年12月建設省・日本土地区画整理協会・土地区画整理基本問題部会委員 平成8年4月〜平成23年3月東海農政局入札監視委員会委員・同会長 平成8年10月〜平成9年3月名古屋大学法学部大学院講師 平成10年9月〜平成14年3月中京大学法学部講師 平成16年4月〜現在　みよし市まちづくり審議会会長 平成18年10月〜平成20年2月街づくり区画整理協会「直接施行に関する研究会」委員 平成19年11月〜平成20年3月街づくり区画整理協会「土地区画整理法等の行政不服審査関連手続の見直し検討会」委員 平成21年4月〜平成24年3月朝日大学大学院法学研究科教授

著　書	別紙のとおり

事務所	大場鈴木堀口合同法律事務所 〒460-0003 名古屋市中区錦三丁目2番4号　相互ビル3階 TEL 052(951)2600　FAX 052(962)5990　MAIL〈oba_suzuki_horiguchi@ybb.ne.jp〉 http://kukakuseiri.net/

仲間達との海外ツアー記

2016年11月1日　　初版発行

著　者　　大場　民男

定価(本体価格3,000円+税)

発行所　　株式会社　三恵社
〒462-0056 愛知県名古屋市北区中丸町2-24-1
TEL 052 (915) 5211
FAX 052 (915) 5019
URL http://www.sankeisha.com

乱丁・落丁の場合はお取替えいたします。
ISBN978-4-86487-571-4 C0078 ¥3000E

著作一覧

加除 ： 加除式
共 ： 共著
それ以外は単著

#				在庫
1	① S51	縦横土地区画整理法	一粒社	
2	S53	商取引安全学	中経出版	
3	S53	法律事務所の経営と合理化	高千穂書房	
4	S56	土地改良法換地・上	一粒社	
5	S56	土地改良法換地・下	一粒社	
6	S59	法律事務モデル文例書式集	新日本法規	加除
	(S59)	（弁護士事務所の機能拡大とその方策）	（新日本法規)	(上記の抜刷製本)
7	S60	弁護士活力の拡大法	高千穂書房	
8	S61	その場その時	一粒社	在
9	S63	法人格なき団体の実務	新日本法規	共
10	② S63	土地収用と換地	一粒社	
11	H1	問答式 境界・私道等の法律実務	新日本法規	共・加除
12	H1	新版 土地改良法換地・上	一粒社	在
13	H2	新版 土地改良法換地・下	一粒社	在
14	H2	不在者・相続人不存在の財産管理の実務	新日本法規	共
15	H3	問答式 用地取得・補償の法律実務	新日本法規	共・加除
16	H4	債務保証否認への対応	新日本法規	
17	H5	地方公務員のための公営住宅運営相談	ぎょうせい	共・加除
18	H5	地方公務員のための法律相談	ぎょうせい	共・加除
19	H5	代表者・登記を欠く法人の実務と対応	新日本法規	共
20	H5	問答式 固定資産税の法律実務	新日本法規	共・加除
21	③ H7	土地区画整理-その理論と実際	新日本法規	
22	H7	境界・私道紛争関係判例集	新日本法規	共・加除
23	④ H7	新版 縦横土地区画整理法・上	一粒社	在
24	H8	地方公務員実務必携	新日本法規	共
25	⑤ H9	続 土地区画整理-その理論と実際	新日本法規	
26	H9	問答式 土地改良の法律実務	新日本法規	共・加除
27	⑥ H11	問答式 土地区画整理の法律実務	新日本法規	共・加除
28	H11	新法活用を含む Q&A 不良債権の処理回収の手引	新日本法規	共
29	⑦ H11	続々 土地区画整理-その理論と実際	新日本法規	
30	⑧ H12	新版 縦横土地区画整理法・下	一粒社	
31	H13	住民訴訟の法律実務	新日本法規	共・加除
32	⑨ H15	第四 土地区画整理-その理論と実際	自費出版	在
33	⑩ H16	土地区画整理組合の再生	自費出版	在
34	⑪ H19	最新 区画整理-その理論と実践	新日本法規	在
35	H22	保証契約否認への対応	新日本法規	
36	⑫ H22	土地区画整理法等を使う	三恵社	在
37	H24	事例にみる法人格なき団体	新日本法規	共
38	H25	大場民男本37冊をはしがき・目次・書評で綴る	三恵社	在
39	⑬ H26	区画整理の活用	三恵社	在
40	⑭ H26	条解・判例 土地区画整理法	日本加除出版	在 但し出版社

○土地区画整理